U0606492

民国初年
社会结构论稿

章猷才　著

人民出版社

责任编辑：杨美艳
责任校对：吴海平
装帧设计：曹　春

图书在版编目（CIP）数据

民国初年社会结构论稿/章猷才著
－北京：人民出版社，2009.3
ISBN 978-7-01-007639-3
Ⅰ.民... Ⅱ.章... Ⅲ.社会结构－研究－中国－民国　Ⅳ.D693.7
中国版本图书馆 CIP 数据核字（2009）第 006745 号

书　　名　民国初年社会结构论稿
　　　　　MINGUO CHUNIAN SHEHUI JIEGOU LUNGAO
著 译 者　章猷才著
出版发行　人民出版社
　　　　　（北京朝阳门内大街 166 号　邮编　100706）
邮购地址　100706 北京朝阳门内大街 166 号
邮购电话　(010)65250042　65289539
经　　销　各地新华书店
印　　刷　北京龙之冉印务有限公司印刷
版　　次　2009 年 3 月第 1 版　2009 年 3 月北京第 1 次印刷
开　　本　710 毫米×1000 毫米 1/16　印张 15.75
字　　数　223 千字
印　　数　1 — 3,000 册
书　　号　ISBN 978-7-01-007639-3
定　　价　39.00 元

目录

序　言

　　序言之体，与时俱变。"序"原是用于讨论政事和学习，后变为临别、聚会之记叙体，逮至现代，凡书付梓之际，总要诠叙主旨、弥论全书，乃为不刊之例。今为我的学生出版著作作序，虽同乎旧例，理有不同，非为随俗。综观全书，概有三点可陈。

　　其一，法乎其上，仅得其中。早在上世纪80年代，我主持湖南师大政治系时，曾经用巨资购买皇皇240多册的民国北京政府的《政府公报》影印本，成为国内少数拥有这套原始资料的高校之一。我要求在此处下力，考辨、发掘、实证、研究民国北京阶段的历史，用历史唯物主义和历史理论做解构。这就是本书的因缘来处。事实证明，这套资料是巨大而丰富的矿藏，依据民国初年20多册的《政府公报》做出的论著，自有其可靠的史料基础。历史研究的方法有他证、考证、自证、互证之别，但尤其以自证方法最为扎实、可信。用民国自身的资料解读民国历史发展，具有信史性。本书就是一个证明，为此感到欣慰。全面深入地研究民国北京政府的《政府公报》，至今仍然是一个有待来者继续努力的任务。惜乎，作者由于后来工作的变动，没有继续沿着这个研究路线走下去，犹有余憾。

　　其二，言之必名，名之必可言。作者对民国初年《政府公报》的感悟和理解，使用了"社会结构"的方法，这就是本书结纲联目的写作方法。用"社会结构"的方法再现民国初年的社会群体地位、功能、作用及命运，具有共时性、开放性、兼容性、非线性，充分体现当时社会的合力互动特点，从特定历史条件下揭示各个社会群体"个性"和转型、选择的社会本质。本书吸收了社会学"社会结构"的概念，容纳了不同学科的特性，为了需要而混合成特定的"社会结构"方法，这是理解力和驾驭力、表现力的扬弃与综合。经过这个转换来表现民国初年的社会就显得场面宏大、群体生动、内容繁博、形象鲜活，取得较好效果。本书表述方法的特点，一是跨学科综合运用，能够做到"入乎其内，出乎其外"，无论是描述还是评论不会有隔离，把社会、群体、人物、命运以及生活交融在一起。二是历史站位较高，在民国初年的历史背景下，把所涉及的六大社会群体复制到应当占据的各个社会位置上，又把各个社会位置上的社会群体统合到特定的社会结构的规定上，收放自如，散聚有度，既不溢美也不隐恶。三是突破既有的研究范式。历史研究既要继承也要突破，继承和突破互相激荡，才能推动历史研究。本书吸取历史研究传统的纵向系年纪事的长处，结合了社会横向的广度，这是一种尝试和突破。由此观之，研究方法和表达研究内容的方法成为灵活运用之"名"，"名"为"言"立体，全书之言因"社会结构"之"名"记述之，"名"与"言"互为一体，名正言顺，事能成之，诚哉斯言。

其三，入乎其内，出乎其外的叙事。本书记述了民国初年社会中的六大群体，分别是逊清皇室、蒙藏王公、北洋武夫、官佐、士绅、农民等群体，限于所依据资料，没有设立资本群体专章，在北洋武夫和官佐的章节里略有论及，因为民国初年的资本发展带有浓烈的官商连体的气味，苦苦挣扎的民族资本被边缘化，走进社会经济中心尚待时日，民国初年的《政府公报》里少见他们行迹。依据民国初年的《政府公报》的材料能够"入乎"这些社会群体之内，以民国初年的治法文事解读民国初年的社会结构，对这些社会群体能够视其所以，观其所由，察其所安，充分揭示民国初年兴衰变化的由来。以众说纷纭的袁世凯而论，他从来不认为获得民国总统的位子是革命结果，而自比为历史上的"代禅"及"传贤"的"天命所归"。他优待逊清皇室和王公贵族集团，书中以《政府公报》的资料证明了他如何操办逊清隆裕皇太后的葬礼，如何接纳大批逊清官员而又塞进民国官僚体系内，民国之所以被诟病为"换了一块牌子"，是因为袁世凯内在地改造了"民国"，不再是孙中山等国民党人所设计的那个样子，从而给出了民国初年社会乱象所以然的答案。观袁世凯之所由，北洋集团与北洋实业根叶相连，作者列举《政府公报》里的材料，证实了袁世凯利用北洋实力纵横捭阖的能量，证明了"不在于你想做什么，而在于你具有什么资源"的信条，由此看出民国初年革命党人有心无力的尴尬处境。察袁世凯之所安，本书依据《政府公报》的材料，刻画出照搬"前清"旧例的统治实质。正如著名历史学家蒋廷黻所说，袁世凯生前没有做一件有利于社会和民族的大事，是一个旧时代超等大官僚和大政客，当然袁世凯也应时附会作了一些并不触及根本的改良，但不能改变他是旧官僚的属性。用民国初年的《政府公报》解构民国自身是本书的一大特点，体现民国之所以是"这一个"的社会特征，这就是"入乎其内"。用马克思主义理论解剖才能"出乎其外"，内外结合地端出民国初年的原貌及其在现代社会发展史上的地位和价值。这也表现出作者的想象力和创造力。

本书的行文生动、结构均衡等，不再详细论及，读者自有评判。

本书尚有不足。有的问题分析得不够深入扎实，还有继续剖析的空间，有的问题列举的材料不够充分，留下了些许遗憾。作者能在三年之内苦心经营近25万字的研究成果，实属不易，其中甘苦不尽为外人所道。

十年前告别，今天又借出版之际在"序"处相逢，乃为幸事，重温一段师生旧谊，也是得弟子之乐，慨然序言，寄期盼之愿。

谭双泉

2008 年 12 月于长沙岳麓山

前　言

　　大约700多年前，"一部十七史，从何说起？"的天问如横空惊雷震世，留下了不尽的谜底，600多年后，民国十一年（1922）在上海讲国学的章太炎先生，又重复了这个历史话题。[①]时人不解其中三昧，因为他常被人指为"疯子"，于是有人说他又说"疯话"了。大约就在此事的前后，东鸣西应，南风北雨，他的一个学生——鲁迅，在有意无意之中，为他老师的隐论假托的"疯话"作了考辨，反复而曲畅旁达地揭穿了谜底。他说："我想，我的神经也许有些瞀乱。否则，那就可怕。我觉得仿佛很久没有所谓中华民国了……我觉得许多民国的国民而是民国的敌人……我希望有人好好地做一部民国的建国史给少年看，因为我觉得民国的来源，实在已经失传了……"[②]。这真是天缘凑泊，师徒二人吃的什么药，南北呼应，说的都是"疯话"！民国政府这时正堂而皇之地武力统一，怎么失传了？鲁迅还有更疯味十足的话："现在的中华民国也还是五代，是宋末，是明季。……以明末例现代，则中国的情形还可以更腐败、更破烂、更凶酷、更残虐"。[③]说来说去，难道就这样说民国吗？

　　鲁迅不诬，《政府公报》中的资料可以为他申证作论。

　　近代社会结构的转型先失于鸦片战争，清廷战败，而后失于甲午之战，割土赔款辱国，再失于民国的北京政府之手。敢问何以言之？前两次机遇失于清朝皇室之手，尚可有词，国人谓清朝匪我族类，必有异心，国人可以出来讨伐，用革命代之。民国政府一时际会于辛亥革命，高呼着与民更

---

① 章太炎讲演，曹聚仁整理，汤志钧导读：《国学概论》，上海古籍出版社1997年版，第2页。
②③《鲁迅杂文全集》，河南人民出版社1994年版，第137页。

始、咸与革命的口号，此时国人愁结千肠而怒目相向，如欲革命，周武虽在，谁为商纣？于是民国初年走进了徘徊低迷的窘地，民国初年的社会结构像一张钢丝铁筋的网络套牢了民国，编织和覆盖这张网的正是民国自己的政府，这就是袁世凯控制下的民国北京政府。

民国初年的北京政府举其宏纲大经而言，不外是传统儒学的顺时应势地抢来"革命"的旗帜，以实行尊尊、亲亲、贤贤的常经大道。（当然在枝节和局部也有改良和革新）它用尧典心法，仿旧宋故实，尊逊清皇室为前王恩主，用民国的血汗养宣统年号。取前清旧例，置蒙藏王公贵族集团于朔北以藩卫中央。以武功坐天下，收北洋集团为爪牙心腹，统揽政府枢要高津，深固京师。然后，左收前清刀笔旧吏，右拢革命派一部分入院府，加之以功名利禄，收贤贤之名，由上述三者使中央坐实、内府重定，再以统一之名收拾地方，视南方为夷狄，自视华夏共主，修文安之，否则讨伐灭之。对于社会上的百姓和农民只是命令他们以名分为大义，各安其职，各守其分，否则也是暴力相加。这种由上而下的社会等级有差的社会结构，恢复到春秋时期的封建贵族联合专制的形态，是一个由血统、世袭、门第和特权混合而成的新怪物。但是，天道运行，无往不复，民国毕竟不同于深闭固拒的晚清社会，西方列强日益加紧的干涉和侵略，沿海地区的民族资本发展，农村日益破产的小农生产，这些都形成了冲击和抗衡民国社会结构的力量，诱发和形成了它们之间的差别和斗争，这些矛盾和利益的激化和集中，引起了社会结构的崩溃，最终形成了上下左右共同背叛了"民国"的局面。袁世凯称帝、小朝廷复辟、蒙藏头目引狼入室搞分裂、各省自治、北洋集团干政称雄、文人的冷嘲热讽，而农民虽不识远，但始终把辫子盘在头上，随时都可以放下来。由此溯观来路，跟随而来的"新文化运动"为什么要批孔？北伐革命为什么要联俄、联共、扶助农工？当然，这是后话。历史自有其发展的规律。

民国初年的北京政府占据着权力和暴力，精心营造的这个貌似"克明俊德、协和万邦"的社会结构，带有特定的历史个性。从它的形成、发展乃至于瓦解，这难道是偶然的吗？是否可以避免呢？

云自流，风自卷，历史是不能假设的。

　　今天，我们沐浴在改革开放的春风里，我辈生也晚矣，不能赶上那一场云谲波诡的变革年代，无从真正体验民国先辈在当时环境下的心境和动机。我们唯一还能做的或许只能是：尽可能多地给予同情和理解，但决不能化解历史对他们的诅咒。但是，我们相信这样一句俗谚：不止地作恶，不尽地造善。海纳百川，有容乃大，善恶同流相生相克，阴阳之道一动一静，正预示着西风之后的春天。这正是我们民族不老的激情和庄重胸怀。

　　现在，让我们回到本书开头提到的话语，就从民国的社会结构开始分析。

摘　要

本书研究的课题是民国史,采用了民国社会史的历史体裁。主要资料来源是民国北京政府的《政府公报》和其他资料。

本书研究的历史时段是民国初年,具体划分是民国元年(1912年)至民国五年(1916年),大致与袁世凯统治民国北京政府的时期相始终。

本书研究民国史的方法采用了"社会结构"的理论方法,这种方法综合了历史学、社会学两门学科的概念和功能,并且规定了进入研究民国史的社会视角和叙事方式,而这种方法的规定性必然是社会史内容。这是对民国社会史研究从理论到方法、从方式到内容的新尝试。采用这种方法具有共时性、综合性、包容性的特点。这是一种跨学科、总体性的研究。

本书研究民国社会史的资料《政府公报》,并非仅有,多处可见,但进行系统的解析和研究不多。历史研究考证之法,源远流长,有互证、考证、他证、自证等方法,其中尤以自证为最具说服力。本文就是用《政府公报》的自身资料去解析民国社会,可以视作自证自解。历史研究历来有"入乎其内,出乎其外"之说(王国维语),用民国《政府公报》的文辞、治法去解析民国社会,能够循此入乎其内,至于"出外"之处不敢多言。

本书研究民国社会史,是以一种世纪回眸的胸怀把自鸦片战争以来百年激荡当作一个较长的历史周期,民国初年这一时段仅是百年周期之一环。民国初年的社会结构的形态和世相不过是这一环节中的一个历史葛结。我们以今视昔,持有一种"后来者的优越性",可以用特有的历史距离、平静的理智、科学的认识去评价和多角度地反思前人得失,以取鉴于前史。

本书研究民国初年社会结构的目的是,揭示民初社会结构的历史背景和来源,展示社会结构中各种社会阶层、社会群体的社会地位、价值、角色和社会功能，说明辛亥革命以后，近代以来民主和民族革命的矛盾在民初的纠缠交织、错综复杂的新变化。说明民初社会结构的利益互不惠顾性和不可整合性的矛盾，实际上宣告一切旧式"改良"和"借权、借军"革命方式的终结。从社会变迁和社会文化的角度进一步揭示，这种社会结构对于近代两大主题实现的阻碍性，它本身既不可能产生解决这个问题的人物，也不可能提出解决这个问题的理论，必须组织和建设新的社会主体力量，这是一个需要思想、文化、经济等全面变革的伟大社会工程。它向社会变革的可能性和现实性提供了参照性的空间和时间。

第一章
一句谶语化春秋

——社会结构的方法及其他

研究民国初年的社会历史，面对着这些官僚和士绅，须有一种得意忘言、得鱼忘筌的玄观达览的"功夫"，才进得去不立文字、尽占风流的境界，民国社会确实是一本无字的"相斫书"。鲁迅曾说："《颂》诗早已拍马，《春秋》已经隐瞒，战国时谈士蜂起，不是以危言耸听，就是以美词动听，于是夸大、装腔、撒谎、层出不穷。现在的文人虽然改着洋服，而骨髓里却还埋着老祖宗，所以必须取消或折扣，这才显得几分真实"。①所以对待民国《政府公报》也要听其言、观其行，以达知人论事。

辛亥革命以后，袁世凯要做大英雄，他要收拾破旧山河，实行天下大道，使朝无错枉、野无遗贤，同时要兴灭继绝，举逸怀孤，使天下安之。正如蒋廷黻所指出："袁世凯绝不是

① 《鲁迅杂文全集》，河南人民出版社1994年版，第536页。

这样的人，他不过是我国旧环境产生的一个超等大政客……他没有做一件于国有益、于己有光的事情"。①在这样国主统治下能产生一个认识新时代、引导走向近代化的民国政府吗？

倘若从历史上看，袁世凯是怎样一个人呢？民国元年三月九日，孙中山向全国公布了袁世凯的宣誓电文，其文如下：

> 民国建设百端，百凡待治。世凯深愿竭其能力，发扬共和之精神，涤荡专制之瑕秽，谨守宪法，依民国之愿望，蕲达国家于安全强国之域，俾五大民族同臻乐礼。凡兹志愿，率履勿逾。俟召集国会（选定第一期国会）选定第一期大总统，世凯即行解职，谨掬诚悃，誓告同胞。大中华民国元年三月初八日，袁世凯②

这是何等的自信、坦荡！

过了四年以后，民国五年（1916年）六月六日，古城北京，乱鸦惊飞，斜柳随风，已是炎热的中午，袁世凯躺在床上，毫无声息，呆若木鸡，他的嘴翕动着似乎想哭，但是也无眼泪也无音，整个生命深陷在称帝失败后的痛苦挣扎中。徐世昌、段祺瑞等几位"顾命大臣"围站在榻前，等待着他咽气。袁世凯从昏迷中醒来，逐一看望着人们，最后从牙缝里挤出一句话："是他害了我……"这一代枭雄以历史的大输家走完了生路，落得众叛亲离舟中敌国的凄惨境况。他走了……

害他的是谁？有人说是杨度，这位一生以纵横霸才自诩的风云人物。

但是，杨度在挽联中曲折地倾诉着他与袁世凯的哀怨：

> 共和误民国，民国误共和？百世而后，再平是狱；
> 君宪负明公，明公负君宪？九泉之下，三复斯言？③

① 蒋廷黻著：《中国近代史》岳麓书社 1987年版，第96页。
② 中华民国史事纪要编辑委员会《中华民国史事纪要（初稿）》，台湾，第319页。
③ 刘晴波主编：《杨度集》，湖南人民出版社1986年版，第615页。

至此，袁世凯一句成谶，杨度呵祖讥佛，历史借着袁、杨一段典故，愤怒地向民国社会发出近似"天问"的课题，民国社会真是英雄死尽，宝剑无用了吗？民国社会里有那么一大堆圣贤、豪杰、富贾、雅士，为什么听任袁世凯手提国脉，欲称帝就称帝，欲复位总统就复位总统，玩民国如掌中之物呢？

对于上述问题，如果归结于是个别人物的"阴谋"活动所致，这正如恩格斯所说的是在"制造神话"。与此有关的是，蔡锷曾说过这样一句有启发意义的话：千古功罪非一人之过。我们应该怎样回答这个问题？根据马克思主义社会存在决定社会意识的原则，我们可以从民国初年的社会结构这一基本社会存在中去寻找答案。

恩格斯曾经指出人与社会环境的关系，他说人创造和选择环境，但是环境反过来同样创造和选择人。在此，社会结构相对于民国来说是一种客观环境，它们之间不仅有相互调适和对应的联系，同时也有相互冲突和斗争的一面。民国初年的社会结构所创造和选择的社会人格、社会道德是民国的国体、政体，政府赖以延续的重要的社会资源和社会关系，它们关系到民国的生存与发展。首先，我们要分析民国初年社会结构形成的背景和源泉。同时，还要分析这一结构的社会历史联系。深入分析决定这一结构蕴涵在社会中的经济活动和经济关系。最后，我们才可能搞清楚民国初年的社会结构为什么是"这一个"。

在没有进入这个问题的分析之前，有必要介绍一下与社会结构相关的理论背景。

一、社会结构与社会学中此类概念的联系、方法论的意义

本书所使用的"社会结构"这一概念不同于社会学中的概念，但它是本书使用这一概念的基础来源，因此有必要分清二者之间的联系和区别。

上海社会科学院社会学所编《社会学简明辞典》[①]是这样解释的：

> 社会结构指在整体社会中的各基本组成部分之间的比较稳定的关系或构成方式。社会的基本结构是社会的经济基础和上层建筑。以生产资料私有制为基础

的社会结构和以生产资料公有

[① 李健华、范定九主编，甘肃人民出版社1984年版。]

制为基础的社会结构是完全不同的。社会基本结构从根本上决定了社会中人与人的相互关系。在阶级社会中，人可以划分为不同的阶级、阶层。社会各阶级、阶层之间的关系，就构成社会结构的主要表现形式。此外，还有如家庭结构、民族结构和其他社会结构。它们的存在和发展都要受到经济基础和上层建筑这一基本结构的制约。

这一概念的解释，采用了马克思主义的基本原理，把历史唯物论具体运用到社会结构的解释中去。解释的基本内容是采用演绎和划分的方法，把社会分为基本结构和具体结构两种，这二者的关系是基本结构决定了具体结构。但是这种解释明显有一个重大缺失，即社会组织、社会群体、社会阶层在具体的社会行为和社会关系中的地位、角色没法分析。

带着这种认识，我们再来分析《简明大不列颠百科全书》中的解释。本文引用的译文，有些是笔者在中、英文对照中做了必要的修正和补充的。

社会结构和组织（Social structure and organization）这个词是一种比喻和分析的方法，这种方法是从建筑学、生物学中借用来分析人类社会和社会条件的。特别是现代以来的物理学和解剖学的发展给社会学方法以重大影响。这个方法的前提，是把一个分析对象，例如一个社会存在的整体，当作一个机器和一个生物组织的总和，或者当作一个整体中的一部分具有独立功能的事物。根据一些著作或某些作家的描述，社会结构应当是用来分析社会组织、社会关系或社会其他属体的作用和功能。必须提醒注意的是这种方法只是在特定的条件下和描述中才能用来分析和比喻，它们仅仅是一种工具性的方法，并不是一个社会中真实的存在实体，如果你硬性假定它是社会存在，这种分析方法将会是无效的或者引导你误入歧途。（画线部分，是笔者根据英文版本增补的，而中文版恰恰遗漏了这几句重要文字。）

在作上述基本解释以后，它把社会结构的内容划分为文化模式型、结构功能型、冲突型、自然科学型、数学和逻辑型。

《简明大不列颠百科全书》对这一概念的解释，比较前引的上海社会科学院《辞典》中的解释具有不同特点，它的内容涵盖量大，把社会结构的几种类型列举出来，全面地概括了19世纪以来西方社会学家所在这个问题上的成果。它溯源追底，准确地指出社会结构的概念是从生物、建筑、物理、解剖学转借而来，说明了社会科学与自然科学相互渗透的关系，特别重要的是，指出社会结构在社会科学中只是一种工具和方法，不能把一个特定的学科使用的理论和方法简单等同于社会中某些具体存在，它具有形而上学（本体论）的性质，因而具有普遍性和指导性。

国内外近年来出版的大批社会学基本理论的教材和专著，其内容和概括范围基本不出上述所引两种具有代表性范畴的解释。

根据上述所引的基本理论材料，对社会结构在社会学理论体系中的内容和作用可以作一个简明的描述。"社会结构"这一概念并不是18世纪孔德创始中就有的内容，是在19世纪西方自然科学发展和门类分化的基础上，从物理、生物、解剖等学科中转借而来的。它是专门用来分析社会过程中社会属体、社会组织的功能和作用的一种方法。在马克思主义分析中，社会基本结构是经济基础和上层建筑的结构，由此而联系的家庭、民族等结构是受其制约的。在现代社会学的理论中，有社会结构分析的对象，有社会文化和社会冲突等。

还有必要指出，20世纪以来，社会结构这一概念的功能和效用，受现代科学出现的各种学科日益综合和交叉的影响，已经从用来作静态型的平衡分析开始走向跟踪社会进行动态测量和定性分析。这种方法成为社会学这一学科非常具有活力的分支，大有独立发展的趋势。在法国20世纪60年代出现了一个结构主义和解构主义的流派，代表人物有斯特劳斯和福柯，在美国有柏森斯，其代表作是《现代社会的结构与过程》。

上述社会学中社会结构方法的发展和扩大，对于历史研究的方法论和研究视角的变化有着深刻影响。历史研究的叙事方式和研究方式出现了历史学和社会学的融合和交叉，推动了社会史这一新的历史叙事模式的产生。本文不是在社会学的背景下对"社会结构"的选择，而正是在社会史这一综合学科的背景下使用"社会结构"这一方法。

二、本书使用的"社会结构"方法论内容

本书运用的"社会结构"是将现代社会学中的有关内容吸收到民国社会史研究中来。伊恩·罗伯逊在《社会学》（上册）① 中说："社会结构的最重要成分是地位、角色、群体和制度。这些概念在社会中是至关重要的"。把社会结构理解为地位、角色、属体等诸要素之间的关系整体，有其特殊的优点，它突出社会中人与人之间的关系网络，容易显示出社会变化中人与人关系的形成和演变，具有整体性、转换性和调节性，对观察社会是一种十分有利的方法。

本书所采用的"社会结构"完整内容还是在马克思主义理论，特别是历史唯物论基本原理指导下采用的。在民国社会结构研究中，本书以"社会结构"为结篇联目的中心范畴，从分析社会结构的来源即民国政府政策、法令、制度一系列权力和强制力的影响，到展开社会结构具体内容、社会结构内在的矛盾性而出现的社会危机，从而引起新的社会变迁，说明社会结构在民国初年具体历史条件下走过了否定之否定的圆圈路程而结束。这是本书所采用"社会结构"的方法论的意义。采用这种方法，共时态性比较明显，要在一个有限时段中，全面解剖社会各个方面，使用这种方法比较适合。还有自主性比较合理，一个社会结构的形态的形成必须从这种社会内部寻找矛盾和冲突的源泉，使用这种方法利于说明。另外，互动性比较突出，一个社会中任何一个阶层或社会群体的变动都是一个系统中的相互影响，使用这种方法能集中透视。

社会结构的研究，说到底是对在具体社会关系下人的本质和素质的研究。衡量任何一个社会文明和社会制度的优劣，最终要看在特定的社会结构和过程中向社会和民族提供一个什么样品质的人，这也符合马克思关于所谓人的本质是社会关系总和的论断。对此，辜鸿铭有过相关论述："要估计一个文明，我们必须问的问题是它能够产生什么样的人……事实上，一种文明所生产的男人和女人——人的类型，正好显示该文明的本质和个性，也

---

① ［美］伊恩·罗伯逊著：《社会学》，商务印书馆 1990 年版，第 76 页。

显示出该文明的灵魂。"①如果你随着本书向下看,你会看到民国初年的"国民"都是一个个什么样的人。你会对民初的社会结构有一个具体而深刻的认识。当然,在分析中还要注意继承性和其他问题。

从社会结构形成的社会过程还可以分析统治者的统治方式。民国初年的统治类型是属于享有特殊权威人物统治的类型,也就是西方常说的,克里斯玛型人物的统治。韦伯分析人类社会的统治类型有三种,即理性的、传统的和特殊权威人物的统治②。在当时特定的历史条件下,袁世凯被人们拥戴上台,完全是根据他在晚清新政和辛亥革命时的作用和表现,对他的信任超越寻常的道德和政治传统,以至于他上台以后,立刻集权到自己手上,民国政府不过是一个工具而已,民初社会结构的形成在一定程度上反映了这位擅权独裁国主的人格和意志。

本书所采用的"社会结构"的方法论,只是一种研究方式和叙事方式在理论上的逻辑形式,就像马克思采用从具体——抽象——具体的理论方法一样。只是理论和方法的坐标和参照,既然是一种理论的方法,不可能具有绝对性,恩格斯在晚年的通信中曾经把实践与理论比作是两条并行的直线,它们只可能接近,但永远不可能重合。这种"社会结构"方法的应用,肯定存在着疏漏和偏颇,有待修正。

① 辜鸿铭:《中国人的精神》,海南出版社 1996 年版,第 3 页。
② [法] 阿隆著,葛智强等译:《社会学主要思潮》,上海译文出版社 1988 年版,第 588 页。

第二章
老去情怀　竟作天涯想

──民国初年社会结构形成的历史背景

在本世纪30年代，林语堂这位现代作家用英语写了一本《吾国吾民》，向美欧国家介绍中国的问题，其中他提出了一个问题：

> ……曾经引起了过激主义，结果产生了中华民国。没有人相信中国会变成民主国家。这种变动太大，太雄伟，没有人敢担当这个责任，除非是呆子，否则是鼓吹出来的人物。那好像用彩虹来造一架通天桥，而欲步行其上。

他认为在中国实现现代化，这个工程太大，太雄伟，没有人敢担当这个责任。

鲁迅曾经揭示了近代变动的主题，他说：

> "我们目下的当务之急是：一要生存，二要温饱，三要发展。苟有阻碍这前途者，无论是古是今，是人是鬼，是《三坟》《五典》，

百宋千元，天球河图，金人玉佛，祖传丸散，秘制膏丸，全部踏倒他"。

所谓"生存"是一个民族国家的独立和统一，所谓"温饱"是保证和满足人民的物质生活，所谓"发展"就是使近代中国走向世界，实现现代化。这实际上是表达了一个非常强烈的政治、经济和文化要进行全面变革的社会革命要求。

民国北京政府是这块材料吗？请看一下北京政府两位代表人物的治国大经，就不难回答上述问题。

握有全国统治权的袁世凯在四月二十九日(民国元年率国务院八名政要莅临国会)所发表的施政宣言：

"……古今立国之道，惟在整饬纲纪，修明法度，使内外相系，强弱相安，乃可巩固国基；争存宇内……但现值改革之后，亟当维持秩序，利用厚生，建设从稳健入手，措施以事实为依归。……百废待兴要在财政"。①

……（以下未全引）

下面再来分析五月十三日(民国元年)北京政府国务总理在参议院第五次会议发表的施政意见：

……大总统恭贵院，蒙大总统宣誓政见，于财政、实业、军事、法律、外交诸端均已包举。尤所谆谆者曰：建设从稳健入手，措施以事实为依归。诏议等自当本诸大总统之政见以为措施之方……②

如果脱离当时的社会实际分析这两位国主的讲话，真以为这是历史上难得的"改革家"。事实上，只要问一问当时农民和农村的生活，这难道是他们需要的"民国"吗？

① 中华民国史事纪要编辑委员会编辑：《中华民国史事纪要（初稿）（1912年）》，台北：文物供应社，1972年版，第470页。（内部发行）
② 《政府公报》第1册，上海书店1988年版，第259页。

为了进一步认识民国初年北京政府的真实面目，下面引用一下新中国的建设举措：

1949年10月10日，中共中央华

北局发布关于新解放区土地改革的决议。

1950 年 6 月 30 日，中央人民政府颁布《中华人民共和国土地改革法》。

1950 年 7 月 14 日，颁布农民协会组织通则。

1952 年 9 月，宣布土地改革到目前、加上三年已经完成的，农业人口占全国人口的 90% 以上，三亿农民分得土地七亿六千万亩，农民不再向地主交三千万吨地租粮食。

请读者不要误会，这里的历史比较，只是在历史过程中为了廓清每个统治集团在代表哪个阶级利益的背景下，把农民和农村问题定格在民国政府和新中国中央人民政府两个历史坐标上，以放大给人们看。作者决不是苛责民国北京政府非要像四十年后的新中国政府那样做。如果民初北京政府的诸位政要出于某种局限还不能抓住当时百端待举的宏纲政目，朝野内外是否还有高识宏达之士怀忧国忧民之思呢？国乱有忠良，家贫有孝子，孙中山关于三民主义的理论早在 20 世纪初已经揭布天下，声播海内外，这个姑且不说。从南北议和到转手袁世凯期间，有文献记载的就有四次，都是孙中山关于光复以后中国第二步实行民生和民权的吁请和宣传，北京政府为什么充耳不闻呢？

三月三十一日（民国元年）在中国同盟会为孙中山即将辞职举行的饯别会上，孙大总统作了关于实行社会革命的即席讲话。他说："吾人主张之民生主义，采行平均地权、预防资本家垄断政策，并以兴办实业，普及教育及实行各种社会福利措施为方法，则根本不致发生罢工、暴动流血行为，即可福国利民，实现社会革命之目的。"[1]

同日，孙中山发表英文论著，题目是《中国之第二步（China's next step)》，明确提出实行社会革命，改革地税制度，首先要新政府对"所有一切地契，必须更改，此乃革命后所不能免者也"[2]。这已经规划得很细致了。

四月一日下午（民国元年），在孙中山参议院宣告解职的致词中，

[1] 中华民国史事纪要编辑委员会编辑：《中华民国史事纪要（初稿）(1912年)》，台北：文物供应社 1972 年版，第 427 页。
[2] 转自何怀宏：《世袭社会及其解体》，三联书店 1996 年版，第 56 页。

又一次提到中华民国之天职，改良政治、经济等①。

四月三日（民国元年），离开南京赴上海，临行前又一次呼吁全力实行三民主义。四月十日（民国元年），孙中山在武昌湖北军、政各界的欢迎会上，以《社会革命》为题发表演讲，其强调："吾国革命，乃为国利民福而革命，欲巩固国利民福，不可不注意社会问题。"②

民初的北京政府的施政决然没有上述的一点内容，全然是"钱力"和"军兵"，这是历史的疏忽吗？

孙中山言之谆谆，千呼万吁，万言不值一杯水；北京政府听之藐藐，不为心动，更隔蓬山一万重！

上文提到林语堂的"这个责任太大，没有人担当得起"，真是不幸而言中，民初北京政府自弃于历史和社会责任，失去了转变社会走向近代化的一次机遇，顽固地按照他们自身的利益和世界观改造和组合社会，民初社会结构就是在这种历史条件下形成的。

辛亥革命以后，在"民主"与"共和"的旗帜下，为什么会出现这种类型的社会结构呢？这是我们下面要分析的重点。

一、民国初年的社会结构来源于当时的社会经济的分化和组合

民国初年的社会经济处于激烈的分化之中，北洋实业远承洋务运动，在外国资本的支持下，垄断了国家的铁路、通讯、金融等重要部门，成为近代化经济变革的重要起点。在国内外资本的冲击下，农业经济正迅速出现瓦解和破产，这两种矛盾的冲撞和斗争正构成民初社会阶层组合的基础。清末民初北洋实业的发展集中体现了"帝国主义和封建主义"的结合。袁世凯于1902年实授直隶总督和北洋大臣，同时还兼任督办关内外铁路大臣、督办津浦铁路大臣、督办商务大臣、督办邮政大臣。他利用这些职务先后从买办官僚盛宣怀手中夺取了轮船招商局、电报局和一部分铁路大权，荐

① [美] 费正清著，张理京译：《美国与中国》，商务印书馆 1987 年版，第 26 页。
② 《民国世说》，上海书店 1997 年版，第 1 页。

举唐绍仪兼督办京沪、沪宁铁路大臣,任用梁士诒为铁路公司总文案,后来又兼任京汉、正太等五条铁路提调。把铁路借款和收入以及轮船招商局和电报局的收入,悉收到北洋集团手中。

此外,北洋实业还先后开办滦州煤矿、启新洋灰公司、代办户部银行,与德、比等国合办井陉(河北)、临城(山东)煤矿,同时又开办督销盐局、铜元局、银元局,开印花税,增加多种杂税。

提起北洋集团,人们可能立刻想到的是那一个个耀武扬威的大军阀,无疑他们是这个集团的核心,但是它还是一个掌握着近代工业、交通、银行、矿山的实业集团,没有这个经济实力的输入和支持,北洋集团是无法成为清末民初呼风唤雨、为所欲为的支配力量的。恩格斯说:"在历史上的大多数国家中,公民的权利是按照财产状况分级规定的,这直接地宣告国家是有产阶级用来防御无产者阶级组织的……在这里,政治的权力地位是按照地产来排列的"①。所以,费正清说:"中国的士绅只能按经济和政治的双重意义来理解,因为他们是同拥有地产的和官职的情况相联系的。"

为了进一步说明北洋集团操纵近代社会经济的情况,我们还可用一些统计数字并举附史实加以详细说明:

昔闻曾有这样一个故事,袁世凯任总统时,严令部下拿赌,警察厅长某报告袁氏曰:"现在京里最大的赌是梁总长(士诒)家,王总长(克敏)家,还去拿不拿?"袁氏道:"我叫你去拿,拿不拿在你啊。"②这里可以看出民国时期一帮官僚的多面性。这种多面性也可以用来分析他们政治与经济互为表里,言不顾行,行不及义的虚伪性。蔡元培曾说:"虽然,袁氏之罪恶,非特个人之罪恶也。彼实代表吾国三种之旧社会,曰官僚、曰学究、曰方士。"③把持民国实权的北洋官吏集团,他们一面信誓旦旦、施仁践义、为国尽公、为民兴利,另一方面畏强抑弱、假公济私、穷奢极

① 转引自《陈独秀著作选》第一卷,上海人民出版社1984年版,第238页。
② 全慰天著:《中国民族资本主义的发展》,河南人民出版社1982年版,第49页。
③ 全慰天著:《中国民族资本主义的发展》,河南人民出版社1982年版,第50页。

欲。他们一方面阴柔善变，提倡新式工商业，自诩为开新变革的头面人物；一方面扎根于最深层的农村，广置良田，保持着最落后的土地占有关系。袁世凯在河南三个县中占有土地400顷，徐世昌在河间、辉县有50多顷土地，冯国璋是直隶河间人，陈独秀在《新青年》上说："河间府的田地现在也买不着了"，形容冯占有土地之多，几乎是独霸河间①。被称为北洋之虎的段祺瑞，蒋介石称之为"恩师"，三十年代曾派专使奉迎到南京以"国老"供养，说他一生"廉洁自守、高节当敬"，事实不是这样。据称，他一生娶了七个老婆，一年三百六十五天，每天下午下围棋，晚上打麻将，已成惯例，很少变化，有专门陪同下棋的，月送干薪80银元，多则100银元，一起打牌的有傅良佐、倪嗣冲等军阀，一晚输1000—2000元，面不改色。他的经济实力从哪里来呢？他在东北圈占荒地竟达20万顷！② 与西方的政治家相反，民国时期的北洋官僚一个个都是大官僚兼大地主，没有一个把政治和国事当作自己唯一的追求和天职，都不过是因时顺变地在政治的交易中玩一把！而可悲的是，中国的近代工商业却恰恰出自于这一帮"两面人"之手，他们一方面要垄断权力和资本，一方面要在社会推置"洋务"以求发展，使近代社会的经济从一开始就被迫走上了一面要向这帮人输财注血，一方面又要维持自身发展的局面，即使是官商合办，那些出自社会的商人也要依附和逢迎他们，近代社会的经济总是一波三折、风雨飘摇、朝不虑夕地而被迫于急功近利，全无民富之源和社会基础。但这就是近代社会经济的历史，养肥了这一个个非公非私、亦官亦民的北洋官僚实业，他们到底有多少私产，这是谁也说不清的事实。据日人调查，当时在英国汇丰银行一家存款的定期存款中，北洋官僚在2000万以上的5人，1500万以上的有20人，1000万以上的130人③。他们潜龙在田、务利于己、藏首现尾、草泽云雾，谁也摸不到他们的"底牌"。

恩格斯曾说人类中卑劣的贪欲

① 萧一山著：《清代通史》，以上资料均引自第四册，中华书局1986年版，第1734—1738页。
② 《政府公报》第3册，上海书店1988年版，第397、398、399页。
③ 《政府公报》第1册，上海书店1988年版，第107页。

也是历史的推动力。北洋官僚和武将带着地主般的贪婪和狡黠，又风云际会于晚清和民国的革故鼎新的时代，居然成为兴办实业和开新成务的人物，至晚清以来，北洋实业在以下方面有了实足的发展和壮大。

1. 袁世凯1902年被授为督办关内外铁路大臣以后，遂开始排挤盛宣怀，任用唐绍仪和梁士诒，以工程项目接手续办，使北洋经济有打通四方、联络天下的神通，一个用近代化包装起来的五业兴旺的封建新官僚开始羽翼渐丰了。

①京奉铁路，初始于光绪十一年（1886年），后至天津，再后至大沽、滦州，光绪二十九年（1904年）通到新民屯。

②津浦铁路，由刘铭传建议，许景澄、梁敦彦、吕海环为经办人，最后由唐绍仪接手，全长1013公里。

③京张铁路，全程813公里，光绪三十一年（1906年）动工，先抵张家口，后又展修张绥铁路，至民国十年才接至绥远，改称京绥铁路。后又展至包头。

④京津铁路，光绪二十三年（1898年）开始动工，光绪三十四年（1909年）全路竣工①。先由盛宣怀，后经唐绍仪，共310公里。

先后在这个时期完成的还有粤汉、正太、汴洛铁路，还有株萍、吉长铁路，共有12条铁路，这些铁路，民国初年以后，除少数由于历史遗留的原因，还兼有外资参与经营，其京汉、津浦等大型铁路营运基本划归交通部管理。交通部正式成为民国北京政府和北洋集团垄断铁路资本的机构，其经济实力相当雄厚，在民国各部中居其首位。根据《政府公报》登载的资料，名称为《京汉铁路各站等级役货客数目统计表》的数字，1911年收入在10万元以上的站有17个，客货总收入为996万元②。如果再计算京奉、津浦路局的收入，交通部确是一个大财神。民国政府北迁以后，袁世凯坚持由梁如浩担任，否决了南京内阁前任交通总长汤寿潜和次长于佑任③，在

①萧一山著：《清代通史》第四册，中华书局1986年版，第1724—1728页。
②《政府公报》第3册，第107页，上海书店1988年版，第397、398、399页。
③《中华民国史事纪要》，第28、29页。

遭到参议院否决以后，又提名施肇基担任，就是不肯给同盟会党人。施氏的历史已经说明其与袁世凯为首的北洋集团的关系非同一般。

施肇基，字植之，浙江钱塘人，9岁入江宁府立同文馆，16岁随杨儒赴美国，20岁入康乃尔大学，1900年获康大文学学士学位，1902年获康大文学硕士，同年回国，1905年随端方五大臣出洋考察宪政，任一等参赞，1906年署邮传部右参议兼京汉铁路总办，1907年调任京奉铁路局会办，1908年任吉林西北路兵备道兼滨江关监督，1909年任吉林交涉使，1910年调任外务部右丞，1911年转任外务部左丞，旋任驻美、日大臣，未及赴任而辛亥革命爆发。

北洋政要深究政治的根底，政治的血液是财力，而抓财力是不能不抓实业的。所以，北洋实业与北洋军阀是并驾而驶的两套车马。与此同时北洋实业借助民国政府的合法形式，更为广泛地网罗邮电通讯、轮船航运、机器工业，这些经济部门无不依赖外国资本，使封建主义与帝国主义更加紧密地、自觉地配合起来，再加以"兴利造福，惟民所止"的伪善口号的掩盖，使民族矛盾和阶级矛盾交织在一起，民国初年出现了短暂的平衡的局面。还需要作重点介绍的是，在民国初年，北洋官僚与金融形成统一的局势。由于社会的金融和资本关系到国计民生的发展和起伏，是整个社会发展的动力和蓄水池，有必要对此再作简明的分析。

民国政府北迁以后，袁世凯急忙于5月9日向财政部发了《交财政部速拟改良国币办法并编定各项银行则例等文》①，这个文件说："奉大总统谕，货币为交易媒介，币制淆乱于治国用、兴实业诸端均有妨碍，亟应改订，圈法划一国币，以图补救，银行为流通资本之枢纽，持信用以为基础，尤赖法律以为范围，各项工商储蓄银行非有关详至密之则例以资遵守，无由成立。应由财政部统筹全局，速拟改良国币办法并编订各项银行则例。"②嗣后，袁世凯于同年5月28日《政府公报》上公布了任命令，令文是："任命吴鼎昌为中国银行正监督并筹备银行开

①《政府公报》第1册，上海书店1988年版，第107页。
②《政府公报》第1册，上海书店1988年版，第531页。

办事宜，此令。"①吴鼎昌是什么人呢？

据《中国近百年经济史辞典》②介绍，吴鼎昌（1884—1950），民国时期北方财阀之一，原籍浙江吴兴，生于四川华阴县，字达铨。曾留学日本，1910年回国后任中日合办本溪铁矿局总办，大清银行总局局长，民国元年任农商部次长，财政部次长，中国银行正监督。综观其人，不出晚清官僚范围，也是袁大总统的同路人。

中国银行的职能之一是发行各种票据，③北京政府从民国元年开始举借内债，到1926年累计发行61200万元，平均每年要发行4377万元。公债的主要用途是军费开支。我们可以从《政府公报》第65号登载的财政部收放款清单分析民初北京政府的开支情况④。

这一期财政部收到银行团第二批垫款总计为162万余两平银，支出栏中有九项，这些部门是陆军部、拱卫军、禁卫军、军政执法处、旗饷、武卫左军饷、武卫前军饷、步军营警饷、内外城两厅警饷。这九项开支外，还有海军的21万两平银因垫款未到尚未放讫。我们看到的除了军饷以外，其他开支就不再提及了。说明北洋集团开始利用近代化的金融工具为他们筹款。他们本来是把自己建立在农村这个基础上的，但是由于连年的动乱和农村经济的破产，农村已经不能再提供足够资金，当他们掌握了北京政府以后，开始利用公债为南征北伐提供军饷，而银行也愈来愈把北洋集团当作政治靠山，农村动乱，资金开始向城市集中，其中大部分用来购买公债，政府要银行救急，银行靠政府发财。其结果，使北洋集团至少在表面上不再寄生在封建租税上了，染上了近代化的色彩，由此，北洋与金融关系更加紧密，特别是负责财政金融的那些人，又引得众多老板、公司大亨开始出入政界了。北洋以后的中国交通银行、通商银行大都是互相利用的。

综上所述，正如韦伯所说："但正因为如此，经济政治领导阶层的特殊职能恰恰就是要成为民族政治

① 《政府公报》第3册，上海书店1988年版，第69页。
② 张海声主编：《中国近百年经济史辞典》，兰州大学出版社1992年版。
③ 《政府公报》第3册，上海书店1988年版，第69页。
④ 《政府公报》第3册，上海书店1988年版，第69页。

意识的提纲者,事实上这是这些阶层唯一存在的理由……每当一个阶级获得经济权力时它也就开始相信自己应掌握政治权力。"①从某种意义上讲,北洋集团是在政治和经济上都貌似强大的力量,正如毛泽东所说,它这时就是一只真老虎。由此分析,它开始掌握政府的统治权和决策权,有其一定的现实的合理性,试问哪个集团有它如此广泛的社会基础和经济力量? 但是现实的并不就是合理的,其中最本质的是,北洋集团代表了大地主、大官僚和买办的经济、政治的双重利益,顽固地支持地主对土地的独占和垄断,把整个农村引向崩溃和破产。不难看出,在北洋集团的背后站着一个具有着极大革命潜力的社会群体,这就是农民。因此,我们还要分析一下农村和农民。

有人说,世界上没有"叫花子民主"②,可见实现"民主"与"共和"是需要社会成本的。但是民国初年的北京政府是一个贫困化的政府,陈独秀说:"今天这样捐,明天那样税,弄得民穷财尽,钱用到哪里去了? 替人民办了什么事? 呵! 呵! 我知道了:养了议员去嫖、赌、恭维督军。养了文官去刮地皮。借外债卖路矿得回扣。养了武官去杀人、抢劫、贩卖烟土。养了法官警察官去捉拿贫苦的烟犯赌犯来罚钱。现在的时代,还无人敢说政府官吏没什么用处,可惜他们的功效,只造成一片贫民的哭声!"③在民国的体制下,在社会的底层,仍然存在着贫困、饥饿、混乱和宗法的农村。这是民国政要的耻辱,然而正是他们竭力需要保护的社会基础。这是民国初年以后城市与乡村二元化发展的社会背景。

法国大革命的历史逻辑是先改变政策而后君主立宪,再后是成立民主共和国,接着是改变社会的文化及思想④。民国革命的逻辑顺序是推翻专制皇权,建立民主政体,然后实行改变社会底层结构——农村的改革,这样才能与整个民国衔接,进而出现完整的历史过程。为什么在民国成立以后没有出现孙中山所说的"民生革命"呢? 难道农村不需要走出中

---

① [德] 韦伯著,甘阳等译:《民族国家与经济政策》,三联书店1997年版,第99页。
② 黄仁宇著:《中国大历史》,三联书店,1997年版,第306页。
③ 《陈独秀著作选》,上海人民出版社1984年版,第532页。
④ 黄仁宇著:《资本主义与二十一世纪》,三联书店1997年版,第370页。

世纪吗？否！从世界历史的经验看，一个落后的、自足自给的农村经济是横躺在整个社会走向近代化之路上的巨大障碍，这也是一个国家调动实存资源、人力和物力进行社会结构转型必须突击的工作。[1]以德国和俄国为例，早在十九世纪中期和后期，改变政府政策，以解决地权为主，分别以国家赎买和农奴自赎的不同形式，使得那些原来生活在采邑庄园的隶农和农奴走上了自由农民的发展道路，把整个农业生产和农业经济拉回到以城市为中心的自由市场的轨道上，出现了资本主义式的经营和管理新形式，完成了向近代化民族经济转变的任务。这就是被列宁称为"容克式"和"俄国式"的农村改革的道路[2]。但是，西方的民主和改革形式，只要到了民国，没有不变样的。辛亥革命以后，民国北京政府的权要寡头和北洋集团非但不如上述所说，反而更加自觉地与落后的农村经济和农村社会区域结构纠缠在一起，像一个不自觉的挑夫自觉地挑起了这个沉重的历史包袱。主要的原因如下所述：

北洋集团的主要成员都是扎根在农村的大地主，他们独占的土地和庄园在上述已经介绍，兹不赘述。从他们自身退路着想，农村这个封闭和落后的区域社会也是他们失败以后可以躲避的世外桃源。以袁世凯为例，1908年11月3日，西太后撒手天下而魂归道山，时隔两个月以后（1909年元月），光绪的弟弟便宣读了："袁世凯现患足疾，步履维艰，难胜职任，袁世凯着即开缺回原籍养疴"这道圣旨。1909年1月6日，袁世凯只身离开了北京，回到了河南彰德城北共占地200亩的"洹上村"别墅。村内有一个养寿园，小桥流水，宁静恬适。他有时身披蓑衣，头戴斗笠，弄舟策竿，不知是垂钓还是默思。这张照片后来通过《东方杂志》传到北京皇城大禁之中，哄得那班皇爷们真以为袁从此金盆洗手，归隐山林。据说，袁在"洹上村"写了一首小诗："楼小能容膝，檐高老树低，开轩平北斗，翻觉太行低"[3]，全诗以景造境，以境寄情，虽说铺排了一串小楼、老树、北斗、太行，但全是一堆落地扎根、璇玑高天的金刚怒

① Legehrne, *The French Revolution from 1793 to 1799*, London and New York, 1946, P.311.
② 山东大学翻译组译《苏联通史》第二卷，三联书店1980年版，第394—396页。
③ 张宪文主编：《中华民国史纲》，河南人民出版社1986年版，第43页。

目式的愤激之物。从都市到乡村，这也是他们的生命的轨迹。袁世凯不是葬在安阳老家吗？农村就是那些政客和军阀的根。

北洋政要和军阀的政治基础在农村，那里有他们的替身和势力。我国农村组织形式沿革变化复杂，但是农村组织的头面人物却是万变不离其宗。从西周的比邻、乡党制到汉代的乡亭里制，宋代的保甲制，一直延续到明清和民国北京政府时期。"担任此项农村领袖之人，大率为地方知识分子及有声望的人……就现代农村而言，主要的农村领导者为地方士绅"①。在民国初年以后，这些地方士绅大部分依仗军阀和官府势力，以"为乡民谋利"为幌子，横行乡里，鱼肉百姓，倾膏粱以奉豪强，从中谋一己之私利，演变成为地方的土豪劣绅。北洋集团正是依靠他们横行天下。

另外，衰败的农业经济和日益增多的人口，也是军阀们拉夫抓丁、强征兵源的好机会。

保持落后的农村，也是他们进行直接全面勒索军饷和各项苛捐杂税的难得的环境。

由上述分析，我们知道了农村和农业经济停滞与衰败的政治原因。现在，我们再来简明地分析当时农村生活和农业经济的历史状况，以说明代表着落后生产关系的北洋军阀利益的历史来源和建构民初社会结构的真正的、决定性的力量。

现在考察一下民国初年农村的基本情况。

根据统计，民国初年"稽其约数，最近之人口，殆不下四亿三千余万"②全国农民约为两亿九千七百零一万③，全国农户数为五千九百四十余万户。④据宣统二年田赋预算，全国共有 919 万顷田地，从理论预期来说，

拥有如此众多的土地资源的农业大国，完全可以自给自足。但自光绪中叶以来，米麦大宗进口年有增加。自民国元年以来，进口米麦 270 余万担。这是多么令人失望而悲从中来

① 孙本文著：《现代中国社会问题》第三册，商务印书馆民国三十五年版，第152—159页。
② 柳诒徵编著：《中国文化史》（下册），东方出版中心，1988年版，第859页。
③ 孙本文著：《现代中国社会问题》第三册，商务印书馆民国三十五年版，第159页。
④ 同上书，第38页。

的数字。历史发展并不从自然和善的目的出发，有时常常以恶的形式去压迫和折磨着人们，使人们去认识这些罪恶的产生常常不是自然的结果，由此而产生历史主体的自觉。民国以来，就有很多有志之士去思考解决这些问题的方法。民国时期的吴景超认为：中国游民太多，荒地太多。……

这期间最有影响的是1938年元月发生在延安窑洞的毛泽东和梁漱溟的关于改造农村、建设新中国的争论。梁认为旧中国是伦理本位，职业分途，解决农村问题宜从基层建设入手。毛泽东认为农村不是经济问题，而是阶级斗争问题。[1]西北黄土高原这一夜的争论，实际上的分歧在于认识农村及农业经济严重现状的问题。经济实际上是一种暴力，是一种制约和报偿的权力，也是实行权力的工具，这是美国经济学家加尔布雷思的观点。[2]列宁说，经济的实质就是政治。历史说明，考察民国初年的农村及经济问题，必须从当时的实际出发，用阶级和阶级斗争方法去认识当时的农村经济，才能找到农民破产的根源。

民国初年农村土地产权的问题是农村贫富悬殊、农村崩溃的根本。正如毛泽东的分析，农村80%的人口，仅占有20%的土地，占人口的2%的地主和官僚，却占有农村80%的土地。这种产权结构突出的问题是农民人口过剩，大量的农民失去生活资料，生存成了问题。大批官僚地主剥削农民，保持农民的贫苦正是他们制约农民的工具，这二者是目的和手段的权力关系，权力就是他们需要独占的收益，这决不是任何改良和教育可以解决的问题。官僚和地主相互勾结和利用，有一系列强制的暴力工具例如巡警、法庭，在情感和社会心理上，又有宗法的家族制去软化和迷惑农民，使得农村严格地保持着传统秩序。这种不合理的人口与土地的比例关系，使得农业劳动力资源过剩，造成了农村劳动力价格偏低，农民家庭的偏低收入，使得家庭生活质量低于市场和社会的一般水平。据孙本文研究，光绪末年和民初，农民家庭的平均收入仅有27.6元，农民家庭平均5口[3]，

① 吴景超著：《第四种国家的出路》，商务印书馆，民国三十六年，第178—179页。
② [美]加尔布雷思著，陶运华、苏世军译：《权力的分析》，河北人民出版社1988年版。
③ 孙本文著：《现代中国社会问题》第三卷，商务印书馆民国三十五年版，第5—6页。

人均的生活成本5.6元。而家庭生活的费用支出要占27.6元的46%，根据恩格尔生活系数，一个家庭的费用用于生活支出越大，其生活质量越低，剩下无多，无法用于家庭教育和生产积累，农民自身无法去吸收优良种子和工具改良，农民的生产积极性降到临界点。这说明，农民的劳动是一种生命成本的透支和煎熬，是一种摧残生命的非自由劳动，农村中的非自由劳动越多，他们就越无法进入市场交换，这种农村的恶性循环，一边是官僚和地主由绝对地租带来的财富，一边是农民的生活积累下的日益贫困，如果遇到战乱和灾荒，等待他们的命运是可以想象的。对照这两种积累，孔子的"君子不患寡而患不均"的话显得很有意味。这些贵族和地主，《四书五经》他们是会背诵的，但是贫富悬殊的经济秩序却正是维护他们阶级地位差别的经济基础。难怪乎鲁迅说中国的孔夫子是被统治者们吹捧出来的，因为自汉以来，孔子所祖述宪章的"三代礼法"根本就没实行过。（陈寅恪语，见《隋唐制度渊源略论稿》）至于由此形成的租佃关系的农业生产关系，无论是"四六"制，还是"三七"制，本文不再多述，读者可参考周谷城的《中国近代经济史论》。

民国初年的北京政府的北洋政要，面对着这一幅农村贫困败落的社会状况，并没有发挥维护公共利益和推行公共政策的作用，对农村没有推行任何财政、民政的福利性政策，而是用暴力维护农村不合理经济结构。据研究，民国时期，包括北京政府和南京政府时期，对农业投资的总额大概未超过国民收入的5%，[①]如果集中到民国初年的北京政府对农业的投入显然要低于这个平均数。连5%都很难达到，只能任其崩溃和急剧地恶性分化，这是民国初年北京政府推行穷兵黩武的政策所致。民国初年的大量的政府贷款和财政收入都用于中央和各省军费的开支。据资料统计，1913年的中央和各省岁出总计为815万元，其中中央和各省的军费支出278万元，占岁出的34%，与此同时，经与各国军费开支相比较，中国当时的军费所占岁出的比例为世界第一，其

---

① [美] 费正清编，杨品泉等译：《剑桥中华民国史：1912—1949年》（上），中国社会科学出版社1993年版，第86页。

次是日本占岁出的9%，英、美、法等国所占岁出的比例分别是5%和8%
不等①。这样巨大的军费开支从哪里来？最基本的来源是对农民的压榨和剥
削。扩大征收的办法是增加田赋和附加税、增加盐税、增加地方捐税。有资
料证明，1912年，田赋征税率增加了39.3%，盐税每百斤平均增加到7.62
元，清末1910年是1.11元②。各省区的杂捐名目甚繁，以福建为例，有40
多种税，其中有省税和地方税③。至于杂税则繁到极点，最少的是河北和京
兆，有木税和其他杂税，最杂的是湖北各县，课税方法也不一致。总而言之，
所有上述的赋、捐、税都是从中央到地方各级军阀政权，利用暴力对农村和
农民的一种掠夺。

落后的土地产权关系，禁锢了农村的发展，繁重的田赋捐税对农民和农
村又是竭泽而渔，中央政府正是这一切的始作俑者，但偌大中国却没有一个
阶级起来为农民说话。这是因为工人阶级人数不多，还没有能力担纲负任。
民族资产阶级在国内也很薄弱，从1895年到1913年，民族工业在1万元资
本以上的、使用动力的厂矿，作过初步统计为463家，资本总额9181.2万
元，每家平均资本19.8万元④。像这样脆弱的力量根本无法抗衡于当时的外
国资本和北洋资本的狼狈勾结。至于市民阶层，大都是小商贩，和其他一些
无业的游民。

近代经济史表明，近代社会的转型和革命必须从农村开始。但是历史的
理性并没有径情直遂地把"革命英雄"的桂冠送到农民的头上，它是以农村
崩溃和农民生活的贫困开始的，这是历史的必然趋势，但是当时的社会现实
和生活的重负对于每一位农民来说都是残酷无情的，他们必须为吃饭而挖空
心思与终年操劳。他们被近代史戏剧性地嘲弄了两次，一次是太平天国运
动，他们以"天下平均"的纲领为旗
帜，掀起了一场反清朝和官僚统治
的农民运动，后来被镇压下去了。但
是到了晚清末年，满清皇朝和伪道
学的百官阁僚，又利用了农民的"神

① 周谷城著：《中国近代经济史论》，复
　旦大学出版社1987年版，第137、141
　页。
② 同上书。
③ 同上书。
④ 全慰天著：《中国民族资本主义的发
　展》，河南人民出版社1982年版，第
　93页。

道迷信"，从天津到北京刮起了带有迷信色彩的义和拳运动。西方人居心叵测，在他们写的中国近代史的教科书上称之为"**Boxer**"，丑化中国农民为"拳击手"，使人感到惊讶的是农民的口号变为"扶清灭洋"，后来被满清出卖了，又被洋人镇压了。在短短的四十年里，山乡寒素间的农民以其特有的质朴和执著，表现自己的主动性和积极性，结局是二度失意，内外夹击。这对农民和农村的精神世界是多么沉重的撞击和无情的嘲弄，当农民感到绝望和失意的时候，辛亥革命爆发了，农民这次以自身的社会距离和地位差别，冷眼看着城里人去闹，居然不到三个月民国应风而立，农民冷漠了、疏远了。这难道没有他们几代人的流血？胜利的民国主人们却没有善待他们、理解他们，反而以民国的胜利者常常去嘲讽庚子年间的"拳匪"之乱，就连梁启超、章太炎甚至鲁迅的作品里也间或出现这种不光彩的字眼，如趁势鹊起的"愚民"、"苦力"的侮辱性话语，确实使农民没有主人的感觉。但是，不要忘记农村里还有先辈冤死的孤魂在游荡，无数充作愚民的苦力中还有"三户亡秦"的天火在飘摇不灭。他们最卑贱，但也最高贵；他们最愚昧，但也最聪明；他们最冷漠，但也最热情；他们最分散，但也最同心。这要从专制下留给他们的"贫苦"二字去理解。贫苦是民国治下农民的通行证，高贵是民国统治者的判决书，只要农民端起饭碗，自有一种无声的"均田"闷雷在他们心中渐渐地响起，他们会像泰戈尔的诗中所说："拿去吧，把我们的田地和粮食，但是还有我们一颗不屈的头颅"。这也许是农民风尘心路的坎坎坷坷，但这要等待着一个属于他们时代的到来。

古语说：不是冤家不聚头。民国初年的北京政府和北洋大佬们正是站在与农民对立的两极上相聚了。在历史的真实时间里，袁世凯正在庙堂高远的总统府忙着自己的活，农民正在烈日炎炎下的田地收着自己的粮，他们不可能相聚，但是从历史活动的联系性上，历史研究者是不能这样说的。我们要用历史的辩证法去寻找那一根不绝如缕的通络联脉的"金钱"（李大钊语），这就是经济关系和经济利益。也许民初北京政府的要员和北洋诸公没有这种同情的联想，他们是一帮功利主义者，他们需要北洋实业和北洋经济实力，是久经宦海的阅历教会了他们的经济头脑，他们知道在朝廷和官府中的大班们，谈政治是口头斗法，需要银票和珍宝去联络通款，政以贿成，官以钱送，袁世凯送给恭亲王的银票一次就是拾万两，就在1902年实授了北洋大臣。从这点上分析，他们需要的不止是枪和兵，更多的是金钱和财力。他们虽然没学过心理学，但他们深知人们对于权力和金钱的欲望，正是人们对于这些东西的不知底止的追求才是他们造孽的支点，于是收买和恩典，也是他们布施爪牙，买通内线和上下结党的不可或缺的手法，然而这一切还需要实力和金钱。金钱来源于经济，经济必须由他们去掌握，这才能运用自如，如臂使指、挥洒自由。于是他们办军工、办交通、办金融、办一切实业。金钱并不是他们的目的，他们并没有资本和土地的狭隘性，反而超越了它们，追逐更大的实力和权力。在一个专政和官本位的封建社会里，只要掌握了权力，独霸天下，资本和土地不过是五行运转的一种颜色和符号。为了这一个目标，手段是可以转换的，洋人的东西可以用，三坟五典可以用，真可谓集"古今中外"于一身。这是近代社会和近代国人的悲剧，撕开了价值和道德的冲突内幕。只要是有利于他们的价值，那是不择手段和方式的，至于道德不过是没有制约的评价，更为可怜，他们可以用价值去交换道德，用换来的道德去装饰自己行骗。这就是北洋的天下"经济学"和实业与产业的"经济学"。其实质就是第一是利益，第二是利益，第三还是利益。无怪乎在民国初年先后到国内来的西方洋人都给民国画了一个符号，这个国家太功利了（罗素著《中国问题》）。

北洋集团深谙治国之道。这个治国之道的原则是："天之道损有余而补不足；人之道损不足以奉有余"[①]。天地不仁，以百姓为刍狗，这是自古不变的法则。从经济的关系与治国之道的联系上，他们需要农村，需要农民。需要在农村的社会中保持一个差等有序的经济秩序，他们的经济和实力需要贫苦和穷困，因为善为道者，不是要使百姓明白多少道理，而是让他保持一个愚昧和落后，这符合他们政治等级的统治要求。虽然，他们不承认北洋金银来自于农民和农村，但是他

① 复旦大学哲学系《老子注释》组注：《老子注释》，上海人民出版社1977年版。

们知道用贫穷去威胁和统治社会比一千次劝善服从更有效。从经济的利益讲，贫穷是他们行使权力的工具，对于有着三亿多农民的民国，不可能一下子使他们都富起来，如果都富起来，财富也是一种对权力的制衡，也是滋生反抗的温床，法国大革命不是富起来的市民阶级领着闹起来的吗？他们在农村就使用了富裕和贫穷的辩证法去驾驭着士绅地主和贫农自耕农。他们上者下之，常常制造一种制约权力去威胁着富人，同时在富人受到来自农民的威胁时也适当地去对那些穷人拳脚相加，镣铐伺候，这样就会换回和收购富人的忠诚，这种忠诚是他们给予维持地方统治的一种报酬。对于穷人，他们常常以富人作号召，造成一种生来贫困，富贵在天的顺命感，然后在贫富的冲突中作一个裁判人，以强暴去威胁农民。贫困是一种差别，也是驱使农民的动力，如果都有剩余，谁来承担稼穑之艰呢？贫富的悬殊正是他们治国的社会资源，在贫富冲突无数次的运动中，大总统经常在《政府公报》上发表一些训令，教训一些所谓"劣绅"，在贫到极处的年月里，大总统训令地方减免厘捐和田赋，以显示民国的慈善和惠下。在这个贫富运动的社会空间中，他们上下其手，腾挪躲闪，左顾右盼，确实费尽了心机，但是他们认准了万变之中的土地产权不能变，这才是治国之常道，平治天下的宏纲，这是民国社会的悲剧，实际上利用人们自身的弱点去塑造一部分"精英"，然后再去封杀贫穷人们自身的价值，这大概就是鲁迅常说的民国制造吃人的筵席。

在这样错综复杂的历史背景下和相互联系的经济关系中，我们是可以理解民初社会结构的经济利益的重心和立足点的。

二、民国初年的社会结构来源于当时的政治势力的比例关系

民国初年的政治力量的比例关系是决定民国初年社会结构又一个历史背景和选择性的来源。

辛亥革命的成功，结束了两千年来封建皇帝专制的统治，这是近代社会转型的起点。从社会学的观点看，这是全社会的统治权力分配的政治机会，选择这一机会对于孙中山和袁世凯来说是一次充满偶然的平等，但进入这次选择之中，其本身选择的资源条件是不平等的，所谓资源条件是指各自所拥

有的可以在社会或政治领域里进行较量的经济、军事、外交和财产的实力，这些实力是指正在进行使用和控制的实在的内容和形式，不能是一种理论预期或者是一种社会期待。在实力资源上，孙中山等为首的革命派及其他诸如立宪派等，与袁世凯为首的北洋集团相比，都是连"小康"还不到的乡村富殷之家。在这一点上，历史又是不平等的。民国初年的社会结构就是在这种不平等的社会条件下开始形成。这是近代史双重矛盾交叉和变奏的结果，并非是一时一地的积累。

　　孙中山和袁世凯谁能成为社会的主权人物，并不是他们个人所能决定的，因为他们都是晚清社会政局的历史坐标的焦点人物，这要由历史继承遗产和现实的资源来决定。辛亥革命注定要完成民族和民主两大革命任务，但这是两种不同的传统，在现实中确实是交叉参综的，这样复杂和巨大的任务，对于孙中山和袁世凯来说，在当时都不具有可能性和现实性，所以辛亥革命只能变为"低起点"的革命，只是赶跑了一个皇帝，暂时挂上了"共和"的牌子，仅此而已。袁世凯只要廉价地换一身包装就可以了，这是不可避免的。因为，在晚清社会中，始终有一支掌握着用宗法和家族精神训练出来的地主阶级的武装力量在左右着大局，这就是从清朝咸丰同治以来的曾国藩创始、李鸿章发展、袁世凯扩大的文功武治的一脉相承、一路风光的军阀政治集团，他们是旧社会、旧文化、旧教育、旧传统培育和滋养的产物，但是却有着新本领、新武器、新办法、新资本的安内攘外的亦新亦旧的人物，对于深居九重的满清皇室和守旧枢臣，他们用"洋务"亮相；对于革命派，他们用"三纲之纪"压服。从洪杨起义到甲午战争，从甲午战争到庚子之役，从庚子之役到辛亥革命，从辛亥革命直到北伐战争，才真正把他们推向灭亡的深渊。遥想当年孙、黄等人，在北洋这帮人眼里充其量以"一介书生，三尺微命"来看待他们就不错了。

　　"三代之称，千年之积誉也。桀纣之谤，千年之积毁也"①。所以有人说，近代军阀对于近代中国有三

① 转引自顾颉刚著：《秦汉的方士与儒生》，上海古籍出版社1998年版，第174页。

个"一百"之称，从曾、李到北洋，守旧尊孔一百年；安内屠民一百年；惑四代清主欺国民一百年。所以，分析民初社会结构的形成不能忽视清末民初北洋集团的影响。

梁启超说，民国十余年来，无非是袁世凯之人格及集团化而已①。欲观民初之政治力量，不可不从袁世凯说起。

袁世凯一人系北洋势力之兴衰。梁启超说："中国过去之史，无论政治界或思想界，皆为独裁式……治史者常以少数大人物为全史骨干。"②袁世凯从1881年5月带领"其家旧部数十人"往山东登州，投靠淮军吴长庆，1882年6月袁随吴长庆入朝，经十余年朝鲜历练，后于1895年12月在天津小站练兵，由于在维新运动中出卖光绪而获殊荣，1898年底，袁世凯的新军与聂士成、董福祥等四军改为武卫左、右、中、前、后等五军，袁领武卫中军，组成了拱卫京师五大军，这是清廷的精锐武力。同年6月，袁升为工部左侍郎并专率武卫右军，1899年12月，袁受命为山东巡抚，1907年11月17日，由李鸿章保荐其"环顾宇内人才，无出袁世凯右者"的理由被授为署理直隶总督兼北洋大臣，袁走向中枢权臣的一个新阶段，开始形成北洋集团。1903年他上奏练兵一折，后任为练兵会办大臣。1904年又任京旗练兵大臣，在丁未新政改革中（1907年）及以后，袁先后被任命为军机大臣、外务部尚书、督办政务大臣、督办邮政大臣、督办关外铁路大臣、督办津浦路大臣，成为手握重兵身兼八差人物。在宣统元年被罢斥原籍，辛亥革命爆发时复出，先后被授为钦差大臣，进攻武昌革命军，旋即被任为内阁总理大臣，总揽政务，组织内阁，成为有清以来第一位汉人行政首脑，也是他在清朝宦海沉浮中的高峰。时势造就了这一位"时代英雄"，他也造就了北洋集团。这个北洋集团的实力是雄厚的，是在清末民初的政治结构中具有主动地位的集团。

袁世凯的北洋集团的实力是北洋六镇，官兵总额为六万八千人，加上北洋各陆军学堂的学生总计达7万③多人，同时又把驻直隶的淮军各营改编为39营，名称是"北洋巡防淮

① 梁启超著：《中国历史研究法》，东方出版社1996年版，第143页。
② 同上书，第136页。
③ 李宗一著：《袁世凯传》，中华书局1980年版，第116、104页。

军"，此外，宋庆的武卫左军（又称毅军）[1]共20多营，1902年由北洋接管。北洋军在清末占有重要地位，清政府在1904年原定计划要编练36镇（师的）但在1911年辛亥革命以前，只编成14个镇和十八个混成旅，总计17万余人，北洋六镇占1/3。尤其是北方新军，江北13混成旅，河南29混成旅，奉天第20镇，或是由北洋派生，或由北洋军官训练而成的，在北方事实上形成了一个以袁为统帅的军事集团，自徐世昌出任东三省总督，北洋第三镇开入东北，东三省成为北洋的外府。

北洋集团的经济实力雄厚，其财力来源有拨款，也有自办企业的收入。这一问题已在上一节中涉及，这里仅举一例。袁世凯派周学熙等人在天津开办银元局、铜元局、天津银行、北京自来水公司等。这些官办或官商合办的企业，依靠特权，垄断原料及市场，取得暴利。如银元局，用一万两纯银，加铜后铸成价值14000两银元，利润高达40%。

北洋集团还因时随势地提倡废科举、兴学堂，1901年聘请美国人赫士为总教习，在济南试办大学堂，这是全国最早一所省立大学堂。1902年5月又延聘日人在保定设立直隶大学堂，1903年又创办北洋大学堂。1903年北洋派赴日本的官费留学生共计60人，仅次于湖北（81人），居第二位。

北洋集团罗掘人才，又布心腹于中央和地方职位上。先是收集李鸿章旧部如杨士骧、杨士琦、孙宝琦、赵秉均。此外还有陈璧、胡惟德、朱家宝等人。在清末新政中，又吸收了梁士诒、张镇芳、周学熙、杨度等人。同时，又从北洋选派去日本、德国的留学生中吸收一大部分以满足新政的需要，例如孙传芳、吴光新、蒋雁行等。

北洋集团还有一批外国顾问，有德国、美国的，大批的是来自日本的军官，有的担任教习、翻译，有的兼任军政参议。

由此可见，梁启超把北洋势力称作大清的"第二政府"，实为不虚。这个势力集军事、政治，经济三位一体，人才队伍庞杂，新旧官僚兼混，

[1] 李宗一著：《袁世凯传》，中华书局1980年版，第116、104页。

文武淆列、中外兼通、华洋混一，事实上是晚清那个时代的中心力量。虽然，袁世凯浮沉不定，但其势力结构和组织以及其他核心人物并未伤及，一旦遇有辛亥革命机会，自然就会膨胀起来，而且会以十倍的疯狂去夺回失去的一切。这是当时晚清的社会的政治结构客观存在的政治势力。

清末民初，另一股重要的社会政治势力是士绅和官僚。

"中国社会阶级形态之转变，中唐为一重要之枢纽，血缘世袭之身份阶级，最后崩溃於隋、唐，土地兼并之无限扩大，亦开始发展于中唐以后，两宋社会阶级为之截然呈现一崭新局面，盖以此也。"① 蒙思明先生指出的社会阶级变化就是指官绅阶层居于社会之关键位置。自宋以后，由于土地问题所引起的贫民与地主的对抗，政府与地主的关系，逐渐演化为社会兴衰之一关锁。其中包括元代末期朱元璋提出的"驱逐胡虏，恢复中华"的口号，亦不尽是种族问题。可见社会士绅地位和精神之变化，实为社会变迁之反映。研究民初的社会结构的来源及其背景是不能忽视这一个阶层的力量的，直到新中国成立，这个士绅阶层才随着社会制度的变化从社会结构中消失。

民初的社会士绅的数量统计，现在无从给予确实的考证，缺乏明确的统计资料。据张仲礼研究，光绪30年（1905年）大约是91万左右，如加上其家族成员总数可达550万，相当于人口的1.3%②。这个时期的士绅是一个具有独特社会功能的集团，他们的地位是通过取得功名，学品学衔或官职获得。他们在社会上拥有着政治、经济的很多特权和权力，并有着特殊的生活方式，高居于平民和农民之上，支配着民间和社会的生活，但是，在这些士绅中也有通过捐纳出身的人，辛亥革命以后，皇帝虽然不在了，但是这一群士绅仍然保持着优越的地位。费孝通先生曾在1948年出版过一个论文集叫《乡土重建》（观察社），指出士绅与皇帝的关系是敌对合作关系，因为皇帝并不把士绅看作是自己家门的人，只是一种奴才，替他去延伸统治

---

① 蒙思明著：《元代社会阶级制度》，中华书局1980年版，第14页。
② 张仲礼著，李荣昌译：《中国绅士》，上海社会科学院出版社1991年版，第135—139页。张先生在这里估计的数字不包括无功名的地主。

和管理四方之土，士绅需要皇权去保护财产和家庭。韦伯说："如果一个人不属于这个文化阶层，他就不能指望厕身其间。这一阶层的儒教等级观念对中国生活方式的决定，远过于这一阶层本身。"①

这个阶层在清末民初的社会分化和社会作用各不相同。其中有的转向革命派，有的转向资本家阶级，有的转向官僚，有的与地主阶级一样转为劣绅土豪。

在晚清民初这一特定的历史阶段，士绅之中分化出一批民主立宪派，具有资产阶级民主思想的特征。从社会合力作用分析，革命派推翻清帝，建立民国，是主力军，但立宪派的作用也是应当肯定的。这里产生了一个悖论，究竟应当怎样对待清末民初的士绅群体，尤其是居住在城市的士绅，是全盘接受？是区别对待，分类消化？谁来消化？如若不然，辛亥革命的民主任务怎样实现？

对于上述问题，我们在社会结构中还要作一具体的叙述。

除了上述士绅群体，还有一个清末官僚群体，也是不可逾越的现实。作者根据张德泽编著的《清代国家机关考略》的统计，除军机处及相关的通政使司、奏事处等内廷办事机关外，对清末改制以前的吏、礼、兵、工、刑、户六个国政衙门计算，职官总数达10159人。这个数字不包括各部的额外郎中、员外郎、七品小京官，对于额外的郎中、员外郎，据查，清代中央各部院分别有十几人到三十多人，另外不包括各部书吏和差役、幕僚等，皇室的内务府2万多人的职数亦不在其内。如果连上述这些人员考虑在内，中央各部院官差役使的总数不低于5万多人，加上其家族人员，这是一群能量极大的社会群体。

第二次鸦片战争以后增设的总理衙门和光绪庚子（1900年）以后官制的改革，以及1905年责任内阁及各部的成立，使整个清代末造的中央机关呈现出新旧接续的特点。各部院设置、合并，同时也吸收了一些不是从传统科举培养起来的新派人物，像杨度等人，同时一些应该裁撤的冗额和

① ［德］韦伯著：《中国的儒教》，三联书店1995年版，第395页。

冗衙并没有按计划进行，这也是清末新政中难以避免的现象。据此，清代末期和辛亥革命以前的中央各部统衙门的人数应在 5 万—10 万左右。由中央机关向下推测，各省、府、道、县的职官人数更是几倍于之前的清代中央。

辛亥革命，从某种意义上讲是一场"和平革命"，随着优待清室的条例的出现，对待这一股政治势力应当采取什么政策呢？

我们可以冷静地分析这一群官僚自身的选择和出路，如果脱离了清代的帝制，他们的生存和谋生的能力在辛亥革命以后的时代应该走什么路子呢？除了一部分官僚有地产和房产尚可吸食其息以供苟残，其他人怎么办呢？社会活动的一切根源都是出自于利益，他们的利益应当怎样表达？

神有亏，圣有短，历史的发展常常像列宁说的那样，你本来是想走进这一间屋子，不知为什么走错了，进了另一间屋子。辛亥革命不知为什么发生了戏剧性的变化，北洋、士绅、官僚这些满清滋生出来的痼疾，反而成为时兴的"宝贝"，本来应该成为革命对象的势力，却实际成为革命的主人。革命一两，反动十斤，这真是鲁迅的不易之言。人们常说沧海桑田，万年巨变。而今的变化是千年故旧，一朝维新，老妇新颜，转身再嫁，人不知神不觉，其间伸缩延短，变智如水，纵有百年恩怨，也只记取这一时的变化，这真是人心叵测，天意难知！

这时的民国遇到了一个历史大难题，真是处于"立脚怕随流俗转，高怀唯有故人知"[①]的两难境地。

对于这三种社会政治遗产，究竟如何措置，佐之史乘，参之西洋，或分封，或置产，或放归，或禁杀……从来都是智穷于变，而变不穷于智。谋国者或智或愚，或偏于私与公！只有待后人评说。但是在此基础上，人欲想把这样的国家和社会推上近代化的道路，这确乎是重布山河的复杂工程，联想到林语堂说的这是一个如此巨大的变化，还没有人敢承担这个重大责任，岂不耐人寻味？历史真的是世无英雄、斗筲遍地吗？

同盟会以及其他具有民主色彩的团体，对民国的诞生已经形成了

---

① 毛注青编著：《黄兴年谱长编》，中华书局 1991 年版，第 342 页。

名大于实、望高于顶的社会期待。实际上，民国在这三种势力的结构面前被历史的老人打了一个死结，因而提出了这样一个历史难题，民国的社会向何处去？如若不再跌入旧的治乱循环中，社会结构中新的主体资源应当怎样建立？鉴往知来，至诚近道，以往社会的变化如何？社会一变于春秋战国之交，世袭社会崩；二变于隋唐，六朝门阀血缘之风尽；三变于北宋，尔后豪强地主起，清末民初的社会变化复旧已不能，出新又乏力，实两千年儒家平治术路之悲剧。

同时说明的是，对北洋、士绅、官僚等民初社会的研究，是从社会和历史的视角进入的，并不是人物或掌故之研究，决无成见可言。对于军阀和政客的个人说来，不是简单地划定性质就可以匆忙了结的。他们投身社会的动机并非就是为了祸国殃民，但是他们生在乱世，一旦个人投机野心和急不可待的选择纠缠在一起，再者是外国列强的插手，其结局并不是初衷本意所选择的那样，这种动机与效果、行为与选择的矛盾成为后人借鉴的材料。但作为他个人来说并不是一无可取，袁世凯勇于任事、智于变通，1902年创北洋巡警，就是为了避开庚子条约中天津二十里以内不准驻扎中国军队的规定而采取的机变。人们知道民初的张勋是一个"复辟狂"，但是他当年接济北大学生张国焘读书，使张国焘这个"江西老表"在苦寒的北地之中无衣食之忧，这是鲜为人知的。历史能因此去肯定他们吗？

所以，托克维尔说："历史是一座画廊，在那里原作很少，复制品很多。"[①]我们这里再现的是民初社会历史发展图画，面对历史的发展，个人只是一个工具和手段而已，只好用历史的评价去复制他们了。

三、民国初年的社会结构来源于皇权和北方

章太炎在民初曾毫不客气地为民国推背演化出这样的结论："故为政于今日……虽然，中国民志之弱，民德之衰久矣，欲令富强如汉唐，文明如欧美者，此正夸父逐日之见，吾辈处之，正能上如北宋、次如东

---

① ［法］托克维尔著：《旧制度大革命》，商务印书馆1992年版，第104页。

晋耳！"①

民国二年（1913 年）四月三日，《政府公报》发表了这样一个通告：

> 本月三日，为大清孝定景皇后梓宫奉移之期，各官署、厅应一律下半旗一日以志忱，特此通告。
>
> 国务院，中华民国二年四月二日。②

民国如丧考妣地为前清逊帝的皇后哀悼，岂非咄咄怪事。民国是慈善机构吗？是民间团体吗？是宗社党派吗？是专业承办发丧之组织吗？否，民国是一个国家的名称，国务院是民国的行政机构，但是却屈尊就下地为着一个敌对关系的前清发丧，这就表明其中关系暧昧。一派故国明月、梦后楼台的依依旧情。

民国初年社会结构来源之一就是具有特别鲜明的传统权威——皇权。在社会的政治结构中保留了皇权这一社会符号，北洋集团和北京政府一直把这一社会符号看作是他们权力来源。袁世凯身为民国总统并不把民权当作自己合法性的依据，他一直是把前清视作选贤代禅的恩主。换言之，前清宣统末代是移祚让贤的出租者，袁是民国社会的寻租人，优待和礼遇是袁大总统的租价。考察民国社会必须有南北不同的有色眼镜，南方革命党人的传统是民主和革命，北方袁世凯的北洋集团及其支配下的法统仍然是皇权的禅代之运，随着时势的推演是北方的皇权战胜了南方的民权，随后的是，社会权力和地位的分配当然是以北洋集团为轴心。北洋集团，袁大总统和前清皇室的关系可以说是马和骡子的关系，马非骡，骡非马，但马骡具有血统关系。

民国元年二月十二日，隆裕太后带着六岁的小皇帝溥仪在养心殿举行封建王朝的最后朝见礼仪，这份诏书是由内务府大臣世续和内阁协理大臣徐世昌钤印御玺的，从养心殿到沸腾的社会空间，它影响了几代人的命运。《清帝退位诏书》有关内容如下：

> 朕钦奉隆裕太后懿旨，前

① 转引自侯外庐著，黄宣民校订：《中国近代启蒙思想史》，人民出版社 1993 年版，第 144 页。
② 《政府公报》第 12 册，上海书店，1988 年版，第 73 页。

国民军起事，各省响应，九夏沸腾，生灵涂炭，特命袁世凯遣员，与民军代表讨论大局，议开国会，公决政体。……特率皇帝将统治权归诸全国，定为立宪共和政体，近慰海内外厌乱望治之心，远协古圣天下为公之义。袁世凯前经资政院选举，为总理大臣，当兹新旧代谢之际，宜有南北统一之方，即由袁世凯组织临时政府，与民军协商统一办法……为一大中华民国……钦此。①

（着重号为引者所加。）

所谓南北统一之办法，就是孙中山在民国元年四月二日向参议院递交咨告，正式交代辞职，其文写到："前由贵议院决统一办法第六条：孙大总统于交代之日始行辞职……"②

在袁世凯的政治逻辑公式中，天下神器不可轻得，惟以德配天，躬执允中。民军从清朝制下夺权，清朝又选中袁充当统一工具，袁又以民军手中接来，历史对民军是用了减法，对袁世凯是用了加法，天道何在？康德说："智慧就是一只母鸡……不然它会费掉你一颗牙而只不过给你一条虫"③。孙中山得到了一条虫！

袁世凯对革命派在骨子里有什么看法。这里有一段对话可见。

1911年10月14日，这是武昌起义后的非常时期，王锡彤问袁世凯为什么明知清朝腐败还要去救，袁回答说："不能，天之所废，谁能兴之？"。可以看出袁是利用武昌起义进行一场欺诈和强暴，其间他说过这样直透肺腑的话："余不作革命党，余且不愿子孙作革命党"④。

袁世凯把革命党视作洪水猛兽，对前清却是百端呵护，这是他的继承权术，实行新旧相加的"二重方法"，鲁迅说："这许多事物在一起，正如我辈约了燧人氏以前的古人，拼开饭店一样，即使竭力调加，也只

① 谭合成、江山主编：《世纪档案》，中国档案出版社1996年版，第115—116页。
② 中华民国史事纪要编辑委员会编辑：《中华民国史事纪要（初稿）》（1912），台北：文物供应社1972年版，第413页。以下注释只注册码、页码和年代。
③ [德]康德著，何兆武译：《历史理性批判文集》，商务印书馆1990年版，第109页。
④ 转引自李宗一著：《袁世凯传》，中华书局1980年版，第174页。

能煮个半熟；伙计们不会同心，生意也自然不兴旺——店铺总要倒闭……"①
黄郛在《欧战之教训与中国之将来》中有一段话，说得很透彻："七年以来，
朝野有识之士……谓中国人有一种先天的保守性，即或迫于时势，各种制度
有改革之必要时，而彼之所谓改革者，决不将旧日制度完全废止，乃在旧制
度上，更添上一层新制度……他若贺阳历新年者，复贺阴历新年；奉民国正
朔者，仍存宣统年号，一察社会各方面，盖无往而非二重制，即今日政局之
所以不宁，是非之所以无定者，简括言之，实亦不过一种二重思想在其作祟
而已……"。袁世凯既然接受了"民国总统"的职位，但是却通电全国，对
前清的所有的秩序和制度一以贯之，照单全收。清帝退位以后，袁世凯于二
月十三日两个布告，三个急电，与此同时又令外务部照会各国使馆，现录袁
布告内外大小文武官衙中一段令文：

> 世凯忝膺组织临时政府之任，力小荷重，深惧弗胜，窃念政
> 府机关，不容有一日之间断。现值组织临时政府，所有旧日政务，
> 目下仍当继续进行……凡现有大小文武官署人员，均应照旧供
> 职……②

在自致北方督抚的电文中说："从前政体未定，革命党人为改良政治起
见，多持激烈主义，以致地方不靖，……"③袁世凯俨然以旧臣新主的九五
之威收拾天下，统一人心，其实不过是旧戏新唱罢了。翻开清初的史乘，也
不难找出相似的文告，清军从山海关入，五月初一日入京，明文武官员出迎
五里外，后发谕布告京城：

> 各衙门官员，俱照旧录用，速将职名开报。其避赋回复，隐居
> 山林者，亦具以闻，仍以原官录用……凡投诚官吏军民，皆著发，
> 衣冠悉遵本朝制度……④

① 《鲁迅杂文全集》，河南人民出版社
1994 年版，第 108 页。
② 见《中华民国史事纪要（初稿）》第 232
页。
③ 同上。
④ 萧一山著：《清代通史》（一），中华书
局 1986 年影印本，第 280 页。

袁世凯与前清初入北京的文告
何其相似。袁世凯此时要做的就是
奉天吊民、恭成天命、扶危救国以安
邦立国，所以他广收新旧、优容前臣

以示帝王风范。

晚清的历史告诉我们，袁世凯并不是因循守旧、畏洋如虎的平庸俗吏，确实像李鸿章评价那样"器局宏大、敢于出格"，在满、汉大臣之列中是一个善于新旧兼用而开化自如的权变通达的人物。在督直和北洋任内，举凡新政都曾试办，像电报、电话、铁路、工商、新军巡警乃至自来水、洋灰无一不力主提倡。他的部属之中三教九流无奇不有，就是他被罢斥以后，宣统朝内所用之人也都出自他的手中。像副署《退位诏书》的大臣之中就有外务大臣胡惟德、民政大臣赵秉钧、陆军大臣王士珍、邮传大臣梁士诒等四名门生故吏，环顾朝野上下，天下谁人不识袁宫保？民初之时，袁世凯已经在道术、事业、人才、器局大有渠成瓜熟之势，取天下如手下之物，自以为舍我其谁？

从地缘政治上，他雄踞北方，以北控南，秉承旧制。"衽金革，死而不厌，北方之强也，而强者居之"[①]，袁世凯为什么不移府于南京？他深知地道人文，自石敬瑭割燕幽十六州于北虏，明清600年来，这里是龙渊凤林，紫微斗转，王者必居之地。这里有他的龙兴之势，强大的北方官僚集团，还有他如臂使指的北洋集团，无论从天文地势，人文士绅都强于南方。所以，他要集九州三北之势而取南来之风。

我们这里指的北方，主要是以政治地理而言，主要是指华北、东北和西北。这大约是指北纬50°以南、西经80°以东、北纬35°以北、东经120°以西的大半个中国，土地面积约占全国五分之三。而当时革命派所占据的南方，主要指江南和岭南两大地区，西南一直是风从影随，忽左忽右。南北较量，北方因据优胜，南北之势，优劣显豁，不待多言。恰如子曰南方是"宽柔以教、不报无道"[②]之强。有人当时就这样评论："南京为大江以南一大重镇，三国六朝藉以成偏安；大明朱氏资以成帝业；洪杨本有取败之道，亦支持至十二年，独至民国建立政府，仅四十余日而即告终，故其何哉！痴呆书生大多醉心于理想文治，薄

① （宋）朱熹注：《四书集注》海南出版社1992年版，第30页。
② （宋）朱熹注：《四书集注》海南出版社1992年版，第30页。

视武力也"①。

北方是一块培养官僚的土地，北洋集团是一个由军人、商人、官僚和政客组成的联盟，它臃肿、迟钝、保守顽固，它以家族社会组合着自己的统治。人际关系起着十分重要的作用，政治派别的划分，就是以籍贯、历史、私谊和利益的分配为根据，各个派别相互作用，政治伦理弥漫强烈的人伦色彩，任何西方的制度、工艺和体制，他们都敢于接受，但是一经他们的智慧的改造就走了调、变了样；它是一个大染缸和污水潭，什么样的人才和资源，一经他们"子曰诗云"和三阁六部都会顿失本原。梁启超说近代中国办什么都不成样子，大概是指着北方这片神奇的土地。袁世凯一脑子帝王将相，深知要保持天威，必须借助这三重九复的紫禁城和凤阁丹墀。

文化地理的历史空间也常给一些"大人物"以遐想的余地。孔子常说，凤鸟不至，河不出图，秦始皇向往蓬莱三山，汉武封禅作梁父吟……如果考察一下神奇志怪、弹词鼓书，更是谶语祥瑞充斥。辛亥革命以后，有人说"颐和园"可以谐语为"依乎袁"，中南三海是天下四海的奇数，需要"园"，这就更加鼓动着袁世凯要抓住北方十省去构造他的统治王国。

马克思在分析社会财富的来源时曾划分出三种形式，一种是用独立人的生命去创造，一种是用交换的形式去积累，第三种是用暴力去掠夺。可见暴力的作用。西方的社会学家也分析人类社会有三种可怕的东西，这就是金钱、联盟和军事暴力，军事的暴力可以创造一切亦可摧毁一切。尽管孔子颂扬三代文武之治，也曾说："俎豆之事，则尝闻之矣；军旅之事，未之学也"。②历史证明，理论是理论，事实是事实，历代取天下者非兵车之力不成。辛亥革命以后，南方的民军与北方的北洋军更是有强弱之悬殊。袁世凯握有北洋六镇这个装备最精良的常备军，并且可以支配关外三省，山西、甘肃、青海、河南等地北洋支系，这已经构成对南方民军具有弹压之力的锋面。民军在武汉大约有五万左右，③实际

① 石芳勤编：《谭人凤集》；谭人凤著：《石叟牌词》之九，湖南人民出版社1985年版，第334页。
② （宋）朱熹注：《四书集注》，海南出版社1992年版，第199页。
③ 丁中江：《北洋军阀史话》（第一集），中国友谊出版公司1992年版，第230页。

上是湘鄂联军，既无训练，又无作战经验；在南京方面有苏浙沪联军，但主要靠徐绍桢的新军第九镇；至于其他后来宣布独立的各省，虽然大都是军界人物，但从归属上并不能认为是属于南京政府掌握的兵力。从军事力量的比例上北方是属于强者。

布罗代尔说："有多少社会便有多少实现个人野心之路，也就有多少成功的典型。在西方，尽管孤立的个人成功并不少见，历史却频频不休地重复同样的课程，即个人的成功几乎总要记在某些大家族的账上。"①袁世凯在民国初年得心应手地利用民军与清朝中央的斗争成功窃取革命成果，应该记在晚清中央的账上。他利用的政治和军事的资本，全是满清付出的成本而形成的。他只是抓住了机会，就地取材做成了一笔欺诈和暴力的交易。所以，袁要驾轻就熟地因循它和继承它。这就是他用来拼凑和组合社会结构的动力和资源，并以此造成社会上统治集团地位的升降和统治权力的转移。

四、民国初年的社会结构和民初社会文化的影响

人们常说，一个伟大的革命行动能引起社会思想的变化，然而辛亥革命后思想内容和思维方式仍然一仍旧章。革命党人二十多年为之奋斗的思想和理想得到的是冷酷的沉默，鲁迅说中国人还在，但都哑了。

阿 Q 在未庄说，原来的兵把总现在是巡警局长，原来的知县现在是县长。这就是人们朴素的观察。后来，一位国民党元老到了北京，他惊奇地发现北京城里人们依然红顶帽、长辫子，他曾质问过北洋要人，那位要人只是笑而不答。

这里所展示的民初风俗人情表明，正是沉重的传统文化的遗产使人们变得这样平淡、冷漠，没有憎恨，没有激情，人们心理显得这样顺从，这究竟是什么原因？这里要从民初现实开始探索传统文化与人们的关系。

家国同构，知夷夏而轻民族。我国古代社会是带着氏族制的脐带跨入了文明社会门槛的。著名的史学家侯外庐简明概括了中国文明发展的道

①［法］布罗代尔著：《资本主义的动力》，三联书店 1997 年版，第 46 页。

路，他用恩格斯"家族、私产、国家"三项作为人类文明发展道路的指标，我国氏族社会进入文明社会的方式是与西方不同的，西方是从家族到私产再到国家，国家代替了家族。而我国是由家族到国家，国家混合在家族里，叫做"社稷"，前者是以新代旧，后者是新旧纠葛。①使我国封建社会在政治结构上表现出来相应的特征是家国同构，保留了氏族制的残余。统治者利用国家政权的强制力量，利用宗法血缘的生理和心理基础，将氏族制度发展为宗法制，用宗法和血缘的纽带将家庭和家族与国家联结起来，家族和家庭成了联系的中介和媒质。在结构上，家庭成了国家的缩影，国家乃是家庭的扩大。这就形成了以"孝"对家族和家庭，以"忠"对于帝王的价值评价标准，使我们民族养成对现存秩序的维护的责任感和对统治者情趣追求的实用性。在古代，任何变革的主张，一切有激进色彩的言行、风格和人格，无不受到指斥。

在这种家国同构的传统的影响下，我国自古以来非常重视血缘和地缘的社会关系。血缘的关系在一个缺乏变动的自给自足的封建社会，可以保持一个家族和家庭的稳定，可以保持皇族传承继嗣的正统，它像一只无形的手把每个有生命的人填入了社会和土地的空间中，为了保持血缘关系的稳定，产生了尊尊和亲亲为核心的伦理观念。当我们用血缘为坐标把社会的空间划分出方向和位置，于是就有了在血缘关系影响下的亲疏尊卑的地缘关系。左尊右卑，北尊南卑，这是血缘和地缘结合的产物。

在传统文化中，虽然强调天命无常，或者强调突出统治者要以德配天，但是他们有非常重要的一个政治地缘的范围，这就是华夏与夷狄之分。在《春秋》大义中常以南蛮北狄、东夷西戎而划分，在《尚书》中之《虞夏书》中对九州的划分就是以自我为中心的，"五百里甸服……五百里绥服，五百里侯服……五百里荒服，东渐于海，西被于流沙，朔南暨声教讫于四海……"②这是较早的民族主义思想的形式，严格地说这不符合现代意义上的民族主义，与西方启蒙和

① 侯外庐：《中国思想通史》第一卷第一章第一节，人民出版社 1957 年版。
②《尚书·虞夏书》，贵州人民出版社1993年版，第89页。

文艺复兴的民族主义也不同。后经孔、孟的论述和阐发，成为延续不断的一脉相传的政治价值和民族观念。虽然，民族主义推动着历代先人们的气节和精神，造就了很多惊天动地的民族英雄，像岳飞、文天祥等，但是也给近代中国的发展留下了一道难以说清的壁垒和障碍。

刘梦溪先生说："中国两千年来的学术流变，有三个历史分际之点最值得注意：一是晚周，二是晚明，三是晚清。都是天崩地解、社会转型、传统价值发生危机、新思潮汹涌竞变的时代"[①]。夷夏之防在晚清一分为三，术裂天下，认同不一。作为满清皇室的"夷狄"是指西方列强，作为革命的农民和后来的革命派认为"夷狄"是东胡满人和西方列强，最后满清和革命派都认为西方列强是"夷狄"。从现代的观点分析，革命的人民群众和革命派与满清统治者的关系是民主革命的性质，并不是传统的"夷狄"问题。如果说"夷狄"问题，就中华民族与帝国主义的关系来说还有一点联系。但是当时种族主义的激情比较亢奋，排满革命是大势所趋，因此对于当时特定环境下的思想口号不能过于苛责。但是这就为辛亥革命的失败暗中打下了埋伏，袁世凯很快接过了辛亥革命的旗帜，宣扬满清既倒，天下可以五族共和、共享太平了，他居然成为中兴光复的民族英雄，由此把社会革命变成了种族革命，掩盖了广大人民与旧的封建制度的矛盾，再加上它用新的形式变换自己的专制统治，无疑是近现代史发展的一个回流和曲折。

从家国同构到知夷狄而轻民族，这说明中华传统文化结构和内涵上的缺失，不适应进入世界时代中的古老民族的再生和复兴的新趋势，这也是革命深入发展需要解决的一个问题。纵观现代史，为什么要进行批孔和文学革命，实际上都是先知先觉的革命者正在力图向民主革命的方向突进。

对于如何看待民族融合过程中的夷夏之防的所谓大义问题，现在已经是不时之论。但从西周到满清，纠缠了近两千年了。早在40年代，史学大师陈寅恪的《唐代政治史述论稿》中曾提出一个文化大于种族的观点，他认为现代史学去总结既往的民族斗争，不应当固执于传统的夷和夏的标准，

[①] 《新华文摘》1997年第3期，第211页。

实际上自秦、汉、唐以来，只有文化融合的问题，不应当以种族血统分贵贱。他说唐是胡种，晚唐以后最高的文化区域在关陇地区①。尤其是民国和晚清发现的敦煌文简更可以说明这个问题，但是民国前后为什么要光扬大汉族主义，曾经是"排满革命"最积极的提倡者章太炎在后来反思说这是"义所任也，情所迫也"。这种思想的变化和革命以后的曲折是不可避免的，只有待后者去发展，这是后事，兹不多论。

化礼为法，掩盖了阶级分野，淡化了阶级意识。辛亥革命以后，袁世凯就以复旧为起脚，宣扬什么"不党"主义，并以此贬斥革命党，组合自己的统治势力。农民，这个传统社会中人数最多、革命性最强的被压迫阶级为什么袖手退身，任凭革命派怎样作困兽斗和怎样用血泪去呼喊，他们仍然作世外冷眼人呢？这里面的根源也在传统文化之中。

黑格尔曾经指出东方世界的中国是一个处于自然状态的国家，缺少客观与主观的一种对峙②。他的评价里蕴含西方社会结构为背景的观照。中国古代社会缺乏教权与皇权、贵族与市民的对立，但它是由礼法构造起来的社会。所谓礼法，就是人治，什么是礼法呢？陈寅恪在《隋唐制度渊源略论稿》一书中曾肯定地说，先秦之礼经秦火以后已经失其本来之面目③，以后绵延传续的礼法无不是汉儒的《白虎通义》中所说"三纲五常"之义。历来社会只分二层，一在衙门，一在民间，但是由于科举制度的兴起，从民到官并非是无路可通，以一种虚假的平等虚掩着等级制。从中央到地方，皇帝并不直管，任命官职只到县，在这个广大的社会空间中有一个族权、绅权与皇权保持一致，可以保证统治秩序。这种秩序之所以失而又兴，乱而又起，表现着这么顽强的生命力，是因为它有着以农村市集为中心的自给自足并能自由交换的自由市场，这是法国社会史学家布罗代尔在《资本主义的动力》一书所论述中国古代社会的完整性时讲的。农民在这样一个经

① 陈寅恪著：《唐代政治史述论稿》，同时还可参见《柳如是别传》，收在陈寅恪著：《寒柳堂集》，上海古籍出版社 1980 年版，第 40—42 页。
② [德] 黑格尔著，王造时译：《历史哲学》，商务印书馆 1963 年版，第 161—168 页。
③ 陈寅恪著：《隋唐制度渊源略论稿》，三联书店 1954 年版，第 4 页。

济交换活动中表现得自由，再加上土地可以自由交换和买卖，似乎生活的贫富全靠个人和命运。在这种封闭的圈子里，富人和穷人并不是一劳永逸的，全靠个人的勤奋。从政治到经济的历史过程中，古代社会的人们都是靠命去赌生活的，似乎没有固定的分野，再加上伦理感情的融化，人们看不出什么根本对立和固定不变的东西。我们这里指的是常规发展的旧社会，并不包括发生战争和饥荒的年代。可惜的是，当时的农民并不具有阶级分析的方法，看不清土地和地位的政治权力分配的实质。更使农民处于保守性的是，全国乡村社会里的市集已经把农民分割成无数个像马铃薯似的分散的单元，没有形成一个统一的利益的关系。人类社会的所有行为都是为了利益，没有共同的利益关系就很难启发和认清阶级利益的一致性。再加上，民国革命的主题是种族排满，从种族到土地还隔着多少需要联系的环节，这无数环节的淤塞就造成了农民与辛亥革命的隔膜，历史不会让充满隔膜的农民去关心革命，归究起来，这是专制和封建的恶果，专制下的人们不是傻子，就是哑巴。在农民的眼里，袁大头上台，或许能大赦天下，免粮三年，说不定又能吃上几年饱饭。当然，我们并不在这里贬低农民，因为这时农民仍处在自发的状态，有待后来的革命者去组织这一伟大的改造社会的资源，即将到来又是一场暴风骤雨。当然这是后话。

综上所述，我们已经依次分析民国初年社会结构形成的经济和政治力量的比例，贫弱的农村和穷困的农民的概况，以及前清政治的遗产和延续，接着还分析政治地理，军事力量的结构和弥漫在社会里的历史文化的影响。接下去谈的话，那就是袁世凯及其支配下的北京民国政府要按照自己的统治意志去实现社会一体化，构建自己需要的社会结构，从而划清统治与被统治者的地位和权利义务的界线，你会看到"民主和共和"像婢女一样被编入另册。你会感到气愤，没有比以民主的口号实行独裁更令人感到残暴的了，没有比打着共和的旗子去恢复旧统治更使人感到绝望了，没有比用法律的名义奴役人民更合法的了，没有比用秩序的名义去消灭革命党人更自然的了。有人说，历史是一种阴谋，既然如此，何必当初呢？这也许是天命难违、天罚难逃，这可能是因为我们盲目地模仿西方的制度而使民国失去了一切。有关评论太多了。

我想起了一句话："罗马失去自己的自由，是因为它把自己的事业完成得太早了！"①我们的民国不是来得太早了吗？

说早，袁世凯早就制造了一套循环论证：

①没有清王室就没有袁世凯。

②北洋集团靠的是袁世凯。

③袁世凯救了民军和清王室。

④民主共和就是立国治民。

⑤立国治民需要北洋集团。

⑥北洋集团靠的是袁世凯。

⑦袁世凯才能立国治民。

这个陈述是沿着一条循环的中心线展开的，表明第七条如何回到第一条的，这种政治推理基础有一个前提，就是北洋集团和袁世凯。因此，袁世凯是奉天承运、兴亡继绝的大豪杰。

说早，早在把历史发展的顺序颠倒了，应当先有社会革命的变动，才能有近代民主和共和的诞生，那是一场由下而上的变动，这是为什么？

说早，是相对中国这个古老的土地，而推开国门望去，西方的世界正在进入一个组织和管理革命的时代，请看！

此时，资本主义已经走上垄断的时代，标志着管理革命的"泰勒时代"正在兴起：

资本市场的所有权和管理权正在分离！

资本政治的三权分立的政党活动时代已经走来！

资本农业的土地所有权和经营权已经开始在市场流转。

资本民主的普选权已经向妇女开放！

资本的文官制度正在实行中立化！

资本的军事力量正在走向国家化！

---

① [法]孟德斯鸠著，婉玲译：《罗马盛衰原因论》，商务印书馆1962年版，第52页。

资本的产业化和工业化正在脱离依赖人力劳动带来的危机的技术时代已经启动。

而此时的民国正在一个独裁者的策划下，把一切权力集中到他自己的手上，所有的社会空间都站满了持枪的北洋军人，正在窥视着每一位农民和革命党人，像这样的民主和共和不是来得太早了吗？早在它的主人还没有起来民主和共和，这两位先生就来了。如果认真观察一下，民国初年社会结构中，有哪一个社会力量可以充作主人呢？北洋和袁世凯吗？满清遗老吗？蒙藏王公吗？亦新亦旧的知识分子吗？在贫苦中挣扎的农民吗？这时我又想起了一句话："中国人真正的弱点却在没有第一等的领袖人才，无论是因反抗或因自卫而用武力，他们中间总没有人能够规划部署使全部的势力成为有组织的、可以指挥的一个系统。满洲人虽然不得不采取中国人的文物制度，但是他们知道如何教人服从，他们终于成功了。"①

现在，就让我们入乎民国初年的社会结构之内，寻找一个民国真正的主人，为我们民主和共和的客人去寻着归宿，也许这是一个需要耐心和磨难的历史过程，这毕竟是一定要完成的伟大工程。

① 潘光旦著：《中国人的特性》，海南出版社 1997 年版，第 148—149 页。

第三章
庙堂青衣　旧臣新主

——民国社会中的逊清皇室

　　为什么要选择晚清王室作为民国初年社会结构的"首选公民"，因为民国初年的社会是新旧混合形态，满清皇室几乎占有二分之一的天下。

　　满清王室的皇冠落地标志着两千多年的专制历史的结束。自《春秋》成传，事在录中。帝制既消，何以兴代？此为民族发展和社会转型的一大枢机，综观历代，持续前史，虽有帝王相系，统治集团组织形式和地位升降，化成社会结构不同。先秦有周封诸侯，世家持国，卿禄不坠，这是世袭贵族社会。秦一统六合，至汉唐八代，有高门世族据上品，门阀部曲占乡里，豪右大族与朝廷抗礼，是为中古社会特色，延至唐末农民起义，"天街踏尽公卿骨"，世系谱牒一悉扫尽。自宋至明清，世无门阀之累，豪强地主和士绅群体独运风流，皇权专制愈演愈烈，淫威之下无有敢以抗颜者，然家贫兵弱，官冗将孱，积弱之势不可逆转，元灭宋，清代明，有清一代反复于列强之手，终不能自强而鱼烂致亡。殷鉴不远，可为后师，民国何以立国？举世企盼，四海翘首。

国家不幸，前清有庆。在南北议和之中，被袁氏集团乘势附加了对清室逊位的优待条件的规定，成为民国组织大法中的一个不成文的柔性法规，给民国笼罩着不祥阴影。当时，孙中山、胡汉民等人就给以激烈反对，胡汉民后来回忆说："当时最大的问题，无过议和，议和之目的，在清帝退位。而清室以取得优待为条件，袁世凯则以取得政权为条件……优待条件非民国所宜有，留尊号于别室，听其窃以自娱，虽目等于儿戏，似足惑人耳目"[①]。谭人凤更是激愤有余，在上海《神州日报》上逐条批驳了优待条件，他最后说："公等苟于存亡大计而知之，即不应滥厕议员；如其知之，便为有心卖国"[②]。但终因革命党人和议员意见不一，妥协之局已成，后于参议院通过成为正式议和条约之一。但这与袁世凯一石二鸟的媚清求荣的阴谋是不可等同的，革命党人的妥协是由于当时急于求成，只计颠覆晚清而不顾其余，反而被对手利用以售其奸。

从世界的范围观察，这说明中华民族固有的宽容和穷寇勿追的传统文化影响是深刻的。孔子曾经说往事不追，成事不说，既往不咎（《论语》），革命党人没有英国克伦威尔的睚眦必报的独裁品质，没有法国激进党人的冲动，更没有后来俄国革命的铁腕。从这一点上看，清朝王室没有走上断头台应当感谢革命党人的胸怀和温雅。从长远的观点来看，这样做将会减少消极的影响，而较有利于调整社会范围内的民族关系，这是历史的分析。西方学者罗素这样评价："中国人与英国人有个相似之处，喜欢妥协和尊重舆论。一种冲突很少会演变为极端野蛮的个案。他们对待清朝末代皇帝就是一个例子。当一个西方国家改制为共和之后，往往要割下这位被废黜的君王的脑袋，至少也是流放外国"[③]。这话固然也有一定的道理，我们的民族礼让之风也确实是有，但西方人

① 沈云龙著：《民国史事与人物论丛》，台北：传记文学出版社1981年版，第32页。
② 谭人凤著，石芳勤编：《谭人凤集》，湖南人民出版社1985年版，第32—33页。
③ ［英］罗素著，秦悦译：《中国问题》，学林出版社1996年版，第162页。

的野蛮之苦我们也领教得够多的啦！穷极相通，物极必反，我们的礼让如果得到的是灾难，那么用以暴抗暴的方式回敬"西方先生"也是迫不得已的选择。

从历史的发展分析，清朝皇室不但在当时受到了优待，就是以后的几十年的岁月里也是礼遇不亏的。先是孙中山在民国元年九月（1912年9月10日）赴京之机拜会了清皇室的遗族，对于清皇室相机而作给了肯定的评价："载沣为满清王室的摄政王，在逊位问题上，能把国家和民族的利益摆在第一位，而把家族的利益摆在第二位，实为有益于革命、有政治远见的爱国行动"①，临别时孙中山把亲笔题名的照片送给了这位亲王。但是溥仪这位逊帝不是以德报德，后来他投靠了日本帝国主义，引狼入室，为一家一人之私利出卖了民族利益。即使是如此，新中国成立以后，毛泽东和党中央仍然在1959年的国庆十周年特赦了他和一批在押战犯。1961年，毛主席设家宴会见了溥仪，后来听说溥仪每月180元的工资，生活显得有些缩紧，毛泽东又从稿费每月拿出200元由章士钊以个人名义接济他。②1960年1月26日，周总理宴请溥仪等爱新觉罗家族的成员。后来，周总理对外介绍说，我们能把"末代皇帝"改造成一个新中国的公民，这是世界一大奇迹。历史证明，从孙中山到毛泽东，并没有以毒攻毒和以怨报怨地对待他们，而是以雄斗之狮、不复顾兔的通览识变，以"人世难逢开口笑"的宽容态度，有理有情地化解了历史的恩怨。当然这与袁世凯包藏祸心的"优待"应当是另有别论。

现在，我们再来分析晚清逊位的皇室在民国初年的社会地位、价值和角色，看他们是怎样对待我们的民族和社会，又是怎样与民国初年的北洋集团相互利用和相互争夺的。

一、优待条件　社会特权　民国宪法

满清皇室及其皇族的特权地位和优待条件，民国社会是以法律形式公布的。这是两千年社会结构中最富有玄机的特点。始作俑者是袁世凯和北洋集团、前清官僚等势力，这对于

① 郑怀义、张建设著：《中国末代皇叔》，中国人事出版社1997年版，第11页。
② 王伯福主编：《毛泽东轶事大观》，山东人民出版社1997年版，第268页。

他们来说是借重传统皇室、稳定北方、以旧承新的便捷之路，同时又是不忘宫角的一条复旧脐带。

从任何进步的意义上讲，把一个逊位的皇帝强加在民主与共和的国体上，都是令民国失色、人民寒心的议和条件。这就是把现代的"共和"拉回到历史上所谓"周召共和"的传统，从而使民国新旧混同。使民国不改正朔，名目相递、朱紫相夺，虽使旧君已改，而王统不动。据《史记》载，公元前841年，"召公、周公二相行政，号曰'共和'"，三国韦昭解释为"厉之乱，公卿相兴而修政事，号以共和也。"由此而论，袁世凯的五族共和，大概是共和行政之意。把一个历时意义的概念泛化为空间共时意义上的概念，机狡之处出人意料。

孔子有言，周之德大矣，天下三分有其二，犹以事殷。在流风绵长的三代大典中，帝王历数和禅代兴革是其中的大道常德。约而言之，有两种传宝换鼎的形式，一为尧舜推贤，一为汤武革命。据《风俗通义》解释："舜、禹本以白衣砥行显名，升为天子。虽复更制，不如名著"①。从此改为王道，天下炽盛，文武皆以所长。而汤武革命为"武王戎车三百轫，虎贲八百人，擒纣于牧之野"②。虽然，《论语》又说："文王率殷之叛国以服事殷"。所有这两种或文或武的方式，最终都要以慎终追远、善待前王为收局之策，否则就是有悖"中庸"之大道。鲁迅就曾揭露了袁世凯之所以拼命优待前清的用意，他说："但是，袁世凯自己要做皇帝、为什么留下他真正的对头旧皇帝呢？这无须多议论，只要看现在的军阀混战就知道。他们打得你死我活，好像不共戴天似的，但到后来，只要一个'下野'了，也就会客客气气，然而对于革命者呢，即使没有打过仗，也决不肯放过一个……所以我想，中国革命闹成这模样，并不是因为他们'杀错了人'，倒是因为我们看错了人"③，袁世凯和北洋集团一反民国精神和品格，刻意优容清室，是有历史先例的，最典型的是"北宋代周"的故实。据史，"宋太祖建隆元年，周恭

---

① [东汉]应劭撰：《风俗通义》，天津人民出版社1980年版，第18—20页。
② 同上。
③ 《鲁迅杂文全集》，河南人民出版社1994年版，第545页。

帝宗训元年。先是，周显德六年十一月，镇、定二州上言，北汉会契丹兵入寇，……匡胤就廷，北面拜受，乃掖升殿；即皇帝位，奉周主为郑王，符太后为周太后，迁之西宫"（着重号为引者所加）①，此事与《宋史》是一致的。现在可以看出，袁世凯据北宋故实，以逊帝厚待清室，完全是为了突显自己是历数在天、命在厚德的受禅之主，突出的是禅代推贤，并非是革命。就是在这种背景的牵引下，一个不伦不类的优待条件如愿地出笼了。

　　清室退位后的优待条件共为两个清单，一是满蒙回族之优待条件，留作后节详叙。二是关于清帝逊位后和清皇族的优待条件。

　　兹录关于清帝逊位后和清皇族的优待条件如下。

　　甲：关于清帝退位后优待之条件；今因清帝宣布赞成共和国体，中华民国于清帝退位之后，优待条件如左：

　　第一款：清帝退位之后，其尊号仍存不废，中华民国以外国君主之礼相待；

　　第二款：清帝逊位之后，岁用四百万两，俟改铸新币后，改为四百万元，此款由中华民国拨付；

　　第三款：清帝逊位之后，暂居宫禁，日后移居颐和园，侍卫人员照常留用；

　　第四款：清帝逊位之后，其宗庙陵寝，永远奉祀，由中华民国设卫兵妥慎保护；

　　第五款：清德宗崇陵未完工程，如制妥修，其奉安典礼仍如旧制，所有实用经费，均由中华民国支出；

　　第六款：以前宫内所用各项执事人员，得照常留用，惟以后不得再招阉人；

　　第七款：清帝逊位以后，其原有私产，由中华民国特别保护；

　　第八款：原有禁卫军归中华民国陆军部编制，其额数俸

① （明）陈邦瞻：《宋史纪事本末》1卷，中华书局1977年版，第2—3页。

饷仍如其旧。

乙：关于清皇族待遇之条件：

（一）清王公世爵概仍其旧；

（二）清皇族对于中华民国国家之公权及私权，与国民平等；

（三）清皇族私产一律保护；

（四）清皇族免兵役之义务。

以上各条例与正式公文，由中华民国政府照会各国驻北京公使。①

以上优待条件，由孙中山提交参议院，民国元年（1912年）二月五日全体议决通过。

从法律的角度分析，把一个社会的统治集团在逊位以后，"以法律的手续规定其在新开国度里的政治和社会地位，这就带有宪法的性质。"②根据宪法的分类，宪法有"汇集的宪法与制定的宪法。所谓汇集的宪法，即是我们上面所说的零碎的自然长生出来的宪法。因为它把以往历史上一条一条零碎的法律，或由历史的进化自然生长出来的关于政府组织的各种法律汇集起来而当作宪法，所以叫汇集宪法……"③汇集宪法又称不成文宪法，亦称柔性宪法。虽然，这个优待条例没有写到民初的《临时约法》之中去，但就它与《约法》的性质比较，实际上是具备了一种汇集的、不成文的柔性宪法的性质，它明确地标明民国之中清逊帝与清皇族的特殊的地位。这种特殊地位不是来自民选，不是来自年资贡献，不是来自付出的义务和责任，实际上来自传统和血统。这是一种荣誉和地位的特权。它损害了民国的国体和国民的情感。"无论何种特权，其目的都在于免受法律的管束，或赋予法律所未禁止的某种事物以专属的权利"④，这种特殊的优越地位，对清皇室来说是一种优免，对于人民来说，则是丧气和剥夺。

袁世凯深知优待条件关乎国体与满清皇室的地位问题，曾分别于民国元年和民国二年提出要写进宪

①丁中江著：《北洋军阀史话》，中国友谊出版公司1992年版，1995年重印，第278—299页。
②邓初民著：《政治科学大纲》，中国社会科学出版社1984年版，第107页。
③同上。
④〔法〕西耶斯：《论特权》，商务印书馆1990年版，第1页。

法里去，成为正式的成文宪法要件，但均遭国会拒绝。但"天酬有恒"，终于在 1914 年 5 月 1 日由《政府公报》公布则中的第六十五条，明确地规定了优待条件的宪法地位。第六十五条如下：

中华民国元年二月十二日所宣布的大清皇帝辞位后优待条件、清皇族待遇条件、满蒙回藏各族待遇条件，永不变更其效力。

其与待遇条件有关系之蒙古待遇条例，仍继续保有其效力，非法律不得变更之。①

有人说："君主必须既是一只狮子以便敢于同豺狼战斗，又必须是一只狐狸以便能认清陷阱"②。但是，袁世凯对待前清皇室，现在既不是狮子，也不是狐狸，而恭顺得像绵羊一样。

二、皇室拨款　财政危急　吊死抚生

袁世凯对前清有一个庄严的承诺，这就是他在民国四年（1915）写在《优待条件》后面一段虔诚、郑重、哀婉、深沉的文字。

先朝政权未能保全，仅留尊号，至今耿耿。所有优待各节无论何时断乎不许变更。更容当列入宪法。

袁世凯志　乙卯孟冬③

公正地说，终其袁世凯一生，真正履约践行的事情，也就是在对待清室的优待条件上。

请看以下的史实：

民国元年五月三十一日的《政府公报》刊登了《财政部收放款项清单》。

这个月财政部共收到银行团垫款（包括花旗银行、德华银行、汇理银行、汇丰银行）共计收公砝平银 1，398，600 两，除支付拱卫军、旗饷、内务部、陆军部等饷外，拨

① 《政府公报》1914 年 5 月 1 日，上海书店 1988 年版。
② [意] 马基雅维里：《王者之道》，中国人事出版社 1996 年版，第 120 页。
③ 手迹影印见丁中江著：《北洋军阀史话》第 1 册，中国友谊出版公司 1988 年，第 4 页。

给前清皇室经费4万两，其中从垫款中支付是19，019两，另从部款拨放20，950两①。

财政部支付的款项并不是靠捐税，主要是从爱国捐、各省解款、外国借款三项中来。

民国初年的社会各阶层为一时共和光复的理想所激动，真诚地希望国家和社会尽快地走上秩序和安定，海内外华人慨慷解囊，热情地奉献。下面这一张财政部收国民捐的清单可以作证：

财政部收清华学堂认缴国民捐，七月十日清华学堂缴来大洋二百七十八元，军用钞票一元，小银元八十七角，铜元三枚，七月十二日又收到清华学堂大洋九十四元，小洋六十七角，认捐名单是55人。

其中有至今仍在文化讨论中不可缺少的清华人物吴宓。多数都是学生。这仅是其中的一次。②

在这张清单中，我们还可以看到国外华侨由银行汇来的爱国捐，有苏来必亚的大洋六千元，有新加坡的十万两公砝平足银，还有一位印尼的华侨一个人一次汇来了1640元。③

类似这样的财政部收捐清单可以在《政府公报》中找到几百张。民间捐献与整个国家财政支出不可比，它只是国库金票中几粒小尘，如果加起来大概还不够支付冯国璋的禁卫军一个月的军饷，大概也买不起北洋要人朱启钤的三小姐出没灯市口所乘坐的小汽车④，这都是老百姓的血汗钱！

民初，南北统一以后，民国政府的财政陷入了金融停滞、解款不多、市场萧条、税源枯竭的日夕将近的境地。袁世凯守旧自困，一味地靠借款度日。同时又向地方勒捐，掀起一场各省向中央捐款的不小浪潮。

1912年5月29日长沙谭延闿向中央发电，告以向中央财政捐献湖南平银三十万两，并发动全省认购国民捐⑤。几乎就在此时，中央财政部

---

① 《政府公报》第1册第589、591页，上海书店1988年版。
② 《政府公报》第5册第595—679页，上海书店1988年版。
③ 同上。
④ 刘成禺、张伯驹著：《洪宪纪事诗三种》，上海古籍出版社，1983年版，第42—43页。
⑤ 《国民政府公报》第2册，上海书店，第125页。

向六国借款的说明书中仍然列出六月份需要向清皇室支出的经费是**268万两**（包括海军部巡旗费用）。①

就在向清皇室支付五月份的四万两优待费用的时候，我们又从《政府公报》读到教育部要求解交留日学生欠款的告急电报，兹录电报如下：

教育部催各省解日本游学辛亥年下学期学费文。②

> 为通咨事，承政厅会计科是准驻日本汪代表咨呈：案查辛亥年下学期学费各省欠解甚巨……共短日币二十九万四千三百四十五元七角二分五厘……

在该文的后面附了一张各省欠解学费的数。在此略而不注了。

五月十八日教育部咨行文各省催解驻英游学监督处经费。③

> 为咨行事会计科是准驻英代表函称，驻英游学监督呈称查游学学费……允借二万镑……函应如数汇寄……

在此咨文的后边也附了一张各省欠费的清单，在此略而不注了。

这是留学官费生的窘境，工商的日子也是举步维艰。1912年5月13日"京师商务总会总理赵玉田、协理陶宝桢"共同给大总统写一份《呈请迅筹赔偿文》④文说："呈为唇舌已敝，诚借难孚，维持徒以空音，市面行将内溃，恳请迅筹赔偿巨款以复商业以固人心事，窃自旧历正月十二日兵匪焚掠以来，至今两月余，商界之闭塞，商民之困穷，日甚一日有不能图存之势……恳乞我公迅筹巨款……"

随文后又有"京师市政维持会呈请实在接济以维商业而奠民生文"，⑤大致亦如上文。

但是财政部并未拨一文。

从以上简单的对比中可以看出，民初的北京政府和袁世凯对前清皇室的优待经费是绝对保证兑付的，其他的支出费用可以暂缓或可以减少数额或根本拒付。

① 章伯锋、李宗一主编：《北洋军阀》第2册，武汉出版社1990年版，第186页。
② 《政府公报》第1册，上海书店1988年版，第369页。
③ 《政府公报》第1册，上海书店1988年版，第313页。
④⑤ 《政府公报》第1册，上海书店1988年版，第191、192页。

不仅惟此，袁世凯从勋位的等级和世爵承袭的程序方面予以规范化，并以公文的形式纳入民国荣誉和权力分配中。

袁世凯于民国元年（1912年）8月9日以总统令的形式公布了《勋位令案》，这是在民国的官职制度以外，仿前代门第爵位的等级制度，进一步把等级制推行到社会结构中去。这个勋位制有两个特点，一是要由大总统亲授之，其他机构和个人无此权力；二是勋位是终身制度，除依法剥夺公权者外。使人们感到惊讶的是下列规定：

第七条：前条世爵与勋位比例之等级如左：

甲：亲王、郡王、贝子、贝勒视勋大位；

乙：公视　　　　　　勋一位

丙：侯视　　　　　　勋二位

丁：伯视　　　　　　勋三位

戊：子视　　　　　　勋四位

己：男视　　　　　　勋五位①

依照前述各条办理，前清的亲王、郡王、贝子、贝勒足不旋踵地成了民国勋位的功臣显要。这样一来，所有前清的"黄带子"和"铁帽子王"在民国之中有了全新的符命，入旧出新，两重世界，真是"清虽旧邦，其命惟新"，岂止惟新，而是日新不止。

民初民国政府的铨叙局是一个掌管民国官员任命和升迁的职能机构，但是不久，铨叙局发出一个重要文件。其文如下：

铨叙局通告前清室及满蒙回藏世爵承袭事项应迳赴本局核办文。

为通告事，前因世爵承袭事项应如何办理，具呈请示，本月十四日奉大总统批，据呈已悉：世爵嗣袭事关荣典，本在该局执掌以内，自应由该局核办……嗣后凡清宗室及满蒙回藏世爵承袭事项应即迳赴本局核办，特此通告。②

① 《政府公报》第4册，上海书店1988年版，第229—230页。
② 《政府公报》第3册，上海书店1988年版，第351页。

铨叙局诺言不虚。就在同一天的《政府公报》中，该局向大总统呈明已故前清镇国公溥芸之妻苏完瓜尔佳氏,过继堂侄毓简之子恒煦为毓敏后奉祀承袭之事，此文后有大总统批示："施引谨呈"一语。①

读后令人感叹不已，袁之德大矣，虽手握天下之柄，犹不欺前清孤儿寡母，事前清如昨，不改旧章。《尚书》之德不绝，欲求尧舜，惟在其人！

我们在这里所使用的"袁世凯"是一个充满着社会涵义的政治概念，他代表着民国和政府，同时代表着一种社会势力，又代表着北洋时代的上流社会。他确实是一种社会关系和社会交往中价值指向和判断标准，因而所导致的后果也是社会性的。

民国元年八月三十一日，直隶都督张锡銮咨复国务院，内容有二项，一项是遵照优待条件，大总统转下的清内务府的顺直各州县交清皇室田亩的地租早已通令遵行，并由各州府代交四成。另一项内务府系清内府，不能直接行文，须经内务部转发。②

另外还有内务部咨国务院，奉大总统发下正红旗满洲蒙古汉军都统溥伟呈，原本旗蒙汉三固山旧有教场官地一段在阜成门外景王坟地，计一百六十亩。现在进行招垦，招垦以后的地租由内务部办理。③

京城内外，顺直两地，也仍然是民国政府为前清料理地租和招垦的田地。民国与前清的礼贺来往也富有戏剧色彩。每逢阳历和阴历的新年，皇帝和太后的生日，民国总要派专使恭贺。民国二年的新年，总统派来了朱启钤总长作为礼官专程示贺，这在溥仪的回忆里写得很清楚。

民国二年三月十五日，袁世凯派秘书长梁士诒持国书祝寿，国书写着："大中华民国大总统致书大清隆裕太后陛下"④。七天以后，这位承亡国之运的太后含恨走了，袁世凯的举动更加动人，通令全国下半旗一天，文武官员服丧27天，还派全体国务员前来致祭。"⑤接着在太和殿由参议长吴景濂主持哀悼大会，军界由段祺瑞主持，一时清朝的玄色袍褂和

①《政府公报》第3册，上海书店1988年版，第349页。
②《政府公报》第4册，上海书店，第779—780页。
③《政府公报》第4册，上海书店1988年版，第777页。
④ 溥仪著：《我的前半生》，群众出版社1964年版，第87页。
⑤ 同上。

民国的西式礼服比肩出入，如过江之鲫，鱼贯成队。

《政府公报》里刊登了为隆裕太后发丧的交通部发运灵车的通告和京汉铁路局通告。

> 奉移大清孝定景皇后梓宫开车乘车入站办法，四月三日（即阴历二十七日）奉移……四月二日专开列车三次，四月三日专开列车四次。由前门开往梁格庄……由梁格庄回京列车则四、五日两日按次分开。

这次发丧，民国动用了禁卫队、宪兵队及其武装人员。

京汉铁路局的通告，主要是训令沿途各站严守规定，不准放外人或无关人员在规定时间内进入。

我们并不是狭隘的极端主义者，一味地苛求对死者的追究，苛求人们用教条和原则去划一人们的感情和心理。前清遗老的哀悼，袁世凯一伙的发丧，就其孤立的事件，任何人可能不会说它是什么适当的行为或者否然。但是我们不要忘记历史的联系。

民国元年八月十六日，袁世凯在北京杀害了革命党人、前湖北都督府军务司副司长张振武和将校团的团长方维。

民国二年三月二十日，袁世凯指使凶徒在上海火车站刺杀宋教仁，二十二日晨，宋教仁在上海铁道医院伤重逝世。可怜这位年轻的革命党人，死前还致电袁大总统："伏冀大总统开诚心、布公道，竭力保障民权，俾国会得确定不刊之宪法，则虽死之日，犹生之年"[①]。

如果你把上述两种死亡在同一时段的历史背景下作一集中，能看到什么？

死神对任何人都是公平的。从皇帝到草民，从显贵到乞丐，古今中外，概莫能外。死一宋教仁，何足道哉？但他死在大总统之手，其死冤乎千古！

在皇帝面前，可以廷死，可以杖死，可以赐死，其死在君臣大义。

在总统面前，可以自杀，可以罪死，难道也可以谋人之死吗？这

① 《中国近现代史大事记》，知识出版社1982年版，第83页。

是什么总统？连皇帝的人格都不如。大总统和民国为什么这样施恩布义于前清？

三、逊清实力 贯姓改籍

前清皇室并不单纯是一个统治集团，它是个具有经济实力和独立经济基础的经济组织，同时又拥有一支具有一套驻防制度的旗兵力量。袁世凯既然受清室托命全权组织民国统一政府，所以必须保证清皇室的物质利益和精神利益，才能换来这一社会势力的支持，解决他认为的"安内"之事。

"内务府财源很广，有皇庄、专门的税收和贡物（包括广州贸易的特税和贡物），有对人参和皮毛的垄断，有罚款和籍没的家产以及官窑和皇家织造，因此岁入很大。但是这些巨额的财富是保密的，是满清皇朝的特别支柱，它与政府的收入完全分开"[1]。这里所提到的内务府是专门掌握皇室财产和礼制等事务的皇室组织，定制于乾隆十四年，所属有七司三院，其中专门设会计司掌管庄田收入。清初北京500里内外，按旗分给房屋，圈给地亩，寓兵于农，所以清朝自称"永不加赋"，以示恤民[2]，其中有一部分粮料马草出自一些军屯、官庄。晚清张之洞说："自汉唐以来，国家爱民之厚无有过于我圣清者也，请言具实：……同治四年，减江南地丁银三十万，减江南漕粮五十余万石、浙江漕粮二十六万余石。初制已宽，损之又损，是曰薄赋，仁政一也"[3]。但是他没有谈到满清皇室和八旗官庄、军屯的经济来源。据有关资料显示，皇庄仅北京附近大约有20个，其地租和实物收放不纳入户部。究竟有多少，没有找到很具体的数字。但有一个回忆材料，末代皇叔载涛在奉天省锦县、义县、兴城、绥中、盘山、锦西等六县，有很多土地，一部分地租已经由承租人交了，但民国初年拖欠三百八十二万两地租。另，载涛在直隶乐亭县有地一千九百五十亩，连年积欠地租一千二百八十万两。这些材料仅止皇族载涛

① [美] 费正清编：《剑桥中国晚清史》上卷，中国社会科学出版社1993年版，第29—30页。
② 萧一山著：《清代通史》第四卷，中华书局1986年影印本，第1629页。
③ 陈山榜：《张之洞劝学篇评注》，大连出版社1990年版，第23页。

一室，并非全部。至于清室的地产和房产收入更可见一斑了。从土地产权的形式可以说，清皇室本身就是大地主。请看下面的清皇室的土地统计表：①

地区	皇庄数	占地面积（顷亩）
畿辅各庄	539	9650顷49亩有奇
盛京各庄	76	7147顷16亩
锦州各庄	296	12268顷26亩
热河各庄	134	5275顷84亩有奇
归化城各庄	13	1014顷
打牲乌拉各庄	5	147顷
驻马口外各庄	15	270顷
共计	1078	35,772顷75亩有奇

（上表摘自范书义等主编《中国近代史新编》第2页，人民出版社1988年版。）

民初，清皇室在民众要求下，亦为了补助皇室土地由于各地趁民初混乱群起抗租造成的歉收，开始把颐和园、紫竹院、钓鱼台出租，其中门票收入2/3归皇室，1/3归前军统领衙门。

> 另外，出租的地方和租金，还有下列各项：
>
> 陈懋桐租钓鱼台行宫，每年票洋二百圆；
>
> 王敬玺租紫竹院行宫，每年票洋三百圆；
>
> 徐绪直租鸣鹤园，镜春园，每年票洋四百圆；
>
> 农商部租西山来远斋，每年票洋六十圆；②
>
> ……

清皇室和皇族由于占据如此众多的地产和房产，以其特殊的身份参加并投入社会经济，从中获得分配收入，创造了大量农业租户和佃户，遍布国内，同时在经济运动的联系中又广泛地创造了社会的联系交往和社会关系，是一个充满着人力、财富和荣誉的巨大资源和能量，成为民初社会需要稳定和必须稳定的势力，这也决定袁世凯不能从任何意义上怠慢前

① 此表摘自苑书义等著：《中国近代史新编》，人民出版社1988年版，第2页。
② 郑怀义、张建设著：《中国末代皇叔》，中国人事出版社1997年版，第80—85页。

清皇室。

从社会人口的构成来看，蒙满八旗并非1644年入关的5万人了。据民初内务部统计全国人口是33000万人，其中关内八旗驻防人户之总数为21万户。民国初年仅北京一处的满族人口即为60万[①]。从清宗室到关内各地的旗民，他们之间有臣属关系，同时也有种族血缘的关系。在社会文化，生活习俗和宗教信仰方面有一致的关系。这是促使袁世凯不得不采取优容清室的社会原因之一。

更为重要的是，民国全盘接受了晚清的八旗驻防部队。虽然划归陆军部，统一管理，军人强调以服从为天职，但是如何对待前清皇室和皇族，也是影响各地驻防的八旗兵稳定的重要因素。以旧承新，稳定旗兵，是民初北京政府的重要策略。除京内兵营以外，各省驻防和重要军事地区驻防之地就有散落在全国七十三处之多。最重要的省会驻防，称之为将军，例如江宁将军、杭州将军等。虽然，民初的南方地区革命比较激烈，驻防南省的八旗兵营均已失去往日的作用与威风，但北方各省，尤其是东北、北京附近的旗兵仍是袁世凯利用的军事力量。这可以从财政部支出的旗饷的数目中清楚地看到。

由于清皇室的逊位，清朝统治者的毫无理性的、带有污辱性的满汉之防的种族政策迅速崩溃，随后袁世凯发出了解除满汉禁婚的命令。此后，一场以满族人自愿贯姓改籍的民族融合的社会潮流自上而下、自下而上地互相激荡起来，几乎成为当时的时髦风气之一。

民初，一批一批的前清官僚通过民国政府的铨叙局在《政府公报》上刊载公告。这里举一个例子：

原名：双寿　　　　成立

原旗：正红汉军　　同上

原官：调热河差委、候补知县、度支部主事

改管：顺天府宛平县　同上

冠姓：王　　　　　官

更名：僧达　　　　成章

① 萧一山著：《清代通史》第四册，中华书局（影印本）1986年版，第1554—1558页。

这里是抄的铨叙局汇编旗员改籍贯姓更名表中的一个人的改籍贯姓的情况，以示例证。①

同时，陆军部对于满族人改籍贯姓给予办理。在民国元年（1912年）十月十八日的《政府公报》中，发表了陆军咨各旗内府、营、西陵办事处的陆军小学送来的贯姓的呈文，其中写有正白满都统、正黄满都统、镶白满都统等14个都统下的26人的名单。

另外，《政府公报》还发表了各省报来的旗人改籍贯姓的名单。例如民国元年十月十二日发表的陕西都督批准28人②名单，同月一日，参谋部也有类似的文件。

据统计，满族的官、商、工、农、学、兵各界的人员都先后要求改籍贯姓。从民初的《政府公报》发行，一直贯穿到民国十八年止，每期的公报都刊载了满族人自愿贯姓改籍的名单。这说明，在民初社会的民族关系的发展中，满汉的文化融合达到了一个新的阶段。中华民族是一个混合和融合的民族，从先秦到清末，几乎在每次大的历史变动中，都有来自北方和西北边疆的异族血统融入华夏民族之中。所谓汉族，并非像西方国家的种族标志，它是一个文化的符号，是一个文化与政治统一而又充满生命活力的社会载体。我们没有传统的殖民和征服的政策，相反的是，那些当年统治过我们中原的民族主动地汉化改制，最著名是魏晋时期北魏鲜卑族的改制汉化问题。因此，应当历史地看待满族人民的贯姓改籍问题，他们并不是改变自己民族的归属和血统，而是从文化和风俗上更加一致地参加到社会当中去。清皇室逊位以后，民国时代毕竟不同于旧的前清时代，社会关系和社会交往成为他们的实际问题，昔日满族的优越的光环来自于清皇室的规定，昔日满族与汉族的隔离政策是他们祖宗遗传下来的，旧的还能用吗？应当说，满族的普通的人民和劳动人民非常及时地抓住了这一历史变化，自觉与清皇室所谓"满人一统"的狭隘的民族主义政策实行了决裂。从某种程度上讲，这也是民国以后，清皇室继续坚持复辟路线，

---

① 《政府公报》第6册，上海书店1988年版，第167页。
② 《政府公报》第6册，上海书店1988年版，第347页。

周旋于袁世凯和洋人之间,逐步脱离下层满族人民的一系列倒退行为的必然后果。历史证明,不管今后清皇室如何发展和变化,人们并没有去推行排满主义的民族行为歧视满族人民。文化高于种族,文化融合各族,这确实是被历史反复证明的理论。

袁世凯治国不以大德,爱小而失大,始终把清皇室的地位看作是国脉政魂,望路而夺捷,充分表现了代禅之情,终于与清皇室殊途而同归,把民国拖向滞塞、分裂的泥潭。

四、逊清皇室与民国　逊清皇帝与各路军阀　皇权与尊孔

上述分析的是民国初年,袁大总统过高地估计清皇室的社会价值,错误地设置了他们的社会关系。现在我们从民国社会的角度,分析满清皇室的社会地位和作用。

清皇室在袁世凯与民初时期充当了双重悲剧的角色。马克思说,一个没落的政权,当它在新制度面前自认为是合理的时候,这个政权相对于新政权是悲剧性的! 另外,一个没落的政权,在新的制度面前,自认为有理由为自己的生存和发展去争斗时,相对于历史的发展,这个政权也是悲剧性的,逊清皇室及其贵族,都已经表现了落后性、保守性和顽固性。这种作用表现在以下几个方面。

我们不妨先从满清皇室的社会关系中利害相联的形态入手分析。

逊清皇室与袁世凯和北洋新贵的关系是一种敌对的合作关系。历代帝王一贯自私的作风,莫过于宋太祖和朱洪武,一个是杯酒释兵权如风行水上,一个是芟夷功臣如惊雷击柱,他们都成功了。虽然晚清摄政王载沣也想乘势灭除后患,但被晚清重臣张之洞一语破的,从此袁世凯以足疾罢斥,放归彰德洹上,皇族们"放虎归山"。在这历史的反复中,清皇室与袁世凯结下了不解的恩仇。武昌事起,荫昌在前线指挥北洋新军不灵,清皇室不得已重新起用袁世凯,有人说这是"引狼入室"。在这历史的漩流中清皇室一直被袁世凯置于掌上,先是要权,一直到被委任内阁总理大臣,罢斥皇族内阁,北洋亲信一哄而上地占据中央权力的位置;后是要钱,内务府的"小金库"被

动用了，皇族家的金银珠宝献出来了，大清内囊几乎空了。但是，袁世凯深知现在我不负清廷，待以后清廷必然负我，于是利用民军与皇室唱起了二仙传道。清帝逊位了，权归袁世凯，孙中山架空了，袁世凯是这场权力之争的大赢家。然而，他也是一个历史的大输家，袁世凯玩弄权术，不讲气节，没有正义感，失去了传统的社会道德和士大夫的忠信之气，这就决定他今后一路要以权术和阴谋为活路，否则他要失去新旧两种势力，然而他背不动这个历史包袱。鲁迅说："捣鬼有术，然而有限，古来成大事者无有"。因为民初社会里还存活着一大批前清遗老遗少，城乡内外还有一大批士绅势力，这些社会舆论的道德评价使袁背负"千夫所指"的罪名，这对袁世凯及其北洋势力构成了对立和威胁。辛亥以后，尤其是在民国初年，袁世凯对清皇室优待有加，每逢国家庆典，清帝生日和皇室的节庆，袁世凯都派专使赴贺，就是要试图抚平这些舆论的聒噪。请看袁世凯在清室面前的混世相：

> 大清皇帝陛下：
>
> 中华民国大总统谨致书大清皇帝陛下：前于宣统三年十二月二十五日奉大清隆裕皇太后懿旨，将统治权公诸全国，定为共和立宪国体，命袁世凯以全权组织临时共和政府，合满汉蒙回藏五族，完全领土为一大中华民国。旋经国民公举，为中华民国临时大总统，受任以来，……深虞险越。今幸内乱已平，大局安定，于中华民国二年十月六日经国民公举为正式大总统。国权实行统一，友邦皆已承认，于是年十月十日受任。凡我五族人民皆有进于文明、跻于太平之希望。此皆仰荷大清隆裕皇太后暨大清皇帝天下为公、唐虞揖让之盛轨，乃克臻此。我五族人民感戴兹德，如日月之照临、山河之涵育，久而弥昭，远而弥挚……用特报告，并祝万福。①
>
> 中华民国二年十月十九日
>
> 袁世凯

归纳上述信件，袁世凯语含玄机，讽谏分明。他非常机警地把自己

---

① 溥仪著：《我的前半生》，群众出版社1964年版，第88页。

的合法性的前后变化说得一波三折，所谓合法性是指："政治系统使人们产生和坚持现存政治制度是最适宜制度之信仰能力"①。袁承认先是奉隆裕太后之命，这是感恩；但后来被推为临时大总统，这是谢恩；最后，他经由民国公举为正式大总统，这是明理。袁世凯这封所谓"国书"，分明是划清与大清的名分之事，彻底地击碎了逊位皇室的以为终究会"还政于清"的梦想，袁世凯从此做的是民国大总统，前清授予他受命守奉使命已经结束。

袁世凯的这封信标志着民初上层两大集团围绕着国家统治权的斗争进入了幽明不定的新阶段。袁世凯集团独立地担纲定乾，开物成务，造命当世。由此申明他与逊清只是前恩旧情的义务关系。逊清皇室临变识命，要想恢复统治权，只有另辟途径，建立自己的依靠力量，依靠袁世凯是不行了，他们之间已经完成旧臣新主的转换。

上述社会关系和政治关系的变化对于现代中国的社会命运发生了至关重要的复杂影响，决定了民国初年社会变化的基本的政治走向和路数。

这个变化的最重要的特点是近代以来的民族革命和民主革命纠缠在一起，变成了二而一，一而二的，预示着要改造中国，必须有一场彻底的社会革命不可。这是因为，袁世凯要想建立独裁统治，必须借助外国帝国主义的财力和物力，他是通过现代史上有名的大借款的形式表现出来，这时他依靠的是英、美、法、德、日等几个主要列强。权利和义务从来都是相联的，借用西方的一句话："天下没有免费的午餐"，要想借用列强的力量，必须以维护列强在华的一系列不平等的条约和治外法权为代价，袁世凯也是这样做的。与此同时，逊清皇室也要借助外国列强的势力，他们主要依靠日本这个东方军事帝国的势力。逊清皇室在民国初年以后的历史表明，在与外国列强的关系中，他们气节还不如其先辈。

在民主革命的问题上，袁世凯和逊清皇室仍然坚持大地主、大官僚的经济关系和经济利益。袁世凯这个靠前清恩幸起家的大总统，为保护他们王公贵族的利益，公然在民国初

① ［美］西摩·马丁·李普塞特著，张绍宗译：《政治人：政治的社会基础》，上海人民出版社1997年版，第55页。

年公开把镇压农民的抗租不交的行为当作民国政府的责任。他曾命令内务部以"部令"的形式训斥农村的皇庄和王庄的丁户，后来在民国二年十二月九日又以《大总统命令》的形式。其文如下：

> "共和肇造，薄海同庥。回溯改革之初，实由大清孝定景皇后应天顺人，始臻天下大公之盛，凡属皇族懿亲应上体仁慈优加待遇，本大总统前次颁布优待皇室条件，曾申明清皇族私产一体保护，自应遵照办理。兹据清扎亲王世锋等呈称，奉天临时省议会轻徇新民县议事议员现充辅国公奎瑛府壮丁于景瀛等之请，擅将各王府所属壮丁人地差等议准一体取消，并组织公民保产会，将应交各银抗不交纳，……著奉天民政长将该省议决案行知取消，一面饬知地方官，谕令各王公府所属各壮丁等仍照旧缴纳，勿行藉辞延抗。并著各省民政长通饬各属。嗣后，凡清皇族私产，一体认真保护……各安旧业，本大总统有厚望焉。此令"①

袁世凯这种"一体保护"，并不准抗租，并厚望各地各安旧业，实际上是要继续维护旧的封建剥削关系。

综上所述，民国初年，袁世凯和逊清皇室这两个社会势力同时自觉或不自觉地充当了近代以来外国列强和国内大地主阶级的利益的代表者和保护者，把近代以来民主和民族矛盾都内化和聚集在他们身上，这就使民国以后的社会矛盾出现在徘徊低迷的云里雾中。袁世凯是当国的大总统，这不用说。逊清皇室仍受明文规定的优待和保护，究竟怎么解决才好？

以孙中山的三民主义而论，民权在形式上已经建立了民国，民生问题，逊清皇室在皇庄和王庄内仍可以照旧收租和收银，民族问题，外国列强是应他们这两股势力之约而来。即使这三个问题可以分清对象，那么，谁来充当解决这些社会问题的社会主体力量呢？

满清皇室和王公贵族显然产生不出解决这些国病的医国之手。

---

① 《政府公报》1913年12月9日，上海书店1988年版。同时可参见杨学琛、周运廉著：《清代八旗王公贵族兴衰史》，辽宁人民出版社1986年版，第380页。

因此，民国初年的社会从此陷入了没有也不能产生共同利益、只有平静地分裂和瓦解的境地。同盟会党人百思不解，互相指责，当然也指责袁世凯和满清逊帝。袁世凯依照"国会"，一会一个训令，一会一个指斥，逊清皇室也根据优待条件指责同盟会，指责民国，指责农民……正是在这种混乱之中，一个新的社会革命的地平线正在出现，革命和前进的人们正在寻求着新的理论和出路……

从这个意义上，应当看到逊清皇室在整个社会中起到引发人们思考开展新型革命的历史依据。可以说，前清皇室是民国社会产生动乱的一个祸根。在此，必须说清，我们并不是极端主义者，不是非要把前清皇室逼向死亡不可。世界历史证明，在经历资产阶级民主革命以后的国家里，并非一定要驱逐王室和砍掉国王的头颅，物之不齐是天下大道，决不可以一概全。决定前清皇室命运的并非是由外力，完全是其自身的所言所行，"天作孽，犹可活，自作孽，不可救，"这是自古以来的不刊之论。在这里，对于满清皇室在社会结构中历史命运的变化和归宿，局外人不必多言，公道全在历史之中。

前清皇室和王公贵族在民国初年社会结构中的优待地位，常使天下二心，正如一位民国要人所说，任天下怀庙堂未改之嫌，使官僚有城府尚存之威。不惟如此。满清皇室的龙威余焰在逊位后仍常使新派的人物屈尊降格。在民国初年，几乎所有的北洋政要都与前清皇室有城下之盟与密室之约。袁世凯与"复辟狂"张勋不说，徐世昌，为袁的"嵩山四友"之一，曾任民国大总统，隆裕太后治丧期间，他闻讯拖着辫子带着朝服（曾任协理总理大臣）在皇宫内换上以后行大丧礼。

孙宝琦身为国务大员兼外交总长，赵秉钧身为国务总理，在隆裕奉安的梁格庄灵棚里，身着清朝素袍褂行三跪九叩之礼。其中主祭的是宣统帝师梁鼎芬，他一眼看出来孙宝琦，发生了一段情景对话：

"你是谁？你是哪国人？"

梁鼎芬越说越激，最后骂道：

"你忘了你是孙诒经的儿子，你做过大清的官，你今天……你——是什么东西！"

孙宝琦面无人色，低下头连忙说："不错，不错，我不是东西！我不是东西！"①

民国为何物？在逊帝一伙僚臣面前简直是逆篡的怪物！

陆荣廷，两广巡阅使，是第一个被赏赐紫禁城骑马的民国将领，溥仪曾御笔福寿字与对联，并赐予无量金佛、玉如意等。

张作霖，时任奉天督军，曾接受过溥仪的宝玉。其子张学良与溥仪结为知己。②二次直奉战争以后，张大帅在天津驻节，曾专门拜见溥仪，并当众行跪拜礼，口呼"皇上"。

曹锟，直系后期将领之一。溥仪在其生日时曾送去无量寿佛一尊，乾隆玉彩一对等。曹锟胃口很大，无任何反应。清室又送去乾隆奇窑瓷天盘口大瓶二件等14件贵重礼品，口头才有所表示要保护清室。③

吴佩孚，直系后期将领之一。1923年阴历二月初七，是吴的五十大寿。溥仪派福启为代表，送水晶一片，中嵌自鸣钟，自行周转，永无止息。另外，有溥仪御诗三首。④

溥仪与孔府。孔令贻，清代的最后一代衍圣公，1919年8月为其岳父吊丧来京，于阴历九月十六日患背疽不治痤亡。临死前，给溥仪写了一道遗折，折中说："窃臣东鲁愚庸，愧无知识，……惟臣世受国恩，初无可称，五中摧裂……幸侧室王氏现已有娠，倘获生男，自当承袭世爵。"⑤后来溥仪下旨赏银五百圆治丧。

从以上的民国初年的上流社会的社会关系，可以体会到"百足之虫"的感叹有多么深奥！

逊清皇室不仅折倒了民国初年的军政各界的达官贵人，而且连大名鼎鼎的五四新文化的先锋胡适也难逃"伏念皇恩，不胜零泣"的龙威。胡适《四十自述》的年谱里有记载，"1922年（民国十一年）5月17日，

①溥仪著：《我的前半生》，群众出版社1964年版，第89页。
②溥仪著：《我的前半生》，群众出版社1964年版，第102页。
③秦国经著：《逊清皇室轶事》，紫禁城出版社1985年版，第45页。
④秦国经著：《逊清皇室轶事》，紫禁城出版社1985年版，第41—44页。
⑤秦国经著：《逊清皇室轶事》，紫禁城出版社1985年版，第71—73页。

清逊帝电话约见，30日进宫，在养心殿见溥仪，我称他'皇上'，他称我'先生'。"①溥仪在回忆中也谈到与胡适的会见②

"寺内无僧风扫地，庙中无灯月照明"。

民国初年的政治和经济的特权阶级依旧是前代衰翁，新朝权贵，请看民国元年九月十二日第135号《政府公报》中的一道批呈和立案的全文：

奉大总统发下呈阅的内务部批国务院交孔道会代表王锡蕃请立案呈：

准国务院钞交大总统发下，发起孔道会代表王锡蕃寄呈孔道会大纲并宣言、序言、公函各件均悉。自古政治之变迁，视乎人群之进化之次第有据乱、升、太平之别……有专政、共和、大同之分，而所以促进维持其间，端在学说。古今中外圣哲如林，每有一新学说兴，即有一新政治出，新陈迭嬗，与时推进。求其立言足以隐括前后，贯彻古今者，厥惟孔子……孔子力倡民权……有清一代说经之士，始稍稍知所改迁，顾、王、黄、刘、魏、龚等率主张微言大义，直追颜曾，于是升孔子太平之旨、共和大同之理乃如日月之初升……民国肇造，专制运终。该代表抱尊孔子之热忱，倡设孔道会，力图阐发，势将近继顾、黄、远追孔、孟，本升平、太平之妙谛，发共和、民主之真诠，推而至于大同之极，以继我杏坛教泽二千余年中继之续，此不独我孔道之幸；而亦世界人民之幸，凡有血气，皆表同情。即在本部尤深嘉许……咨复国务院外合行批示，即修改妥协，再引呈部核准立案，该代表心存邹鲁，眷怀正学，谅必能体本部推尊孔道之心，而救斯世误认孔教之失也。有厚望焉，此批。

这个内务部的呈批，充分显示民国初年孔道回潮的来源。他们把民主、共和与孔道之风马牛硬扯在一起，实际上要改变辛亥革命以来民主和民族革命的话语③。嗣后不久，袁大总统以训令的形式推布全国，他说：

①胡适著，海星编：《四十自述》，海天出版社1992年版，第140页。
②溥仪著：《我的前半生》，群众出版社1964年版，第140—143页。
③《政府公报》第5册，上海书店1988年版，第351页。

"立国之本在于政治，而政治新旧之递嬗，视学说为转移……顾孔学博大，与世推移，以正君臣为小康，以天下为公为大同，……近自国体改革，缔造共和……道不虚行，以正人心，心立民极，于心祈国命于无疆，巩共和于不敝，凡我国民同有此责焉。此令。"①

通过上述的引证，可以看出逊清皇室和袁世凯两家都不能割舍孔学，欲以引为在民国之中的立身托命之本，实际上是变民主共和为旧学杂糟，解释为君臣之义和名教之防，其含意不在通古而在变今。

综观清皇室在民国一代两次复辟，仓皇辞庙，秘密出关，卖身日寇，成为两千年历史仅数的卖国帝室，演变为民族分裂之罪人，实为近代史上一奇观。征之历史，凡帝王之家少有自卖求败的，五代有叛将而无叛国，晚唐藩镇有叛将而无叛兵，明有叛兵而无叛将，晚明之吴三桂也是打着"借清灭闯"的旗号，而逊清皇室却是叛民国而入东寇，正是自身人性破裂的悲剧。恰如美国的亨廷顿分析的，有的统治者能控制臣民，而不能控制自身。逊清皇室不能自控的就是全力求寻恢复满清一统天下，既失于务求"天下"者，又失于祖训格言，何复祖宗于九原之上？清皇室自诩祖宗克明竣德，家法严正，有清九代先帝无一是暴君与昏君，胜之前明不知有几？溥仪的祖父曾有"思谦堂"一室与"退省斋"一处，室内摆着欹器，刻着"满招损，谦受益"，其语寥之，其旨宏大，其子女的房中还挂着这样一幅格言："财也大，产也大，后来子孙祸也大，若问此理是若何？子孙钱多胆也大，天样大事都不怕，不丧身家不肯罢"。谁说空言无补世道人心，其祖宗之言正验应于其子孙一代，抑或人，莫非天意？

孟子曾说，人辱，必先自辱；人亡，必先自亡，倘若逊清皇室居庙堂之幽，与天下布衣更始；处乱世之时，能以修身端行为务，至少可以不再辱于史。其智于谋复辟，而愚于谋自守，故不得不落于下流。

逊清皇室虽史不获美，然情有可悯。先为袁世凯所用，依逊清皇室为后援，稳住前清一代遗老，稳定北方，借以征伐南方"夷狄"。欲取之，必

① 《政府公报》第14册，上海书店1988年版，第355页。

先予之，什么名利、荣誉、恩德、大义，一股脑儿如水倾注在逊清皇室之上，搞得逊清皇室分不清是有意"还政"抑或是归于大统。一时是风起云涌，烟迷雾障，梦失楼台。迨至袁氏称帝自为，逊清皇室虽佯为朝贺，然造命夺失之心顿起，走入乱世，为东洋所用，终不能自白于天下。悲乎，自古英雄运来，天地同力，一朝失势，全无自由。

第四章
西塞边鼓　大漠快马

——民国社会中的蒙藏王公

　　我国的民族问题，殊于欧美，历代之治从无殖民之策，故陈寅恪在其史论之中多次总结出：文化大于种族，此是洞烛古今真言。首先，我国的地理形态已经自成体系，有独立自善的架构。我国东、南有大海环伺，北面有大漠阻断，西面有喜马拉雅山作天然屏障。非有现代之航海、航空技术断不能凿空流通。其次，汉族非一族之称谓，吕思勉先生说："惟我中华，合极错杂之族以成国……吾族正名，当云华夏……夏为禹有天下之号，夏水亦即汉水下流，禹兴西羌，汉中或其旧国。则以此为族号，亦与借资刘汉相同。且实刘不祀，已越千年。汉字用为民族之名，久以不关朝号"[①]。柳诒徵先生在其《中国文化史》也有类似的论述。再次，汉族是在征伐和民族迁徙之中融合混杂的演化产物，早已失于一

　　[①] 吕思勉著：《中国民族史》，东方出版中心 1987 年版，第 6—7 页。

脉，惟其文化绵延吸合才载祀千年。林增平先生在分析湖湘文化时也指出："在族源和血缘方面……又因与苗、瑶、侗等家族联姻，吸收了这些少数民族的强韧、犷悍和刻苦的习性，从而在湖南渐次形成了一种有别于他省的朴实勤奋、劲直勇悍、好胜尚气、不信邪，甚至流于褊狭任性的乡俗民气"①。由此推广论及，整个民族也在不断地融合中更新和进化自己的血脉素质。从这一方面说，中华民族的血统存续与融合，又类似近代欧洲民族国家兴起时期的罗马与北欧蛮族的混合。关于这一方面还有可以参考的论述："新血统之混入，很可以说明中国人民今日所具种族自存力之程度如何……人种的混合最清楚的实效，可发现于今日北方人语言与体格上之特性。他们那含有粗涩的变音的言语，高巍的体格，有趣而质朴的性情，都为其特征。异族血胤的混合与文化之交织，即为中华民族所以长存之一大原因"②。

前述所及，意在说明在我们地理的社会空间中，从无有过征服和占领的殖民主义传统，从无有过输异族为奴隶，继而以贩卖或转运海外的原始积累的血腥记载，从无有过灭绝人寰的民族灭绝的政策，从无有过种族优劣之判断的血统主义的宣扬。中华民族曾经有过藩属赐贡的民族政策，但这是孔子的远邦不服，则修文德以安之的传统思想的外化与操作。与此相反，中原地区的民族曾经遭受到多次北方或西北地区民族的征伐和取代，但是后来都以自觉汉化或统治者强制他们属下汉化为归宿，走入了大民族的循环之中，这也是中华民族屡跌屡仆、屡起屡兴的文化命脉之潜化的亲和力。所以，我们是在这种历史文化的观照下分析民国初年的社会结构中蒙藏王公贵族集团的社会地位和社会关系的。

一、蒙藏优待　民国边制

民初以来，蒙藏王公贵族集团的优待地位的来源是与历史传统结构中地位的来源及变化有关的。

① 湖南师范大学文史研究所编：《麓山论史萃编》，湖南人民出版社1988年版，第15页。
② 林语堂著：《吾国与吾民》，宝文堂书店1988年版，第28、31页。

逊清皇室退位之时，共有二张清单。第一张清单就是满蒙藏回各族待遇条件；第二张清单是逊清皇室和逊清皇族之待遇条件。后者我们已经详述，现在把第一张清单照录如下：

第一清单：满蒙回藏各族待遇之条件：

一、与汉人平等；

二、保护其原有私产；

三、王公世爵概仍其旧；

四、王公中有生计过艰者，民国得设法筹生计；

五、先筹八旗生计；于未筹定之前，八旗兵弁俸饷仍旧支放；

六、从前营业居住等限制，一律蠲除，各州厅县听其自由入籍；

七、满蒙回藏原有之宗教，听其自由信仰。

以上各条，列于正式公文，由中华民国照会各国驻北京公使。[1]

上述条件规定，在民国中比较完整地保存了西藏、蒙古两大边疆地区现行的制度和社会形态。这里不能简单地看作是一个民族问题，它关系到民国社会中的阶级关系和阶级利益，它虽然廉价地归顺了民国北京政府，但是给以后整个中华民族的完整和统一却带来旷日持久的蒙藏危机，现在仍然可以依稀分辨出那个时代的阴影。

蒙藏王公也是投桃报李，在获悉优待条件以后，通电推荐袁世凯为临时大总统，并于民国元年二月十日致电南京孙大总统，电文如下：

天佑吾国，确定共和，惟时局之艰，已臻极点。……南北合一政府，非得外交军事声威显著之人，难资统理。项城于大局时事，始终苦心孤诣竭力维持，名实兼施，恩威并洽，卒收转旋之功。统一政府临时大总统一席，必须项城力任其艰，方能维系众心，保全大局，本会亦可借手筹助，绥驭蒙、疆事务……[2]。

当时，孙中山于十四日复电已

[1] 丁中江著：《北洋军阀史话》（增订本），台北：远景出版事业公司1985年版，第278—279页。
[2] 中华民国史事纪要编辑委员会主编：《中华民国史事纪要》（1911，6），台北：中华民国史料研究中心，第19页。

向参议院提议由袁大总统接任①。

随后，袁世凯在北京以全权组织临时政府的名义，连续四次通电各省都督并知照各国驻京公使，对前订所有优待条件一体遵守，就此他对蒙藏王公作了代表民国政府的庄重承诺。②

在民国政府北迁之后，袁世凯擅权久已成癖，又咨复参议院增设内务部蒙藏次长，但参议院复咨袁世凯官制初定，不宜随意增减，开国之初应以慎守为先。下面是参议院启讨论袁世凯议案以后的审查报告。

> 原案称内务部执掌本繁，现将蒙藏事务归并。非增设次长一人不足以资辅等语。查行政组织最贵划一，各部官制每部设次长一人，内务部未便独异。且拟增设之次长是否专理蒙藏事务，来咨并未指明，是两次长权限性质相同。殊为复赘，无须增设。若系专司蒙藏则与次长辅佐总长处理部务之性质不符。若蒙藏事务须权力经营，亦非仅增设次长一人所可……咨请大总统速将蒙藏事务局官制提案，交本院议决。谨此报告。
>
> 法制院审查会③

从历史的发展看，不必讳言，从顺治十六年（1659年）由"蒙古衙门"改为"理藩院"职掌此藩之政令，"制其爵禄，定其朝会，正其刑罚"④，其意仍守"内诸夏而外夷狄"之旨，带有传统历史意识中的抚慰之歧视。民初，袁氏设立蒙藏事务局，是适应民族平等的历史潮流，说明民国初年北京政府对边疆地区建设的重视。

从历史地理上分析，蒙藏之区划不同于当代之区域。在此有必要附带说明之。

所谓蒙藏，清末前后是指内外蒙古，青海蒙古，新疆之额鲁特部，与西藏喇嘛所属各处。其行政区划大致是指现代区划的行政单位内蒙

①中华民国史事纪要编辑委员会主编：《中华民国史事纪要》（1911，6），台北：中华民国史料研究中心，第19页。
②中华民国史事纪要编辑委员会主编：《中华民国史事纪要》（1911，6），台北：中华民国史料研究中心，第221页。
③《政府公报》第1册，上海书店1988年版，第89页。
④张德泽编：《清代国家机关考略》，中国人民大学出版社1981年版，第145—146页。

（外蒙已独立）、青海、宁夏、西藏地区，①并非是现代意义上的蒙古、西藏。

　　民国初年的袁世凯政府的边疆制度是病态的,因为它承续千年绵延的病态的种族意识。历代的社会变动,但凡关涉异族的,从来没有发生过真正的种族革命,这是因为我国传统的意识中有一种类似于外圆内方式的外公而内私的模式,只是以统治者的需要为转移的,这一点只要读一下蒙思明先生的元末朱洪武的策略的转换过程就可以一目明了的,元末江南的社会动乱中并不是蒙人打汉人,而是汉人地主借蒙元统治的名义去打农民,因为农民的暴动扰乱了江南地主的经济秩序,可惜元末蒙族的统治者深居内宫,不通江南社会的真情,误以为是汉人反蒙,加大了镇压汉人的政策和暴力,最终使这场社会变动走向以种族为先的农民大暴动,朱洪武正是适逢其时地转变了口号,提出了北伐中原、驱逐鞑虏、恢复中华的方略才统一了江南。②另外,在我们统治者的传统里生长着一种"中国人气质的另一面,与其明显的社会性对人性的信任以及对生活的欣赏恰成反衬,确实存在某种走向个性毁灭的病态欲望。"③这种自我分裂和瓦解的病态就是在内外发生危机时,历代统治者实行"攘外必先安内"之陋规,用他们的话说,"宁赠友邦,不与家奴",晚明的南明三个政权,尤其是南京的福王特别突出。他们对外族的妥协和善,不惜输金与割地,而对内部的上下各个社会阶层实行酷杀和排斥,形成鲜明对比的历史图画。南宋宗泽曾说:"奈何遽议割河之东,又议割河之西,又议割陕之蒲、解乎? 此三路者,太祖、太宗基命定命之地也"。④这就是历代内外之别的边疆政策。民国初年,袁世凯奉行的边制与内制之鲜明的等差距离,其源不外乎此,为了说明袁世凯的边制来源,必须介绍一下前清边制的流变之轨,以备采闻。

---

① 参见蒋廷黻:《中国近代史》之《清史稿》,岳麓书社1988年版,第101页。
② 蒙思明著:《元代社会阶级制度》,中华书局1980年版,233—237页。
③ [法]谢和耐著,刘东译:《蒙元入侵前夜的中国日常生活》,江苏人民出版社1995年版,第188页。
④《宋文选》(下册),四川大学中文系古典文学教研室选注,人民文学出版社1980年版,第283页。

二、清末民初的边制内容 边疆社会

清代施深谋，联合满、蒙以制汉族。[①]入关以后，依政治组织的区划，可分为二部，一曰本部，即内地18省，二曰边区，即满洲，内外蒙古、青海、西藏，内地以汉族为主体，边区分布着满、蒙、回、藏诸族。形成了边区与内地有机相联的整体，恰如肺腑与肢体，这种边制的弱点，使满清社会呈现内地与边区二元多向的变量发展。清政府对边区采取落后的部落和酋长制，依靠贵族王公和积年不变的民俗信仰，从而抑制边疆的政治和经济的活力的积聚和爆发，扼杀了边疆资源的开发和进化，形成了一个制度统治下的不应有的边疆差别。满清的统治者用意极深、顾虑很重，主要是吸取历代异族汉化后易刚为柔、不能与其原有民族文化传接的"教训"。所以，康、雍、乾诸朝，对此如临深渊，多次告诫其部属要勿忘旧制和废骑射，要保持其部族风气，一闻行师，踊跃争先。这就是满清地区政策的寄身立命所在。然而，给后代，乃至整个民族带来了至今都无法廓清收合的偏敝。

我国历代封建王朝的安危，全系于边陲统驭之得失。陈芳芝先生说："自秦以来，中国历代王朝政治历史循环于大一统、小一统、偏安三种局面之轨道，其递嬗多以边陲与内地之关系为决定因素"。[②]所谓大一统，其朝廷势力足以统驭边疆，从而社会安定，国家强盛，如汉、唐、元、清之全盛时期。其次小一统，大以西晋、北宋作例，其朝廷无力控制边区，退而守其内地外围，形成了这种局面以后，边患频繁，国家多事。最其次是一旦边区民族崛起，复乘内地之乱，大举进攻中原地区，朝廷不能抵御，弃黄河而入长江流域，遂成偏安一隅之局，处险危之势，只是疲于应付，流入败亡之境，例如五胡乱晋，辽、夏、金、元逼宋，清之灭明之例。所以陈寅恪在总结唐史时说："兹所欲论者只二端：一曰外族强盛之连环性，二曰外患与内政之关系……国人治史者于发扬赞美先民之功业时，往往忽略此点，是既有违学术探求真实之旨，远非史家陈述

① 吕思勉著：《中国民族史》，东方出版中心1987年版，第168—169页。
② 陈芳芝著：《东北史探讨》，中国社会科学出版社1995年版，第1—5页。

覆辙,以供借鉴之意。"①惜乎民国初年,一承前清旧制,相沿不改,而内地省份,连年干戈,边疆远隔,势同秦汉之隔,给俄、英以可乘之机,其结局痛不欲言。先从前清旧制略作概述。

新疆业已于同治六年改建行省,故在此不多述。

先说内蒙古地区,与前清关系最密切,凡有征伐,必率师以从。内蒙古最小的部落为旗,合旗为部,合部为盟,因其会盟之地冠名,共有六盟二十四部,四十九旗。

除封爵有亲王、郡王、贝勒、贝子、镇国公、辅国公、台吉等名目外,具体管理一旗的叫旗长,蒙语"扎萨克",由王公、台吉选任,并定为世职。每旗有协理台吉、章京、副章京、参领。

各部之上有盟长,计有哲里木盟、卓索阁盟、昭乌达盟、锡林郭勒盟、乌兰察布盟、伊克昭盟。计六盟。

外蒙古地区有喀尔喀四部和额鲁特、辉特二部,共分八十六旗。喀尔喀四部设有副将军,参赞各一人,由蒙古王公担任。其封爵有"汗",以下王公,贝勒,各旗与内蒙古同。

以上是自治土官。另外,中央还有驻内外蒙的命官。察哈尔都统,驻张家口,掌察哈尔八旗。热河都统,掌围场事务,兼管热河地区。

归化设副都统(呼和浩特市),后由绥远将军统辖。

外蒙古有乌里雅苏台将军,掌喀尔喀四部。科布多参赞办事大臣。另外在库仑设办事大臣。

内蒙古各盟由理藩院管辖,外蒙古各盟由各扎萨克自行办理,理藩院审核。

青海各部落,名为青海蒙古,中央在西宁设办事大臣。青海有五部,共分二十九旗,由西宁办事大臣主盟。

西藏为吐蕃之地,它是政教合一的地区,其管理与蒙古地区又有不同。其自治之官为达赖喇嘛、班禅

① 陈寅恪著:《唐代政治史述论稿》,上海古籍出版社1997年版,第125—126页。

喇嘛，为政教二权的长官，分驻前、后藏地区。其组织系统，唐古特官，由驻藏大臣与喇嘛合议。

中央命官有驻藏大臣、帮办大臣，与达赖，班禅处于平等地位，管理唐古特官（藏人土官）。其职权有三，节制军队、管理贸易事务、统辖达木蒙古。

由上述可见，蒙藏两地的管理基本是由中央派遣官员、地方自治官员两个部分组成，其社会组织基本上是依其固有之传统和习惯办理。由于历史原因，在清代边疆地区形成四个较大的行政单位，内外蒙古、西藏、满洲与新疆。满洲和新疆后来逐步改成行省制，实现了与内地的同一化，但仍然有着较大的差异。

中央与边疆的关系是很复杂的。

边疆地区的内扎萨克各部旗的俸禄、朝贡、赏赐之事由理藩院会同清吏司主管。"外藩"王公之俸禄，有俸银、俸帛，按亲王、郡王、贝勒、贝子、镇国公、辅国公、台吉、塔布囊分为七等。

扎萨克（旗长）王公等，每年轮班来京朝贡，叫"年班"，三年轮完，一般台吉，视其名额多少，分班入贡。

扎萨克王公与中央有"朝贡"与"赏赐"之关系。

此外，皇帝每年至热河行围，扎萨克王公按其年班到热河随皇帝行围，叫"围班"。

外扎萨克（外蒙古、青海蒙古、新疆等地外扎萨克）属理藩院典属清吏司管理。

外扎萨克各部旗，各以山河分界，设有官兵驻地，这个地方叫"卡伦"。外扎萨克之封爵，除如内扎萨克分王、公外另有"汗爵"，其地位高于亲王。他们都是世职。

西藏各地喇嘛，也由典属司管理，喇嘛，有驻京喇嘛，有藏喇嘛，有游牧喇嘛（驻内外蒙古），理藩院均有造册。

西藏喇嘛每年遣使入京朝贡一次，中央随后"赏赐"物品。离京时，发给路赞。

综述上文，清代边疆制度有一整套等级管理和贡赏程序。

"王者之制，道不过三代，法不贰后王。道过三代谓之荡，法贰后王谓之不雅。"①有清一代的边制，自有其一代之治法礼乐，能治远而兼顾荒服之远，然至于民国初年能照旧不变地继承吗？我们看民国初年的边制。

三、承袭旧制　优容王公

人事有代谢，往来成古今。

民国初年的边疆危机是两千年未有的大变局中出现的，它的内容不是简单的边疆地区与本部地区的关系，增加了国内与国际的海疆关系，它已是世界中的民国。当时海外正处在一个扩张的殖民帝国主义时代，这场社会巨变就是生气蓬勃的资本主义社会崛起。"它分阶段地向海外不断扩张，逐渐地控制了地球的愈来愈广阔的地区，及至19世纪在世界范围内建立起它的统治。"②过去中国只有北方和西北那样的内陆边疆，"现在中国的地图起了变化，这种转变正是中国历史的转折点。"③

民国初年的北京政府和袁世凯能担起这历史转变的责任吗？

我们根据《政府公报》可以看出当时民初袁世凯是怎样保留这块内陆边疆的"冻土"的。

民国元年《政府公报》公布了对蒙藏王公的任命。

> 民国元年五月七日内务部呈请以北塔副喇嘛珠隆阿补授北塔喇嘛。
>
> 内务部于五月五日呈明以扎萨克喇嘛罗布藏贡噶护理京城喇嘛印务处（1—95）。
>
> 五月七日内务部以雍和宫得木奇林沁扎木苏等补放西黄寺苏拉喇嘛（1—96）。
>
> 五月九日内务部等呈请开复台吉勒苏隆扎普原职（1—

① 邓汉卿著：《荀子译评》，岳麓书社1994年版，第172页。
② [美] 斯塔夫里亚诺斯著：《全球分裂：第三世界的历史进程》（上册），商务印书馆1993年版，第7页。
③ 蒋梦麟著：《西潮》，辽宁教育出版社1997年版，第3页。

108)。

五月十九日任命毕桂芳为塔尔巴哈参赞（1—341）。

五月十九日署科布多办事大臣帕勒塔改任为阿尔泰办事长（1—341）。

民国元年六月份

一日内务部呈请以呢尔巴罗藏散丹补放噶勒丹锡 图呼图克之卓特巴扎萨克喇嘛（2—2）。

一日内务部呈请以阐福寺达赖喇嘛巴拉根加布补放扎萨克（2—80）。

六日法制局提清藏蒙事务局官制案交参议院（2—130）。

十一日内务部呈明蒙回等处年班拟量加权变通仍令分期来调，俾得报告情形会商要政等情文（2—201）。

其文曰：为呈明事，查旧例蒙古内外扎萨克，青海、伊犁、科布多、察哈尔所属各旗回部等处，汗王、贝勒、贝子、额驸、台吉、塔布囊、公主子孙及奉天、热河、五台山内外扎萨克喇嘛、四川土司，无论有无差事均须分班来京，有轮班来京者，有间五年一来者……现值民国初建，五族一体，藩属之名既已废除，朝觐之制亦应销除。惟查蒙回各处，道路辽远，礼俗各殊。强邻逼处时虞煽惑，欲求消彼此之隔塞，必先谋情意之疏通，参与国政虽有议员而人数不多，势难遍及。若无宾从往来则道远各处，将永与政府隔绝，揆诸大同之治颇多扞格，观拟参酌旧制，量加变通，仍分通路之远近，分期由部咨请来京谒见大总统……（2—201）。

十七日内务部呈请以西塔达赖喇嘛特克会巴什彦调补长宁寺喇嘛（2—236）。

七月一日国务院批塔尔巴哈台印务章京承纶请将诣将款并将已领公文送换呈（3—2）。

十七日铨叙局通告前清宗室及满蒙回藏世爵承袭事项应迳赴本局核办文（3—351）。

二十五日公布蒙藏事务局官制（3—553）。

二十九日内务呈请将依克昭盟鄂尔多斯贝子旗因灾捐赈庆奖各员分别照章拟奖文。其中有文："查蒙古则内开台吉捐银五十两给予纪录一次，捐到二百两给予加一级，捐至一千两者给予加五级止。二等台吉捐至四千六百两给加镇国公衔，……"（3—679）并附奖励名单。

三十日任命姚锡光为蒙藏事务局副总裁并暂署总裁（3—712）。

姚锡光，字石泉，江苏丹徒人，1856年生，1883年戊子科举人，早年先后任李鸿章、张之洞、李秉衡之幕僚。1903年与人合办华北一所女子学校，后任安徽石埭、怀宁等县知县，和州、直隶州知州。在张之洞任湖广总督时被荐为陆军学堂监督。1907年，任陆军部左丞。1909年，转殖边学堂监督。不久升任陆军部右侍郎，1911年夏，参与组织帝国宪政实进会，辛亥革命后任现职。[1]从其经历分析，也是北洋派的官员。

八月二日铨叙局咨值年旗请将八旗满蒙汉军等世爵表册转送各旗都统衙门按式填注送该局核办文（4—38）。

同日内务部呈大总统请准以图布丹承袭扎萨克头等台吉批示遵行文并批（4—39）。

七日内务部呈大总统请将前清外、内盟扎萨克御前乾清门行走各班划归普通班内等情文并批附清单。其中有内扎萨克御前行走13名为一班，有科尔沁罗宾图郡王等14名为二班，科尔沁和硕达尔罕亲王那木济勒色勒等13员为三班（4—180）。

十日内务部呈大总统哲里木等盟清袭台吉等缺，查其与例相符，各员应先照准汇案缮单，请批示遵行文并批。附清单上承袭开列了因病故或其他原因出缺的头等、二等、三等、四等、台吉汗二百四十六员（4—263）。

十一日《中华民国国会组织法》公布，其中关于蒙、藏等

---

[1] 徐友春主编，王卓丰等编撰：《民国人物大辞典》，河北人民出版社1991年版，第3页。

少数边疆地区有专条列出（4—295—301）。

十二日大总统批铨叙局核议达费汉第四子协守科城出力，封为镇国公（4—323）。

十三日内务部呈大总统据喇嘛印务处请补喇嘛各缺，分别开单请批示遵行文并批，附清单，计四件补缺（4—353）。

十七日蒙藏事务局呈国务院总理而请延聘顾问员文并附单有鄂多泰、熙凌河、沈钧、存瑞（4—461）。

二十一日公布蒙古待遇条例（4—556—557）。

二十八日蒙藏事务局呈大总统伊克昭盟左翼固山贝子做济密部布豫保亲长子查与定例相符，应照例授二等台吉以备将来袭爵请批示遵行并批（4—771）。

九月一日蒙藏事务局副总裁姚锡光呈大总统拟将蒙藏等处喇嘛活佛开单再加封号并援例准赐庙名匾额，请批示祗遵文并批（5—15）。

四日蒙藏事务局开放九月份驻京蒙古王公等盘费银两通告。（5—111）。

八日蒙藏事务局姚锡光呈大总统，蒙古各盟应行呈请承袭及补放各等缺，如系旧例应行引见之员拟令来京进谒（5—213）。

十一日蒙藏事务局总裁姚锡光呈大总统就蒙古各盟旗自汗王以下回部郡王、哈萨克、西藏喇嘛来京谒见大总统依民国礼制行礼，仍准依便呈准哈达，请批示祗遵文并批。同时，对所有贡输宴费各礼，酌改名称（5—303）。

十九日蒙藏事务局分别咨复国务院秘书厅、交通部、内部务、喇嘛印务处章京嘉呼图克图（活佛）来京晋谒的路线，接待、礼节等磋商（5—539）。

二十一日袁世凯发布总统令，对蒙古各扎萨克王公照原有封爵加进一位汗亲王等。无爵可进者，封其子若孙一人以昭荣典（5—588）。

二十三日蒙藏事务局通行各办事长官对于蒙旗王公扎萨克行文公式通用新式照会字样（5—641）。

二十八日蒙藏事务局咨铨叙局，奉大总统令，给予科尔沁亲王色旺端鲁布忠顺民国等各项勋章迅即咨送到局，以便转发文（5—779）。

限于篇幅，不能在这里列出更多的系年纪日的资料。至此，我们可以对民初袁世凯和北京政府与边疆蒙藏王公集团的关系作一个总结，可以较清楚地描述这些蒙藏王公在社会中的地位和角色。①

民国初年，袁世凯政府基本保留和延续了前清的蒙藏王公的荣典制度，即保留和延续了他们历来享有的政治和经济上的荣誉特权和俸禄特权。唯一改变的形式是中央政府派驻蒙藏的旌节名义不再是"大臣"的称号，而是"办事长"，例如驻西藏办事大臣改为驻西藏办事长，驻西宁办事大臣改为驻西宁办事长。对于该地区奴隶制土地关系和其相应的社会组织给予了承认，对于该地区的社会管理制度由旗到部、由部到盟的军、政、民、农四合一的蒙族社会关系也给予保留和承认，对于藏族社会中政教合一的黄教即藏系佛教体系中的喇嘛，唐古特官的特权地位也给予了保留和承认。充分证明了章太炎所批评民国的因袭前清，丝毫不变的病症。直接地继承、全盘地接受，从民国开立所需要的社会成本来说，是最廉价的实用策略。但是，分析任何问题都要防止简单化，判断一个历史时期边制的优劣成败，应当看这种边制是否有利于蒙藏地区经济的繁荣，是否有利于整个国家和民族的统一和完整。世无定法，法无常式，不能硬性地说某一种治法好。但是很不幸，后来边疆的历史发展却发生了出人意料的事变，又一次加重了我们民族历史上的重负。从民国初年开始，蒙藏地区发生了在英、俄帝国主义支持下的所谓"独立"和"自治"的分裂活动，这就是1911年12月1日成立的"大蒙古国"，一直到1915年《中俄蒙条约》才暂告一个阶段。西藏的所谓"独立"的最恶劣后果，就是1914年的

① 上述各节引述材料后面的括号（）里，前边数字是注明册序，后面数字是注明页码，全部引自《政府公报》，上海书店1988年版。

《西姆拉条约》和"麦克马洪线"①。

如果要讨论民国初年的袁世凯及其北京政府与这两个边疆危机的因果联系，我们尚难断定这其中的联系和影响。但是，在这种危机背景下去反观袁世凯的边制方略，其中有很多令人深思的地方。

有正必有奇，有幽必有明。关于改革前清边制，总结其得失损益者，还有值得提及的一个在辛亥革命时期死得悲壮的人物——吴禄贞。此人早在光绪三十二年（1906年）奉命考察了蒙疆，后来写了一本《经营蒙古条议》。他说："而中国长键此闭关之钥，不与外人相往还，则旧日控驭之策，行之百世可也。无如宇内竞争之大势日进而不已，……稍识国事者，当有以知蒙古之不可不经营者矣！②"接着他提出要改革官制，限制王公的奴隶制，改革台吉，其中提出台吉须谋生，须纳税，须当兵，还要兴办银行，举办招垦，修建铁路③。总之，他认为在日、俄扩张政策的包围下，必须改变以前实行的那种以安抚和朝贡为主的化外治策，而要采取以积极经营和全面建设的方针开拓蒙藏地区发展的道路，抵制日本、沙俄的扩张侵略和分裂蒙藏的阴谋。类似改革蒙藏边疆的经营策略的研究的建议，民国初年还有不少先进人物都着意深谋这一方面问题，像蔡锷等④。

民国初年，袁世凯及其民国北京政府仍然坚持蒙藏地区的贵族世爵世职必须经过世袭的权力分配政策。前清边制以蒙藏王公和喇嘛统治该地区使人们畏王威者而又怀王德，地方居民又无扰乱之虞，所以设立扎萨克制度和大喇嘛治下的唐古特官制，民国初年袁世凯一再声明仍要维持其旧制度不变，并专门成立蒙藏事务局负责藏蒙地区公、侯和台吉贵族的世袭。扎萨克制度作为蒙疆的世官制度，实行世袭。正如上文所述及的，我们看到台吉的世袭情况，一次就公布了242个的出缺和世袭。类似这种民族问题是不是可以联系到阶级问题呢？按照列宁和毛泽东民族问题的论述，民族

① 戴逸主编：《中国近代史通鉴》，红旗出版社1997年版，第20—25页。
② 吴禄贞著，皮明庥等编：《吴禄贞集》中的《经营蒙古条议》：华中师范大学出版社，1989。
③ 同上。
④ 有关蔡锷这方面的意见，主要见于蔡公遗集编印委员会，《蔡松坡先生遗集》，民国三十二年（1943）。

问题的实质也属于阶级斗争的范围。从这个视角去评价袁世凯及其民国北京政府的民族边疆的问题,即是可以一目了然地分析到其阶级属性和阶级利益问题的。

民国初年,袁世凯和民国北京政府仍然坚持藏蒙王公的"年班"制度,仍然要在边疆王公的面前显示一下中原风物的魅力,这就是"赏赐"礼节。袁世凯等为了统一朝觐仪式中的服饰,并制定了《蒙族王公等级制条例》①,蒙藏王公的礼服分两种,一种是大礼服,另一种是公服。其中大礼服的条例如下文:

> 甲:大礼服依民国大礼服并参酌外交官服,制其等级,以花
> 纹多寡分之,其花纹用宝相花:
> 子:汗亲王
> 丑:郡王
> 寅:贝勒
> 卯:贝子
> 辰:公
> 乙:公服如民国陆军外套式,色用黑,其等级以金线多寡分之。
> (略)
> 二、蒙藏王公等礼帽亦分两种,即大礼幅,公服帽式,(以下略)
> 三、蒙藏王公等礼裤亦分两种,即大礼服裤和公服裤式。

每一次朝班以后,民国北京政府和袁世凯总要以金银其他物品给予"赏品",以示优渥。这里有《政府公报》上的一份赉予甘珠尔瓦呼图克图的礼单:

> 蒙藏事务局呈大总统转报甘珠瓦尔呼图克图,领受赉予品物
> 银元并赴口日期请鉴核并批,其中有哈达一方,程仪一万元,貂褂
> 一件,珊瑚朝珠一串,金表一枚……②

类似这样的赐赉的实例不在这里一一列举。

① 《政府公报》第14册,第421页。
② 《政府公报》第7册,第105页。

侧耳远听，胡笳互动，牧马悲鸣，吟啸成群，边声四起，这就是漠北草原。西行流沙万里，珠穆雪峰，藏首见尾，地不生黍，人贵其死，奔巴金瓶，这就是西南的藏区。那里有诉说不尽的神秘和奇瑰，那里也有数不尽的英雄和可汗。它使人们成名无数，毁名无数，逃名无数，至今还在诉说着。然古人云，成大事者，争百年，不争一息。争百年或争一息者，用什么论列？或胜或败，或失或成，其天异时，地异利，敌异情，我亦异势，边制之事尤难说。

四、南方与北方　称帝与支援

现在，我们讨论袁世凯与蒙藏王公的社会关系。同时还要讨论蒙藏王公与民国初年各种政治势力的社会关系。

首先，袁世凯需要一个安定的北方，欲定北方必先安蒙藏王公。所以一仍旧制，规定其特殊的社会地位，使其无异心于民国，必定要以特权利益荣禄相系之。所以，袁世凯第一个措施，就是恢复历代的"朝班"制度，并承诺其世爵世职不变，俸禄和俸银不变，盟部旗制度不变，这就保留了蒙藏地区旧制度。稳定北方并不是袁世凯的目的，稳定的目的是拿出财力和军力主要对付南方。南方，在这时已成为政治地理的概念。在袁世凯的历史经验中，南方是一个大泽龙蛇与欧风美雨交接冲撞的巨大锋面。虽然北方向以王道正统自居，但是对南方莫不有鞭长莫及之感。江浙吴越，泰伯纹身，历来有一种卧薪尝胆、十年聚息的潜德明志。五岭长蛇，一直是朝廷流放罪犯和失宠官员的伤心之地，这些人把自身的反叛性格带到那里，"邪端异说"代有不乏，近代的革命正是在这里兴起。自从洪秀全崛起南方以后，康有为、梁启超、孙中山、宋教仁接踵而来，正是这种南北对抗的格局，把中国带进了一个完全不同的世界，中国人自从盘古开天以来还第一次听说什么立宪、民主的口号。袁世凯对南方出身的军人和政治家历来是深以为惧，据说有一次部下汇报蔡锷离京出走的情报时，他颇有深意地骂了一声："这个宝古老（湖南人称宝庆——邵阳人为宝古老，蔡锷系湖南宝庆人——笔者注），真是杀不怕的人"。从经济上看，袁世凯更是对南方垂涎三尺，自唐代以后，东南财赋的转运和收入几乎决定了唐以后每个王朝的盛衰之机，陈寅恪认为，晚唐亡在东南之赋被农民起义军所占。[1]更何况海通以来，同治光绪之间，南方海关的关税更是使袁垂涎三尺。南方，凤鸟不至，穷而获麟，袁世凯念兹在兹。

更令袁世凯担心的是南方有革命而无政府，有政治而无北洋！

历代兴亡，乃至辛亥革命，创造历史的不是靠宪法，不是靠那些革命者和统治者，不是靠金融家、大资产者和商人，也不是靠学者，而是靠枪杆子，靠那些草莽之中和士林之下的英雄。眼下，北洋之军还没有南到交趾，东到会稽，三湘楚水尚待占领，长此下去，南方之忧，不在什么约法和民主，在乎北洋六镇无力指顾挥鞭，饮马长江，会师珠江。

关系袁世凯政治命运的是，南方革命党人并不对他心悦诚服。孙中山解职南下，龙归大渊，他一下上海，三日一会，五日一群，随侍者有"师扇"胡汉民，"蛮子"章士钊等人，又西行千里到武昌，左一个民生，右一个民权，绅商颔首，市民呼应，连那个糊涂的黎元洪也在跟着跳！他折返五羊城，更是如虎添翼，一片欢呼。云从龙，风随虎，南方三督，似周有管蔡二叔，胡汉民督粤，不理议会，任意放恣；柏文蔚督皖，竟然曲意不从北京对财政和军政二司长的任命；李烈钧督赣，自成体系，省议会隔三差五地来电告御状。智生识，识生断，当断不断，反受其乱。袁世凯随下三令，为政者难，难在万里山河，其势汹涌，九派横流，天心归民心，民心归谁？袁世凯要收拾破碎山河，必须从南方下手，要南伐五岭，东伐皖赣。这正是："豪杰之当天命者，未始有天下之分者也。无天下之分，故战争者竞起焉。于斯之时，并伪假天威，矫据方国，拥甲兵，与我角才智，逞勇力，与我竞雌雄，不知去就，疑误下，盖不可数也。"[2]

民国继体之时，定天下者非袁而无他，普天之下，赖我而得生，由我而得富贵，安居乐业，长养子孙，天下晏然，天下必定归心于我。

[1] 参见陈寅恪著：《隋唐制度渊源略论稿》，三联书店 2001 年版，第 141—157 页。
[2] 黄坤、刘永翔编：《中华古文观止》，学林出版社 1995 年版，第 303 页。

这就是袁世凯安北伐南之策,所以他需要北方的支援。还旧于藏蒙,以藏治藏,以蒙治蒙,乃是速效见功的捷智,两害相形,选择这种方略是现实之必然。

蒙藏王公集团也是不负袁之苦心,始终支持袁世凯一切活动。在民国元年,南北议和之间,蒙藏王公联合会首推袁世凯为临时大总统的电报曾使天下风动,引人注目。在袁世凯称帝之日,又是他们给予坚定的后援。据资料,"洪宪劝进,满蒙回藏王公驻京者,清室总代表则贝子溥伦,道光之嫡长孙也。国民总代表则阿蒙尔灵圭,清室外甥,内蒙亲王也,回民总代表则才棍旺,新疆回旗之郡王也。而以镶黄旗满洲都统亲王那彦图,为蒙古、西藏、回民总代表"。[1]

那彦图何许人也?元世祖传长嫡,系阿尔泰铁帽子王,清室之驸马都尉也。

与此同时,在袁世凯劝进之时,蒙古都护使在库伦召集外蒙各旗会议,内蒙王公多未习汉文,由蒙古文再翻译成汉文。大典筹备处就以内外蒙古全体一致入奏,题为《洪宪训天章》,折中说全国蒙、藏、回总代表那彦图曰:共和不适国情,全国同意,咸以改定君立宪,为救国大计。后来政事堂称呈袁世凯。所以刘成禺在洪宪纪事诗称:"拖雷介弟旧来王,九译册封纪大章,畏兀儿人兼蒙古,莫将点画错双行。"[2]

但是,蒙藏王公也是不自贵重,极少数民族分裂主义分子到后来竟然勾结英、俄等殖民主义者,进行民族分裂活动,常使袁世凯失色气短。这里仅举西藏一例。

清初清兵入藏,达赖十三世出奔青海,旋入北京,已复归藏。后因与驻藏大臣联豫不合,出奔印度,求英人保护,清廷废之。及辛亥革命起,达赖由印返藏,宣布独立。后令川督尹昌衡率兵往讨,败西藏兵于巴塘、里塘,后置西康省,以充足川边行政建设。驻京英国公使朱尔典提出抗议。袁世凯接此抗议,遂取消讨藏军。袁世

① 刘成禺著:《洪宪纪事诗三种》,上海古籍出版社1983年版,第117—118页。
② 同上。

凯称帝时，内务总长朱启钤派人运动班禅，班禅称应劝进，袁世凯封为"中华民国护国大师"。后人谓，人师有孔令贻，国师有班禅，天师有张仁晟，袁世凯则为汉满蒙回藏大皇帝①。

综上所述，蒙藏王公在民初的社会结构中之所以占据如此优越的特权地位，是与袁世凯互为表里，互为运动，互为支援，互为争斗的政治结果。在民初社会里，真正地从袁世凯分得一杯羹膏的除了上述晚清逊室以外，蒙藏王公集团也应是其中之一。这大概是与袁世凯所称"五族共和"之旨分不开的。伍廷芳，这位华人第一个获香港英国执业大律师资格的法学博士，曾分析蒙藏王公在帝国主义势力和袁世凯统治的三角势力中之地位时说，袁对蒙藏王公的割地分裂揖让，以换得其对他的称帝的支持，从而取媚于英、俄二个殖民主义者，但却惹怒了日本人，硬是在中间提出二十一条。据乱世，依于德，游于仁。治乱世，不用大德救生，却群聚终日，乐施小惠，遗以小爱，遂成放虎狼之心，屠裂天下之局。

① 刘成禺著：《洪宪纪事诗三种》，上海古籍出版社 1983 年版，第 120—121 页。

第五章
虎贲三千　爪牙腹心

——民国社会中的北洋武夫

考之历代，立国之路何在？有道术之说，有仁霸之说，有动静之说，有体用之说，一言以蔽之，所谓势、术、时、体、用之分。进而以人划分，梁启超说，有英雄造时势者，有时势造英雄者。昔者张之洞所列："程子曰：'一命之士，苟存心于利物，于人必有所济'，顾亭林曰：'保天下者，匹夫虽贱，与有责焉！'，夫以秀才所任，任者几何？一命所济，济者几何？匹夫所责，责者几何？"①不贤者，据兵力，持戈矛，以兵废主，取而代之。"中国人的正义感和个人节气，都误于曹、司马两家之手，曹操是特工的始作俑者，亲友信件也须受检查，甚至行动也受监视，人人只许谈风月，不得议朝政……司马懿学曹氏父子，像后来的希特勒学墨索里尼一样，而

---

① 张之洞著：《劝学篇》，同心第一，参见陈山榜著《张之洞劝学篇评注》，大连出版社 1990 年版，第 13 页。

又青胜于蓝。即以其人之道还治其人之身。他装病偃卧以玩弄曹家后人……司马炎统一环宇，模仿乃祖作风，以自私的动机废兵革，收北方郡县兵器，中国从此更加衰弱，卒召五胡之乱"。还有："历代皇帝都是说尽了好话，做尽了坏事，人人都骂隋炀帝坏透，可是他做了坏事还肯直言不讳……民国成立二十年，民主的路程越走越远，怎能叫人不担心。"①

上述所及，近代治乱相替之习，其害在有替代而无革命，无革命之机，就是有那么一帮武人在左右兴衰。从民国初年北洋武人在社会中所作所为为一大例证。

民国初年的北洋武人据社会上流，挟民国以令天下，反道败德地腐化了社会的气节和道德，转移社会之风于强暴和欺诈之中，践踏民权，毁坏约法，新旧并用，是近现代史上最无道德可言的社会群体。他们一心效忠其恩主，以袁宫保声气唯马首，令天下只知有袁世凯，不知有什么民主和宪法。学兵废人，学将废兵，动于戈盾，人于兵谋，全是拥兵自暴的五代藩镇、东晋八王。

综观北洋武人的归宿颇有一番滋味。他们兴于顺势，终败于逆，晚年无不万宗归佛而转善。袁世凯求善于玉泉寺，段祺瑞设佛堂于后园，曹锟布施佛道以求善身……是近现代以来古今中外文化杂俎混合产物。

欲求近现代治乱之道，必从北洋武人在民初的社会结构中的社会地位说起。

一、北洋武夫的历史地位　北洋的历史

曾有言曰：是民国成就北洋，抑或北洋成就民国？

于是史传纷纭，众说腾口，风雨鸡鸣，汹汹不止。民国成在武夫之手，其说必有因缘。

近现代史，可以说是对北洋武夫的一部诉讼史，是一个被北洋武夫的刺刀看守下的民国向一个自由精神中的理想民国呼救的血泪史！民国是

① 陶菊隐著：《蒋百里传》，中华书局1985年版，第92—93页。

北洋武夫的敌人，但北洋武夫是看守自己的敌人以防止被自己的敌人侵犯的敌人！这就是民国奴役和解放双层机制交织的历史过程。当然，我们所说的理想的民国是指孙中山等革命家所拟想的。

"在我下地狱之前，你们应该先下地狱。"[①]这是带有封建性和资本性混合特点的北洋武夫的一条制度性箴言。

我们这里所指的北洋武夫，决不是几个人数的集合。这个集团的人数或多或少，都无关本文主旨。从民初社会变迁与社会动力的关系上分析，北洋武夫是一个解组民国社会、腐化社会道德、抗拒社会进步、破坏民主约法等问题上的最基本的团体。它的这种破坏作用，不仅在于他们自己，在于他们的正式群体和非正式群体的社会关系上，已经在民国社会中形成了融环境与主体为一致的社会名利场，这种场力是一个自身的完整的动力机体，它和所有与它相适应的社会属体与社会力量形成了一个相互依存和相互作用的关系，阻塞了一切来自政府和权力以外的实行社会变革的正面的、肯定性的动力，使民国社会进步和革命党人的有益行为都付出了沉重的代价。因此，有人称这段历史为"惨史"。

近现代以来的北洋士兵的社会来源是依靠饷银募集而来的，其将领多半是读过书或从军事学堂而来的。关于这些人员的考察我们在后面还要做人物谱系的分析。从兵制分析，它仍然是历代的"无兵文化"的产物，"寒素人民不能当兵，不肯当兵，对国家不负责任，因而一切不能自主，完全受自然环境（如气候）与人事环境（如人口、人才）的支配……也就是说没有国民，也就是说没有政治生活"[②]。近代以来，由于外国侵略和外国资本的侵入，使得人口与土地的关系发生扭曲性的剩余，这就使得当兵在社会生活中是一种出路，使得近代的军队兵源显得宽裕有余。征兵与应征都不是国民义务的自觉。这就决定了近代军队的政治素质和道德品格，章太炎在分析近代军队时说："行伍者，多由家人子弟起而从军，亦多闾里无赖，奸劫剽

① [英] 赫伯特·斯宾塞著，张雄武译：《社会静力学》，商务印书馆1996年版，第91页。
② 雷海宗、林同济著：《中国文化与中国的兵》，岳麓书社1989年版，第95页。

暴,是其素习。近世征兵,则学堂亦稍稍预之,清淳朴质既亡,而骄横恣妄之风已起。虽然,其取之也,不以诈而以力,其为患也,不以独而以群。大抵近世军人,与盗贼最相似,而盗贼犹非最无道德者也。"①在从前清到民国这种根本社会性质不同的历史类型转换过程中,北洋武夫在袁世凯的指挥下,表现出最彻底的丑恶和伪善。

北洋武夫临界在新旧社会的边际上,面临着两种不同的社会资源。它是清政府用财政和练兵的形式培养出来的,可以说成于晚清。在辛亥革命爆发以后,它以十分自觉的姿态充当了亡清换代的工具,是兴于民初。在嗣后的历史,它又以十分自觉的姿态与孙中山等革命党人蓄意为敌,践踏民权,是暴虐于民国。综观起来,它的一兴一暴,完全暴露了十足的流氓和无赖相,是民国中最无道德者,从前清与民国的任何的意义上分析,北洋武夫均是一伙集古今中外的阴暗于一身的自成体系的败类,它既不是真正的"贰臣",又不是真正的"篡逆",又不是真正的"天讨",又不是真正的"民伐"。这使我们想起俞樾在苏州会见其弟子章太炎时的一番对话,他说章太炎,既然无意于仕途,可以做梁鸿,既然为世家子,可以持忠孝,逼得章太炎发表了《谢本师》的文章告白于天下。当然,从革命的道德上讲,我们不能同意俞老先生对其弟子的苛责,诚如太炎先生所说,先生既然治《春秋》,应明夷狄之分,为什么甘心事房? 这段历史的公案可以给我们一个历史发问的范式。

北洋武夫既然兴于前清,民初革鼎之际,可以做"遗民",做"寓公",以示纲纪于历史。像南宋遗民与南明遗民一样,民国社会是可以优容的。

北洋武夫既然羞于寄命于前清,改正朔,易服式,完全可以做一个顺天应人的"革命者",前徒倒戈古已有之,民国社会是可以理解的。

综观北洋武夫的兴暴,他们竟然什么也不是。猜他们也是陷在俞樾先生的历史责难的二难范式之中不能超拔。既然不是"遗民",那就是"贰臣";既然是"革命者",那就是大清的"叛臣"。索性什么也不做,要做一个开

---

① 章太炎著,朱维铮、姜义华等编注:《章太炎选集》,上海人民出版社1981年版,第306页。

纲建元的新朝代的乾纲天命之人，于是要改写"民国"的历史，因为这不屑于他们的信念。所以，他们没有前汉王莽那样恭谦和坦然，也没有曹孟德生不称帝的坚定和狡黠。几十年后，陈寅恪这位前清名门权臣后代有感于这一段历史的兴亡，用一个柳如是这个薄命的风尘女子，对历史骂出了一句话：天下有真妓女，而没有真名士。北洋诸公如九泉之下，不知许否？

此事早已成追忆，至今思来亦枉然。

北洋武夫既然扮演了近现代史舞台上的主权角色，还是让我们回到历史中去。

北洋武夫有着自身兴衰和新旧嬗变的历史。

"北洋"之辞兴起于近代五口通商以后，"河北、江南两省，向称南洋北洋，自后两江总督，为南洋通商大臣；直隶总督，为北洋通商大臣。甲午后，袁世凯督直，司称北洋总督，设练兵处……前清末造，袁世凯开府北洋，宪政党人，多为北洋幕府所罗致，遂有北洋为中心的主张，报纸宣传，乃有'北洋派'三字出现……"①

北洋军队自小站开始编练，称新建陆军，再改为武卫右军后改为常备新军。它本身就是前清新旧混合的产物，这一段的发展，社会上已有大量的专著和论文，不容再详。北洋军队真正成为与世界军事编制接轨的起点，应当在民国元年八月二十一日（1912年8月21日），《政府公报》上发表了"临时大总统令"，这个命令是经过民国参议院议决的陆军官制表，其文如下：

军官等级说略：军官仍采用三等九级之制，上等曰将官，中等曰校官，初等曰尉官。每等分上、中、少三级……（略）

军队名称：

军、师即镇，旅即协，团即标，营、连即队、排。（按：前清采用镇、协、标等字样，纯系采用绿营名目，不便沿用，队字则系作普通称号，作为一定部队之名称，甚多窒碍，改为师、旅、团、连等，以正名义。）②

① 来新夏主编：《北洋军阀》（一），载吴虬著《北洋派之起源及其崩溃》一文，上海人民出版社1988年版，第964页。
② 《政府公报》第4册，上海书店1988年版，第454页。

随后在同年的十一月份，袁世凯又公布了《军队检阅典制》。从以上的更制，说明我国军队编制从此进入国际统一编制形式，北洋军队随着社会历史的发展，完成了编制序列的自我更新过程，从而割断了与前清练军的历史形式上编制序列的联系，这是符合历史进步的。近代以来，北洋武夫从来是一个敢于以旧开新的，他们有着守旧与革新两套本领，足以应付来自新旧两条边界线上的冲击，军队编制名称的更新，并不等于说军队政治性质与阶级性质的转换，反而更加助长了他们以新守旧的本领。

现在，我们要进一步分析民国社会中这个当时具有最先进武器装备和最新编制的北洋"精英"们在社会结构中地位和角色作用。

二、北洋武夫与民国政治　北洋武夫的政治地位

辛亥革命以后，帝制失坠，纲纪扫地，皇族废名，官僚无托，从此中国社会进入了一个平民化和民权化的革命过程，这是一个真正的"天崩地解"的时代。然而，旧社会遗留下的旧的势力和传统仍然莽塞于社会空间之中，这个黑暗的势力是被千年以来帝制文化所支配的势力，面临这种选择，他们感到痛苦和羞辱，他们名士之心和纲纪之节必然推动着他们在历史舞台上还要显示自身的价值。近现代史的发展在这时演示了一场社会统治精英替换的活剧，而北洋武夫正是夺取这一历史机会的胜利者。

帕累托曾经认为历史中有这样一种运动形式，这就是旧的统治精英衰落和新的统治精英的兴起。如果我们可以借用这一范畴分析北洋武夫的话，姑且把他们视作当时试一下身手以扮演"统治精英"，亦未尝不可。客观地说，活跃在当时政治舞台上还有一支精英，这就是孙中山等人组成的革命派，他们与北洋武夫不同的是，他们来自社会的基层，他们是社会上的优异者，在质量上超过了北洋。但他们没有北洋武夫的财富、权力和军队，在这场精英变化中，他们被北洋取代了。

民国社会中的北洋武夫正是从武昌起义事件开始横霸天下的。推翻帝制，结束封建专制，这是孙中山等人最先提出的革命纲领。清室退位，还政于民，这种来自体制内部的改良呼声，可以说并不是从北洋集团开始的，早

在武昌事起以前，在上层官绅中的先觉之士中就有所风动，这里可以从刘复生著的《张謇传》[1]和《熊希龄集》中找到来往信函可以举证。但是，公开问鼎清廷的是北洋武夫。历史是一切野心家的坟墓，对于那些只是智于谋权，而昧于时势的武夫来说，重演兵谏的旧戏尚无不可，甚至可以逞凶于一时，却依旧不可改变的是民主和共和的历史灵魂，民心就是天心，逆天违时，终有所报，北洋就是例证。

在南北议和期间，北洋势力的组合和威力确有风高月黑之势，这是他们脱离清廷，重新塑造天命，享受权力和独占权力的开始。有三封电报，标志着这一个完整的历史过程。

第一封是民国元年元月二十六日，由署湖广总督、前线统制段祺瑞领衔的前清将领42人（后增至50人）联名致电清内阁、军咨府，陆军部、并各王公大臣：请即代奏清廷，明降谕旨，宣示中外，立定共和政体，[2]这是北洋武夫在新的历史条件下的大亮相，大集合，是造成以后几十年动乱的基本骨干。按照蒋百里在《中国军事50年》一书中所称，这是北洋集团中一流的军人，也是袁世凯的干城和腹心。这封电报，可以看作他们步入民国的一张"通行证"，亦可以看作是他们弃旧从新，粉饰再嫁的"宣言书"，更是他们一直以为政治资本的"法宝"，但他们忘记对面还有人民。

请看下列电文：

　　"为痛陈利害，恳请立定共和政体，其皇室尊荣及满蒙生计、权限各条件，敬请代奏事：窃维停战以来，议和两月……故敢比较利害，冒死陈言……明降谕旨，宣示中外，立定共和大体……以期妥奠群生，速复地方秩序，然后刷新民气，力图自强，中国前途，实堪幸甚！不胜激切之至，谨

　　请代奏"。

联奏前清将领名单有：

（为准确掌握人数，故照录不略）

---

[1] 参见刘复生著：《张謇传》，第209页，有两种版本：龙门联合书局，1958/上海书店，1985。周秋光编《熊希龄集》中册，湖南出版社1996年版，第16页。

[2] 《中华民国史事纪要（初稿）》，(1912，1—6) 台北：中华民国史料研究中心，第144页。

署理湖广总督、第一军总统：段祺瑞

古北口提督、毅军总统：姜桂题

护理两江总督：张勋

察哈尔都督、陆军统制官：何宗莲，副都督：段芝贵

河南布政使：倪嗣冲

陆军统制官：王占元、陈光远、李纯、曹锟、吴鼎元、潘矩楹、孟恩远

总兵：高金叙、谢宝胜、王怀庆

参议官：靳云鹏、吴光新、曾毓隽、陶云鹤

参议官：徐树铮

炮队协领官：蒋廷干

陆军统领官：朱泮藻、王金镜、鲍贵卿、卢永祥、陈文运、李厚基、何丰林、张树元、马继曾、周符麟、萧广传、聂汝清、张锡元、施从滨、萧安国

营务处：张士钰、袁乃宽

巡防统领：王汝贤、洪自成、高文贵、刘金标、赵倜、仇俊图、周德启、刘洪顺、柴得贵

帮办天津防务：张怀芝、徐邦杰。

还有山西巡抚的奏电，其人有：山西巡抚张锡銮、总兵王汝贤、簿司李盛铎、提学骆成骧、提法司许世英、巡警道毓麟等。

民国元年二月四日，北方将领冯国璋等60人致电伍廷芳，提出优待皇室的条件。其中，与上述56人中有相同者不录，还有以下将领：

总统官：冯国璋

统领官：李奎元、马良、李厚荃、范国璋、高凤城、裴其勋、伍祥祯、黄懋渲、李修才、叶长盛、田中玉、张善仪、李永芳、谢有功、杨荣太、张文生

武卫右军：相同

武卫左军：方田、高云鹏、韩大武

奉天统领官：张作霖、吴俊升、吴庆桐

以上是武昌起义前后的北洋武夫将领，在为袁世凯反复出人地推揖、压挤前清帝室的"战争"搏斗中确实是摧陷廓清，无所顾忌，倾巢出动，这可以说是一场成王败寇的政治赌注，在口含"共和"的天宪之中隐藏着他们的利益。

袁世凯对他的将领们的酬报是恭厚不菲的。清末，流传"三大屠人"之称。"三屠者，张之洞用财如水，人称为屠财。袁世凯好行杀戮，自小站练兵至山东剿拳到天津搜杀拳民余遗，杀人不计其数，时称屠民。岑春煊性好劾人，不畏强暴，自监司以至微员佐贰，有时劾至百人，称为屠官"①。然袁世凯一操一纵，度越常人。其实，袁世凯深谙官场科道之秘，每有关节，必有送请，其实是一身三屠。他既屠财，又屠民屠官。胡思敬在《大盗窃国记》中论袁世凯："每幸一姬，辄有犒赏，宴客常备珍馐，一席之费，不减中人十家产"，袁世凯自拜财神，敢于用钱，"天下无穷不肖事，皆从舍不得钱而起，天下无穷好事，皆从舍得钱而做"②，功名利禄、金钱红粉，无不是袁世凯笼牢人才、驱使所用的药石器具。民国以后，袁世凯重以行赏犒劳，先后颁布了《大勋位条例》和《陆军官制表》，上列人物一个个都成为民国的功臣和勋爵。有关这方面的分析在下文中将要涉及，现在先看一下民国以后北洋陆军扩大发展后的实力。

这里主要是指北京陆军部直属师以上军队的编制。不包括各省地方陆军。

1. 陆军第一师：原为清陆军第一镇，原驻北京，1911年开赴察哈尔。1912年8月改镇为师。何宗莲为师长。部下有李奎元、于有富、蔡成勋。

2. 陆军第二师：原为清军第二镇，后随冯国璋南下镇压革命。1912年9月改镇为师，王占元仍任师长，驻信阳。部下有王金镜、鲍贵卿。

3. 陆军第三师，原武卫、自强两军改编为北洋常备军第三镇，军

① 唐振常著：《识史集》，上海古籍出版社1997年版，第113页。
② 冯梦龙著，马汉亭、李璠译：《智囊全集》，中国文联出版公司1997年版，第26页。

长段祺瑞，后入奉天，驻锦州。1912年武昌事起，随段入湖北。1912年9月改为第三师，师长曹锟。部下有唐天喜。

4. 陆军第四师，原北洋常备军第二镇，师长吴长纯，后随荫昌入湖北。1912年改为第四师，师长杨善德，后驻上海。部下有李厚基、何丰林。

5. 陆军第五师，原为清陆军第五镇，后驻山东。1912年9月改镇为师，师长靳云鹏。部下有马良、施从滨。

6. 陆军第六师，原为武卫右军，驻南苑。初由王士珍统制，1912年9月改为第六师，师长李纯。部下有张载阳、吴鸿昌，后由张继尧代师长。

7. 陆军第七师，1913年8月，为镇压"二次革命"，袁将河南护军与原第四师一部扩为师，直属陆军部。先是雷振春，后由陆建章为师长。部下有贾辉德、冯玉祥。

8. 陆军第八师，1913年8月组建，先由王汝贤任师长，后由李长泰任师长，还有吴光新、王台元先后检制，后归附国民党。

9. 陆军第九师，改编山西一师成建，后由张锡元为师长。

10. 陆军第十师，由原陆军第五师一部扩编，卢永祥任师长，1919年随卢任浙督入浙。

11. 陆军第十一师，先是第一师留鄂一部扩编，张永成为师长。1921年冯玉祥任该师师长，后冯作河南督军，驻豫。

12. 陆军第十二师，为袁办模范团卒业后的优秀者组成，1916年陈光远为师长。1917年8月，陈光远任江西督军随入赣。

13. 陆军第十三师，武昌起义后起用旧北洋将校而成。南北议和后随袁入京，驻扎公府内外。李进才为师长。后王怀庆任师长。后取消。

14. 陆军第十四师，原为陆军第八混成旅，靳云鹏为旅长。1913年8月成立。后扩为师，靳升为师长。后取消。

15. 陆军第十五师，1916年川军第一师扩成，周骏为师长。

16. 陆军第十六师，前身为禁卫军，先是冯国璋为禁军总统。民国后冯仍任军统，一师长王廷桢，还有关忠和、田献章。后王廷桢为察哈尔都统，后张景惠任察都师长。

17. 陆军第十七师，汤芗铭督湘，陈复初为第一师长，赵恒惕为第二师长。1917年8月，傅良佐督湘，将陈复初部改为第十七师，后被冯国璋取消。

18. 陆军第十八师，1914年8月由湖北陆军第二师，改为先由王金镜，后有王懋赏任师长，1921年由孙传芳任师长，后随吴佩孚进攻四川。

19. 陆军第十九师，1912年9月由江苏左右两路巡防队扩为师，1914年任杨春普为师长，后随张怀芝入湘，后该师驻江苏，归齐燮元节制。

20. 陆军第二十师，1912年改为二十师，初由陈宧、张绍曾、潘矩楹任统制。后由卢永祥任师长，后南下镇压"二次革命"，吴光新任师长。

21. 陆军第二十一师，1918年1月组建，先由刘存厚任师长。

22. 陆军长二十三师（无二十二师），1912年10月成为23师，师长孟思远，驻吉林。后于1920年，曹锟把直隶一混成旅扩为23师，王承斌为直隶督军兼师长。

23. 陆军第二十四师，1920年张福来为师长，驻直隶。1921年7月，赵恒惕以援鄂的名义进湖北，湘鄂战争爆发，二十四师下湖北。

24. 陆军第二十五师，由曹、吴所建，萧耀南任师长，1921年8月9日萧督湖北，随入鄂。后在北伐中遭全歼。

25. 陆军第二十六师，1920年由曹、吴所建，曹锳任师长。后被冯玉祥收编。

26. 陆军第二十七师，1912年调奉天巡防营扩为师，9月19日袁任张作霖为师长，驻奉天，这是张作霖的起家部队。

27. 陆军第二十八师，1912年9月，由奉天巡防营左路为主扩大为师，冯德麟任师长，后因冯助张勋复辟，张作霖兼师长。

28. 陆军第二十九师，1917年由奉天骑兵营扩建，8月15日吴俊升为该师师长。①

除上列28个师以外还有第30师、31师、32师、33师、34师，但属于民国五年以后所建故不录。

① 以上引自章伯锋、李宗一主编：《北洋军阀》，第1册，武汉出版社1990年版，第191—192页。

以上的 28 个师（缺 22 师）是在民国初年，袁世凯称帝前后陆续组建。这支北洋武装的势力，正像王闿运当年在《湘军志》中所描述的那样："湘军则南至交趾，北及承德，东循潮汀，乃渡海开台湾，西极天山、玉门、大理、永昌，遂渡乌孙，水属长江五千里，击柝闻于海。自书契以来，湖南兵威之盛未有过此者。"①以王闿运之论北洋，此论失于偏，北洋军事实力是贯穿南北、走马东西，人迹所至日月所照，何处没有北洋之威？

如果我们把这些北洋武夫与民国政治和权力的分配联系起来考证，你会发现自民国成立以后，从中央到地方的官守，大都出自这群师长中，这就是袁世凯以北洋武夫得天下，又以北洋武夫治天下的内外一体、文武合途的军事独裁的统治方式。从现代的政治理论分析，马克思曾说，一个统治者越是把社会上人才吸收到自己的队伍中来，这个社会就会越稳定，日本学者的猪口孝认为，政府的活力有二个，"一个是从社会吸收剩余财力资源，另一个是从社会吸取优秀的人力资源"②。北洋武夫对民国所有的权力实行最大可能的垄断和封闭，堵塞了吸取社会优秀人力资源的孔道。

请再看下边的统计分析。

根据《历届总统大事简表》③资料，民国元年到民国十七年，历经袁、黎、冯、徐、黎、曹、段（总执政）、张作霖（陆海大元帅），除袁不作统计外，就有以下北洋师长登上大位，南面称尊据总统、总执政位。

冯国璋：原北洋禁卫军统领，该禁卫军后改为陆军第十六师。

曹锟：清末北洋第三镇统制，后任民国陆军第三师师长。

段祺瑞：清末北洋第三镇统制（1906年曹锟接任），后任陆军部长。

张作霖：兼民国第二十七、二十八师师长。

北洋之师出了四位民国总统级人物，风流占尽，人莫予毒。

北洋武夫不仅出总统、总执政、

---

① 王闿运著：《湘军志》，岳麓书社，第1页。
② ［日］猪口孝著，高增杰译：《国家与社会》，经济日报出版社1989年版，第34—36页。
③ 钱实甫著：《北洋政府时期的政治制度》，中华书局1984年版，第79—81页。

大元帅，还出国务院总理。

　　段祺瑞：前已介绍。先后任四次国务总理。

　　江朝宗：安徽旌德县人，1895年入新建陆军，任参谋营务处及步兵学堂监督，1912年任汉军正红旗都统。同年7月任北京步军统领衙门。

　　靳云鹏：字翼青，山东济宁人，1895年在新建陆军当兵，1912年任陆军第五师师长。

　　贾德耀：安徽合肥人，曾任北洋兵备处提调，1912年任总统府军事处参议，1914年9月任陆军第15混成旅长，授宽威将军。

　　王士珍：北洋陆军第二镇、第六镇统制官。先后任陆军总长，参谋总长，授为德威将军，在北洋二十八个师的师长中曾任省都督（含都统，民国袭清制，有察、绥、热三特区）。

督军有：

　　蔡成勋：接何宗莲师长继任，1922年任江西督军。

　　何宗莲：1912年任察哈尔都统兼第一师师长，授弼威将军。

　　王占元：任第二师长，后任湖北将军。

　　张怀芝：曾任北洋第二镇统治官，1915年任察哈尔都统，后曾任山东督军。

　　曹　锟：北洋第三师长，1914年任长江上游警备司令。

　　王承斌：任北洋第三师旅长，1923年任直督，直鲁豫巡阅副使，授匡武将军。

　　陆建章：1914年任北洋第七师师长，陕西都督。

　　马　良：1912年任北洋陆军第五师旅长，济南镇守使，后降日做汉奸。

　　马龙标：1910年任北洋第二镇统制官，1912年任山东护军使、京师军警督察长。

　　马福祥：1912年任宁夏镇总兵，武举，曾在甘军任职，1913

年任宁夏护军使。

王汝勤：1912年任袁世凯的军事顾问，后任第一混成旅长，1914年2月任河南都督。

王廷桢：1912年任北洋禁卫军统，兼天津镇守使，1913年任江宁镇守使，后作察哈尔都统。

王怀庆：陆军第13师师长，兼热河都统。

方本仁：1912年任陆军第六师高参，1913年任江西都督。

田中玉：1915年任陆军次长，后任山东督军。

田文烈：1911年任陆军副大臣，1913年任山东民政长，1914年任河南民政长，曾兼河南都督。

卢永祥：1912年任北洋第12师师长，1919年任浙江都督。

冯玉祥：1914年任陆军第七师旅长，曾任陕西督军，河南督军。

齐燮元：1914年任陆军第六师旅长、师长，曾任苏皖赣三省巡阅使，后依附日本。

孙传芳：1912年任第二师营长，1912年任第二师师长，后任浙江督军。

李　纯：1912年任第六师长，先后任江西督军，江苏督军。

李厚基：1912年陆军第四师旅长，1916年后任福建督军。

张敬尧：1912年任陆军第六师的团长，1918年任湖南督军、省长。

陈　宦：曾任武卫前军营务处稽查，后任陆军第12镇统制，1915年任四川督军。

陆　锦：曾任北洋第一镇管带，1913年任山东都督。

孟恩远：1911年为第二十三师师长，后任吉林督军。

段芝贵：北洋第三镇统制，后任江西宣抚使，1912年任湖北都督。

萧耀南：1912年任陆军第三师参谋长，1921年任湖北督军。

闫相文：1912年为陆军第12师师长，1921年任陕西督军。

傅良佐：1916 年任陆军次长，1917 为湖南督军。

靳云鹏：1911 年为冯国璋参谋官，1921 年任陆军第 14 师师长，1925 年任河南省长。

鲍贵卿：1912 年任陆军第二师旅长，1917 年任黑龙江督军。

熊炳琦：1917 年任陆军大学校长，1922 年任山东省长。①

上表所列，在民国初年或稍后的一个时期，北洋武夫之中升起 4 个大总统（未含袁、徐），产出 5 个大总理（未含北洋系文官），产出 33 个都督，都统、省长。需要说明的是，上述的 33 个省一级北洋武夫是属于北洋的第二代人物。如果你要注意在本文开始时提到的 42 名将领通电和 60 名北军要求优待皇室条件实现的通电中，这 33 名人物在那时都是北洋武夫中的中层军官。只是随着民国初年的北洋武夫统治全国的需要，把这一大批当年的旅、团长推到督抚守疆的大位上，这是时势给予他们的机会。

民初，上下都多谈国权，国权是什么？国权是一座古埃及的狮身人面像，它对北洋武夫来讲，是一种鲜花、勋章和特权，而对于孙中山等人来说是地狱、刺刀和流血。

袁世凯为了酬报北洋武夫，凝聚军心，加固体制，从民国元年九月七日起陆续开始授予北洋武夫以将军的军衔和军阶，这些前清的北洋常备军或禁卫军，在一个早晨变成了民国将军。

这里统计的是从民国元年（1912 年）到民国三年初的上将、中将、少将的名单。从民国四年以后袁世凯为了称帝的需要又改变了先前上述的军衔授予的形式，改为大总统将军府的授受的军衔，故未作统计。

民国初年授予的陆军上将 16 名，其中为了政治稳定和欺骗的需要也相应地授予了革命派的人士，但在"二次革命"以后又分别以"大总统令"的形式予以罢斥。这些上将是：

黎元洪、黄兴、段祺瑞（第一批）、靳云鹏、赵尔巽、陈昭常、宋小濂、程德全、谭延闿、

① 上述资料引自章伯锋、李宗一主编：《北洋军阀》第一册、第六册，武汉出版社 1990 年版。

周自齐、张镇芳、杨增新、胡汉民、刘冠雄（海军上将）、张锡銮、刘承恩、欧阳武。

上述计17人。

在后来被明令罢斥上将衔的有黄兴、谭延闿、胡汉民、欧阳武。

授予陆军中将的人员中有的既实授中将，又加上将衔，这些中将是：

范书田、王怀庆、徐邦杰、黄懋澄、张怀芝、李纯、崑源、王赓（揖堂）、郑汝成、米振标、丁槐、李烈钧、徐宝山、王芝祥、杜锡均、姚雨平、何宗莲、黎本塘、窦秉均、蔡汉卿、吴兆麟、王安澜、唐犧文、李雨霖、黎天才、陈懋修、洪承点、陈之骥、冷遹、吴善麟、顾忠深、刘之洁、黄郛、周骏、彭光烈、孙兆鸾、刘存厚、熊克武、孟恩远、王廷桢、王占元、曹锟、杨善德、潘镇盈、张作霖、冯德麟、陈炯明、龙济光、孙棨、谢汝翼、韩建锋、李根源、孙道仁、阎锡山、张凤翔、尹昌衡、陆荣廷、蔡锷、唐继尧、孙武、胡景伊、蒋翊武、蔡济民、邓玉麟、高尚、何锡蕃、柏文蔚、蒋尊簋、蒋雁行、马毓宝、蓝天蔚、温寿泉、李燮和、朱执信、胡毅生、邓铿、周元贞、钟鼎基、苏爱初、魏邦尉。

汤芗铭（海军中将）、黄钟瑛（海军中将）、张云山、张钫均、赵倜。

以上计85位民国陆军中将。在"二次革命"以后，被袁世凯明令罢斥的中将有姚雨平、黎天才、洪承点、黄郛、熊克武、孙武、蒋翊武、蓝天蔚、朱执信、邓铿等。

被授予少将的人员是：

陈炳昆、谭浩明、石星川、汤玉麟、张开儒、赵均腾、王正雅、陈树藩、郭胜清、马玉贵、刘世杰、郭锦庸、陈殿卿、张宝麟、李鼎新、李和、盛建枢、徐振鹏（海少）、宝德全、孟效曾、夏文荣、刘仁镜、吴恒赞、吴广涛、赵学涛、王余庆、张敬禹、王恩贵、倪守中、毕仕东、马孟骧、陈锡麟、方本仁、李殿臣、杨宝琛、李连元、徐镇垤、吴吉昌、徐廷荣、龙裕光、张建功、郭世伦等。①

以上计授予民国陆军少将42名。

在上述将军序列之中，有兼任各省都督、担任都督职务的有：

奉督赵尔巽、吉督陈昭常、黑督宋小濂、苏督程德全、湘督谭延闿、鲁督周自齐、豫督张镇芳、新督杨增新、粤督胡汉民、直督张锡銮、赣督李烈钧、徽督柏文蔚、浙督蒋尊簋、桂督陆荣廷、滇督蔡锷、黔督唐继尧、川督胡景伊、尹昌衡、闽督孙道仁、晋督阎锡山、陕督张凤翙。

首先，各省都督在国家行政职官性质划分上，属于地方文官序列，还是属于国家军队武官序列？弄清这个问题才能讨论其他。

根据民国初年南京临时参议院的决议，明确规定各省都督属于地方文官序列，总揽一省的行政之权力。当时的决议如下，通称为《接受北方统治权五条》。

一、未立都督各省，将原有督抚撤销，另设都督，为该省之行政官。

二、各省都督，由该省人民公举。

三、即由临时政府通电各省咨议局，改为省临时议会。

四、临时政府即将都督举定②。

现在，我们再引一条资料："武昌起义，民军推黎元洪为领袖，一时无适当之名号，称之为"都督"，古名新用。后各地起义，此名竟成通称……都督兼军民两政，权绝巨"③。

但是，袁世凯接任民国总统以后，前言在耳，信在公众。然此人神幽智微，阴柔善变。既做庙堂之主，当有一规天下之计，"都督"本非我出，其心必异，于是他利而诱之，先授以各省都督为上将、中将，位列民国百序之上流，然后又分而乱之，竟然提出于"都督"之外再设"民政长"一职，实乃以水济水、床上施床，变民初体

① 以上统计均为《政府公报》第4册—22册中公布的任命人员汇总，上海书店1988年版。

② 《中华民国史事纪要》（民国元年1—6月份）中华民国史料研究中心，第260页。

③ 徐永龄主编：《张恨水散文》第二卷，安徽文艺出版社1995年版，第366页。

制于繁缛。此风一开，北洋武夫群起而攻之，一致要求都督、民政长非大总统任命不可，收权于袁大总统一人之身。弃民初参议院决议如敝屣轻尘，袁世凯胜在庙堂，不在疆场。敢于开战，不在矢石，民党人士着着失败。

挑起这场政潮的是黎元洪给袁世凯的电报中提出要划一官制，划分军政。后来国务院于民国元年八月二十一日以"公电"的形式正式发向各省，提出军民分治的问题，袁世凯巧妙地迈出了否定南方临时议会决议案的第一步。国务院在"公电"中称："……军民分治问题重大，揆之法理，自不可易……"①袁世凯开始设民政长。自此，袁世凯要对民国动"手术"，要进行"大换血"。

我们分析问题不能简单地说明什么是民政长与都督，是特任还是选任之争，要看袁世凯是怎样实现北洋统治的政治欲望和目的的。正像列宁所说，一个成熟的革命家如果不能从任何一个行动的背后找到这是代表谁的利益的问题，那么，他至少要受到一些人"善良"的欺骗和"温存"的引诱。

我们不是盲目和简单地去反对军队或军人介入国家的政治活动，不仅唯此，而是认为在特定时期或一段时期或几个地区实行军管或军事戒严是必要的。但这个论述与北洋武夫抢夺民国政权是风马牛之别，决非是一种问题。

北洋武夫是一群什么东西？

武昌起义时，段祺瑞驻屯信阳，联衔通电逼宫，临危害命，甘为袁世凯鹰犬；赵秉均反间汪兆铭，南北议和令他上下其手，效为两面翁，出卖孙中山；辫子军张勋，依前清屠城，攻南京任其仆卒放恣横行，烧杀奸掠，一直闹到误杀日本人，江西老登门谢罪，丧尽军人品格；布贩曹锟，放军营士兵装土匪，烧杀津、京、保三地商民，搞兵变，适至民初绅民哭告无门，讫大总统哀书一时飞向京城；昨日杀吴禄祯，今日刺宋教仁，杀人者必被杀，赵秉钧幽死津城；无法时逞凶，有国有法时以法作奸，擅杀张振武、方维，结好黎元洪；"胡子"张雨帅，土匪张宗昌，出将入相，尽是些悍夫野汉；今日以武制文，都督是大吏，明日要以文制武，搞什么军民分治；也真是造

① 《政府公报》第4册，上海书店1988年版，第565页。

物不仁，戏弄中华，弄得这一伙驴贩狗屠，奔狼突豕来糟践民国。

北洋武夫不仅出屠户杀手，还盛产汉奸，认贼作父。民国将军中可以列出一大排名单，例如江朝中、王揖堂、寇英杰、庞炳勋、张景惠、张鸣岐、杨毓珣、孙殿英、齐燮元、汤尔和、刘郁芬、朱深、邢士廉、石星川、王永泉、门致中、丁士源，还有梁鸿志、王克敏、高凌蔚。①

北洋文官中也有，留作下章再写。

鲁迅曾说，如果主人的奴才，有朝一日作了主人，比他原有的主人更厉害，北洋武夫的第二代人员中那些呼风唤雨的"英雄"比袁世凯还要凶恶：像敢冲苏联驻京使馆的张作霖，杀李大钊的何丰林，复辟大帅张勋，东南联省混战大帅孙传芳、齐燮元、卢永祥，被湘人驱逐的"屠户"张敬尧，有名的"三不知"张宗昌，抢印逼宫的"小扇子"徐树铮，贿选总统曹锟，"武力统一"的吴佩孚，霸占紫竹园的王怀庆，被章太炎称为"民国四凶"的梁士诒、赵秉钧、段芝贵、陈宦，督军团"头目"倪嗣冲，大典筹备处长、统令各省统一用52字劝进辞的朱启钤，先喊出清帝还归大位的宋育仁，敢借外债自勇不羞的周学熙，盗墓大王孙殿英，贿收钱财的曹锳等等……

民初以来，关于北洋的丑闻比历代前朝都多不知几倍，俗话说，千夫所指，无疾而亡。仅举一例："筹安曾有六君子，四大金刚，二小妖。六君子有顾鳌，二小妖中有薛大可……"②。有人借李香君的扇诗骂透了这帮家伙："……香君一个娘子，性格是个蛮子。如今天下男子，谁复是个蛮子。大家朝秦暮楚，成个什么样子。当今这什天下，都是骗子贩子"③。

天听天视不远，尽在民口民心。

有人说，民国不是有法律吗？为什么他们竟敢这样呢？对此，我不想多做系统的分析，在〔英〕阿沦·布洛克的《西方人文主义传统》（三联书店出版）中，引用了美国黑人领袖马丁·路德·金在监狱里写给当地牧师的一封信，这封信说了以下的话：

① 孙宝铭著：《北洋人物简志》，载章伯锋、李宗一主编《北洋军阀》第六册，武汉出版社 1990 年版。
② 徐永龄主编：《张恨水散文集》第二卷，安徽文艺出版社 1995 年版，第369页。
③ 《林语堂文集》第九卷，作家出版社 1996 年版，第231页。

　　"不公正的法律根本不是法律……当然，当然不错……但，我毫不犹豫地补上一句话——公正的法律也未必是法律……这绝不是文字游戏。我们知道，有一些法律并非不是公正的，可虽已有了那些公正的法律，我得到的仍经常是不公正。因为，法律是否公正，关键并不在于法律本身，而在于法律如何实践。在于执行法律的人是否有公正的条件，在于实施法律的社会是否有公正的环境。在一个不公正的社会中，公正的法律又有多少意义呢？"

　　在民国初年的社会里，是由上文所提及的北洋武夫占支配和实权地位，纸上写满的法律文字能抵得上他们的子弹吗？由此而形成的民国社会，虽曰"民国"，其实真不知该称它为何物。由此我想到了古希腊的柏拉图，他给人类社会的思辨提出了永恒的"柏拉图难题"，这就是任何事物都有一个本体的"理念"和一个现实中的"模仿"，在任何时候人类都不可能"模仿"得像本体一样，这就是"理念"和"模仿"的永恒的不对等方程式。对于孙中山所追求共和与民主的西方理念，他为之几乎奋斗了一生。辛亥革命以后，全国上下都在高喊着"民国"，可是在我国现实的空间和时间中，真正的"民国"难道就是这一帮北洋武夫横行无阻的"民国"？但是从当时的法统上讲，他们真的是民国唯一合法的"法人"代表，此外你还能说有谁能代表"民国"？现在，再让我们回到"柏拉图的难题"上来，难道中国人连模仿得像样儿一点的功夫都没有吗？抑或我们根本没有这种能力？有人这样说："所以辛亥革命，由清室一纸轻描淡写的退位诏书，就把这个战国诸子所预想，秦始皇所创立，西汉所完成的，曾经维系二千余年的皇帝制度，以及三四千年来曾笼罩在中国的天子理想，一股结束，废旧容易，建新困难。"[①]此后民国就不在这里详述了。

　　"纣之恶不如斯也"，这是当年孔子说得比较明察知人的话语。几千年来一直规劝着人们要历史与客观地评价人物和事件。毛泽东在读史时也曾赞同孔子对商纣这个亡国之君的评价，他语出惊奇地说："纣很有本

---

① 雷海宗、林同济著：《中国文化与中国的兵》，岳麓书社1989年版，第92页。

事"①。如果我们从中受到一点启发来全面分析北洋武夫，也并非一无是处。他们至少在军事编制、军事兵种、军事学堂、军事部门上，在那个时期基本走到世界先进的军队建设水平的行列中去了，军事行政和军事业务的建设给予了后人非常大的影响。他们之中虽然出了汉奸，但也不乏民族气节的人。这一点也是肯定的，他们中有的人也走上了自新的道路，例如冯玉祥。

但是，从整体上必须明确北洋武夫在袁世凯的指挥下，走上了一条脱离社会，脱离任何集团，脱离民国和人民的道路，他们是个没有任何政治自律的武装统治集团，他们只听从一个人的指挥，这个人就是袁世凯。袁世凯一死，他们就成了拥兵割据的西汉州牧、晚唐藩镇，一场长达十年的军阀混战是任何人都无法为之解脱罪责的。"内战一次接着一次，这些内战多半还是外国势力怂恿和支持的。内战的结果，国力损耗，民生凋敝，并且为日本侵略铺了路"。②由此可知，至少他们从客观上为日本人侵略摆平了道路，更何况段祺瑞为借款而允许日本人驻屯军队于国内，这不是造子孙的孽吗？此人后来被蒋介石从天津接到南京，以"国老"奉养在钟山，实际上是"软禁"，竟然也能善终。

这真是关张无才，段公有命。借着保定军校时与蒋介石一段因缘，这才有此一局小棋（段公嗜围棋，专有陪棋之人，每月拿干薪800元）。从历史上看，这仍然是雨打羊毛一片膻！

三、北洋武夫柔清、亲袁、媚外、反孙

北洋武夫在民初社会的地位和角色，可以用八字概括：柔清、亲袁、媚外、反孙。

柔清　从袁世凯等第一代北洋武夫，到后面的第二代像张勋、张作霖等人，无一不与逊清皇室、皇族有着承恩受宠的酬报关系。袁世凯这个人就不必说了。张勋史有明断。以张作

① 陈晋主编：《毛泽东读书笔记解析》下册，广东人民出版社1996年版，第1156—1157页。
② 蒋梦麟著：《西潮》，辽宁教育出版社1997年版，第101页。

霖为例，1924年他应冯玉祥之请入京，驻扎天津。这时专门去拜访前清逊帝溥仪，见了以后立刻下跪磕了头，高呼"皇上"，并且告诉溥仪，小日本给你过不去，告诉我，我去收拾他们。在溥仪大婚的礼单中，你可以找出一大串民国这些北洋武夫的名单。"伪满洲国"在东北建立以后，其中这帮武夫中有人弃民国而去东北，投靠满洲，像刘恩格、张景惠等。在保护逊清皇庄耕地、收租方面也是有求必应的。中华民国元年十二月二十四日的《政府公报》上发表了《奉天都督赵尔巽呈大总统，查明奉天清陵祭品暂仍循旧以资应祭，其应交北京祭贡各项品物一并停解开单，请批核示遵文，并批》[①]其文摘要如下：

> 为呈请事，案查前清时代向例有按年应进祭贡各品，名色繁多均系采办，定有限期。历年既久，办法不一，其中有从皇产地内所出者，有各丁摊纳者，除锦州裁撤，庄头应交庄粮折银并狐皮莱麻折银等项由新升科地粮拨款备办，又奉天内务府应交园蜜，各丁折银等项差由地出，均应俟清理皇产就绪，另案办理外，其余例进祭贡各品，前因吉省电请停办，奉省事同一例应否照停或择其中何项应办，改用折色，按宗色开送详细清单，函请国务院商明京总管内务府示复在案。……自可暂仍循旧以资送祭……理合开单，呈请大总统谨请鉴核示遵，须至呈者。
>
> 批：据呈已悉，国务院查照，此批。　　　　　　　　大总统印
>
> 计开　（摘录）
>
> 奉天贡项下：鹿羔二十支（白露节后，由东平县鹿达陈振送交，向不领价），虾鹿尾二十三盘（实解京15盘），鹿大肠五根，鹿舌五个（外加一个），鹿盉肠五根，鹿肋条十块，鹿肚五个……以上十项由鹿达领价银一千六百九十两购备于旧历十二月初十日前送省。奶油三百二十斤二两，奶酒一百六十斤，奶饼一百五十斤八两，以上三项，向由苏鲁克牧长办于旧历十二月初十日前送

① 《政府公报》第 8 册，上海书店 1988 年版，第 752 页。

省……边花鱼八尾，鳖花鱼八尾，伏糖十匣，去皮山里红十瓶，带皮山里红奶油八瓶。以上三项由内务府恭备送交，向不发价。

　　……

　　盛京总管内务府大臣年贡项下：野鸡八十只，鸭子八十只，白鱼十二仓尾，鳖花鱼十二尾，鳊花鱼八尾，鲤鱼十二尾，八过夏糖二十匣，枸杞奶子二仓石……

　　贡品各项例下，掌礼司年例应进冻梨二千六百二十五个，棒子八十七仓石……以上交茶房，山里红三十二仓石……以上交外果房，野鸡1千只，以上交干肉房，两蒌……交内务府……

　　三陵礼档房鲜祭品项下，蘑菇……孝东陵并福晋格格应常在端悯固伦公主园寝，一年大小祭祀共需蜂蜜一千四百二十斤，松子七石，干梨一百五十六斤，蜜饯乌梨七十九斤，……

　　崇陵德宗景皇帝几筵前大祭，供牲帛三献读祝致祭供用，干梨五斤，鲋鱼三十尾，以上应解京西陵承办事务衙门收纳。

　　应解折色银两项下，锦州裁撤庄头由征收地粮项下应解各色粮，折库平银二万七千二百五十七两七钱九分四厘，菜库三色菜蔬折库平银八百二十两八钱，加色库平银二百八十两七钱八分，川资运费共银九百两，以上各项除川资运费一项由度支司在征存房税盈内拨给，其余各款内司库存收，……

以上各款由盛京内务府催收解送，均不在停止之列。

赵尔巽，前清奉督，民国犹是奉督，既然改服易色，奉民国为正朔，为什么一首三身，一臂三目，用民国公文行柔清典实，长袖舞于魏宫，擅长于"长乐公"冯道之术呢？

这不是对赵尔巽一人的苛责！

因为从民国总统到北洋大小都督都是如法炮制的。

在这里录一前清前期诗坛教主王士禛的诗以启人深思：

新歌细字写冰纨，小部君王带笑看，千载秦淮呜咽水，不应仍恨孔都官。①

历史能只罪一人吗?

亲袁 这是北洋武夫的立命之根,道之所系,须臾也不可离开。只要每当南北冲突,总统与国会有冲突,总统与总理有冲突,总统与民党之人有冲突,总有这一帮北洋武夫在闹场。从武昌前线前清将领的表演开始,一会儿要带兵北上清理大清君侧,一会儿通电要保大清优待,一会儿搞兵变策应,最后总算把袁大总统定尊在三朝故都——北京。民初大借款,黄兴、孙中山通电表示异议,北洋各省督又是一阵"电报战",为袁世凯助威喝令。民国二年(1913年)新建,组建宪章委员会,提出大总统不得连任三届,这下子惹怒了北洋诸督,军警冲击国会,省督修改宪法的电文如急风暴雨扑面而来,最后改成大总统一届7年,三届21年,这才稍安。国会要选举正式总统,军警一伙包围"国会",名曰:"保卫安全",把国会议员搞得噤若寒蝉,国会议员一帮"穷措大"哪里是老袁手下这一帮无赖的对手,只好照意画诺。"二次革命"更是北洋武夫杀人放火屠杀南方革命党人的有为之秋,这就不必说了。民国二年又发生一场大借款之争,还是这帮武夫打"电报"战。按照他们的逻辑,民国是老袁的,我们做的是老袁官,老袁是我们再生之父母,反对老袁就是反对民国,反对民国就是反对老袁。这种忠孝交杂的江湖义气可够这帮北洋哥们折腾了。仅举一小例,打开民国北京时期的《政府公报》,可以看到任何一位袁的属下,包括总理、部长、都督,在行公文一抬头都要对"大总统"三字实行空围两抬的另起形式,再接着叙述下去的格式,顽固地坚持着皇权礼制下行奏的陋习。②这是在封建时代社会人分九等的层级制度在公文中的反映,可是民国以后还是这一套,由此可以窥见袁世凯与北洋武夫、政府之间,国会与袁世凯之间存在的等级差别是以效法皇权为矢的。

媚外 民国初年,是帝国主义势力又一次趁虚趁乱而干涉国内财政和军事的一个有利时机。首先,袁

---

① 《清诗三百首》,广州出版社1995年版,第13页。
② 有关封建文书的格式和避讳可参见张载德著:《清代文书》,中国人民大学出版社1996年版,以及陈垣著《史讳举例》,上海书店1997年版。

世凯为了善后借款，从一九一二年到一九一三年（民国元年和民国二年），七任内阁和三任财长，接受了六国银行团监督中国政府财政的要求，最后签订了25，000万英镑的善后借款合同。此项消息传出，全国哗然。这是北洋军阀借助外国力量建立统治秩序的最负臭名的第一步。其次，袁世凯以民国总统的名义聘用了外国的政治顾问和军事顾问，各部相继也照袁的做法聘用了洋员。最后，袁世凯多次通过外交部照会外国政府驻京使节，保证外国在华的特权利益和侨民财产不受到侵犯。从以上所述可知，袁世凯为首的北洋武夫在民国初年以后，基本上是延续了晚清的媚外的方针和路线，主要是集中精力对付国内的革命党人，从而与各帝国主义在华势力相互达成妥协，有关这方面的资料较多。

反孙　这是袁世凯及其北洋武夫要建立军事独裁的必然选择。所谓反孙，在这里并不是单纯指孙中山一人，而是指以孙中山为代表的革命党人。就像反袁一样，并不是单纯指袁世凯一人，而是指以袁世凯为代表的北洋武夫及其附袁的北洋人物。近现代史上，常常以孙、袁对举，用来说明国民党革命派和北洋军阀集团。

为了说明北洋武夫对孙中山的态度，这里引用一个材料，就是北洋武夫和袁世凯阴谋杀害孙中山的密电：

　　致香港威灵顿街宝华霍公实寿先生电：1913年8月3日

　　平密。据探报，匪首孙文前日乘公司船赴港。望速密商宝璧等舰，伴往欢迎，接赴粤省，诱上船后，出口处死沉海。

　　执行人员除补官赏爵以外，并奖洋十万元。寄吾。江。①印

从上述材料分析，袁世凯等人对孙中山本人还准备采取人身消灭的方法，更不用说对别人了。

为了说明北洋武夫对革命人士的迫害，我们还看到一份在"二次革命"以后湖南当局三次电请通缉各犯罪状的报告书一册，此件是影印本，原件藏北京大学图书馆。共列举了以

① 上述资料引自章伯锋、李宗一主编：《北洋军阀》第一册、第六册，武汉出版社1990年版。

周震麟为头的四十四个人的"罪犯"状情。仅抄录"周震麟"名条下的原文如下：[①]

> 周震麟，该犯系国民党干事，充筹饷局局长，为此次湖南叛立最重要分子，业经以勒索捐款、威逼人命、四民切齿、罪恶昭彰等情电请大总统通令缉拿在案，兹将该罪犯罪状列左……（略）

民国有一名人，王建中，字树丞，1882年生，毕业于京师大学堂译学馆，任北洋法政学堂、山东高等学堂法文教员。1912年在山东参加辛亥革命，后任直隶议会议员并兼副议长。1913年十八省省议会在上海召开，被选为全国省议会联合会会长，后因反对洪宪帝制在英租界被捕。"罗织引渡后，遂羁押上海镇守使署，颇蒙郑汝成君之优遇。是年十月递解京师，交由京畿军政执法处非法讯办。甫经到处，遂加以全身桎梏，押入乙号牢笼，虽戏剧中常演酆都城，鬼门关阎罗殿，其森严恐怖，尚未足形容该处于万一也"[②]。出狱以后写一本《洪宪惨书》，类似录鬼和冤狱一类的集书。其中有三十人惨死于陆建章等人的京畿军政执法处。由此书看到，袁世凯一伙北洋武夫剪除异己、消灭对手是无所不用其极的。

北洋武夫是近代史上特定时期的产物。它是封建专制主义在行将送进坟墓以前疯狂挣扎，帝国主义势力面临人民革命威胁而拼命寻找新的代理人的历史转折时期，两种势力结合以后所产生出新旧结合、中西混杂、文武兼备的社会群体。辛亥革命以后，从取得政治和经济的控制权和支配权那一刻起，它就以"王道正统"的面目继承了逊清一代的反人民和反民主的政治资源；辛亥革命以后，从取得外交和外贸的控制权和支配权那一刻起，它就以"惟一合法"的资格继承了逊清一代保护帝国主义在华一切利益的义务，这两种资源和义务铸成他们的合法性和有效性的新人格，我国历史的民主主义和民族主义的矛盾全部汇集在北洋武夫及其依附北洋的统治集团身上。也就是从这一历史转折起，一场新的社会革命形式正从旧中国的社会结构中开始发生、发展和形成。今后，革

---

① 湖南师大历史系近代史资料室存其影印本，原件存北大图书馆。
② 王建中著：《洪宪惨史》"自序"一节，上海书店1998年版。

命的对象不再是逊清了,那会是谁呢? 这是近现代史上的一个无法绕过的问题,只要人民有一天从切身遭受的痛苦和损害中意识到究竟谁在"闹鬼"的时候,人民就要开始动手了。然而,这并不像辛亥革命那样对手清楚,阵线分明,因为民国的敌人还是民国的主人。从奉为"主人"到认清他们是"敌人",这是一个近现代史上的"卡夫丁峡谷",这需要人民倾注全力的"惊险的一跳"! 然而,这种革命不能像辛亥革命那样仅仅靠民族感情和种族直觉,这需要中国人全面地反省自己,从思想到文化,从道德到法律,从历史到现实,从政治到经济,进行新的政治动员。因为这是一场全新方式的社会革命,传统历史上任何阶级、集团和精英都不能提供给我们这种革命的武器和策略。这种革命的过程复杂,需要从历史的前提中说明主人何以是敌人,谁是主人,还需要判断哪些是正在冒充主人的"假货"……这是史无前例的宏伟的社会变化和社会革命。从这一点上讲,我们应当感谢袁世凯和北洋武夫,是他们的倒行逆施引发了人们继续革命的需求,他们不自觉地成了民主革命的反面教员。民国初年的社会,需要袁世凯这伙怪物,把未被扫除而残留下来的污垢放大给人们看。天欲灭之,必先兴之,正像耶稣需要十字架一样,这是悲剧性的罪恶!

　　这就是北洋武夫的社会历史价值。

第六章
乱石铺街　新旧一体

——民国社会中的官佐

　　据说，毛泽东酷爱读史，尤爱读《资治通鉴》，常在书页上随手点画出充满灵感或感而后发的话语。他读过的版本有宋武英殿本，有商务百衲本，还有顾颉刚等人的标点本，他说《资治通鉴》他读了十七遍。①他为什么这样如痴如醉地出入于这部书呢？据他讲，这部书告诉人们，历代兴亡之事都关乎吏治，吏治一坏，百事废颓，无可挽回。如果我们从毛泽东对历史的解读中受到启发，分析民国社会结构中的官佐群体，实际也在解读民国社会何以兴，何以衰。

　　研究民国初年的社会结构，要坚持历史唯物论的观点，要把民国社会政治共同体中的北洋武夫与官佐群体区别开来，要把总统府与国务院的

① 陈晋主编：《毛泽东读书笔记解析》，广东人民出版社 1996 年版，第 1104 页。

作用区别开来。如果我们不作区别，把这两个群体和府、院两处混同在一起，就无法解释民国初年发生的一些文化教育、司法审判、经济成分的社会变迁的内容和形式。任何社会变迁，都得依靠政府和政治资源和支持。不可能设想，一个缺乏政治资源的变迁会在一个社会中找到立足点和增长点。我们并不愿意为民国初年的官佐群体作任何辩护，不可否认他们在与北洋武夫和总统府确实有着复杂的社会支持和认同，其中有的人是出于责任和义务的选择，有的人是巧谋稻粱、无可奈何，当然也有的人是卖身轻许。这是由他们的社会地位、社会关系、教育背景、社会角色的不同因素形成的，绝不可能与北洋武夫和总统府的"师爷"、"门客"相提并论的。

应当怎样看待这个问题，本文试图作一简短的说明。

民国初年社会里的总统府与国务院、参议院是作为一紧密相连的政治共同体，对社会和人民实行统治。在这个社会里的政治共同体并不是平面的、对称的联系。"所说的政治共同体这个概念，指的是政治系统的一个方面，这是由政治劳动分工联合在一起的人群团体，政治系统则是由政治成员所组成的。政治系统的存在必然包括政治关系的多元化"①，从政治的权力的构成上分析，"人们对政治权力进行分类时，有不同的标准，因而所划分的权力类型也是多种多样的"②。在中央一级政治权力的划分上，有立法权、行政权和决策权。袁世凯与北洋武夫所夺取的权力主要是立法权和决策权，至于行政权，他们并没有像注重立法权和决策权那样看重，因为当时社会政治的斗争焦点在于对国民党人的斗争。行政权主要集中在国务院，国务院总理这是袁世凯特别认真对待的人选，至于各部，除了陆军部、财政部、内务部以外，其余各部在这伙人的眼里是"文人部"。这种权力结构的路线是总统——总理——部局，这里呈现出一个纵向的权力结构的空间。所以，行政权力与社会变迁的关系多半发生在这种权力空间之中，例如工商、农林、教育、司法等。有的空间是不允许非北洋系的从中染指，像财部、军部。

① 〔美〕戴维·伊斯顿著，王浦劬译：《政治生活的系统分析》，华夏出版社1999年版，第192页。
② 王浦劬著：《政治学基础》，北京大学出版社1995年版，第84页。

从行政学的视角分析民国初年的官佐，他们是执行公共权力，提供公共产品和公共服务的行政人员。过去，我们较多地强调政府的阶级性。在这种阶级性之外还有其他职能？"政府的两种属性，即阶级性和社会性决定着政府有两种基本职能，就是阶级职能与社会职能"①。民国初年的北京政府，也应该有两种职能，一是阶级职能，一是社会职能。为什么政府有社会职能呢？因为一个政府作为暴力和政策的机构，它面对着社会的管理和组织，在社会生活的内容和范围中，大量的不是阶级斗争的问题，而是国计民生问题，对于这些问题的解决就形成了政府部门建立的必要性，是社会实践和生活产生了对公共权力的需要，所以政府的职能部门必须面对现实，进行协调和均衡。这也正如恩格斯所说："为了追求自己的利益，从社会的公仆变成了社会主人"②，他又说："政治统治到处都是以执行某种社会职能为基础，而且政治统治只有在它执行它的这种社会职能时才能维持下去。"③行政部门的这种来自权力划分的职能空间正是与社会有关问题发生协调联系的触媒，不管政府进步与反动，它的协调和组织的正确与否，总要引起一定的社会后果。

评价民国初年的北京政府的官佐这一特定的社会群体在社会结构中的地位和角色是一个十分复杂的问题。一方面要看到他们与袁世凯北洋武夫互相联系的阶级性，这是必须强调的；另一方面，又要把他们放到行政职能与社会问题的互相联系中去，分析他们执行社会管理职能的作用。他们在执行社会职能的过程中，采取了一些措施，公布了一些法令和规定，如何评价这些社会性的管理职能呢？总而言之，不能简单地用阶级性去看待这些问题。对待这些问题的评价，一不要虚美矫饰，二不要蔽人蔽己。总之，要实事求是地研究和分析这些问题。

一、法外的文官制度 文官体系

民国初年的北京政府官佐群体是在北洋武夫以外对社会交往和社

① 谭健主编：《外国政府管理体制评价》，上海人民出版社 1987 年版，第 7 页。
②③ 均转引自《外国政府管理体制评价》，上海人民出版社 1987 年版，第 1—2 页。

会关系起有政治和行政影响最大的社会力量。这种社会力量在社会的时间和空间上并不是简单的个体力量的集合,而是依靠国家的法制和强制力来激增他们的效率和力量。因此,它有别于社会团体、群众组织和政治团体,它是国家神话的抽象概念在社会的具体化形象。这个官佐群体是如何从社会中分化出来的呢? 显然,它不是产生于传统的权力,辛亥革命打断了两千年的封建专制,使得现代社会的权力资源迅速地分散到全体社会的成员中去(这里是依据《临时约法》关于民国国体的解释),但是由于北洋武夫和袁世凯的介入,这种分散的权力资源又逐步聚集到这些人手中。北京政府时期的官佐群体的合法性不是在民权之中,而是在大总统的各种命令和文件里。代表民国的只有袁世凯,他一生都在奉行"朕即国家"的原则。这就从整体上决定,民国初年的官僚队伍不可能把行政岗位、行政手段与官员个人区别开来,划清职权与个人的界限。也不可能消除官员与袁世凯之间的私属和恩赐的联系。划清官员的职守与义务的关系,常有浓厚的封建皇权为中心的官僚层级制的色彩,袁世凯既然如此,为什么能在民国的社会中达到"三千兵将齐解甲,更无一个是男儿"的征服局面呢?

袁世凯既不是顽固派,也不是洋务派,更不是维新派和革命派。他是超越上述新旧两派的人物。他敢于以旧承新,以新守旧,新旧并用或者是以旧化新。所以他能左右逢源,得心应手,运用自如,这主要可以用他在民国初年围绕着行政官员的组合上所用的手法和部署来说明。他非常自然地运用总统权力,通过法令或法规把个人的意志和集团的利益转化为国家意志。他垄断了官吏和权力分配的所有权,"通过契约所成立的所有权,它的定在或外在性在这一方面已不再是单纯的物,而包含着意志(从而是他人的意志)的环节"[①],这个民国初年的官佐制度通称为文官制度。请看这制度的形成的过程:

3 月 30 日,袁世凯统令禁绝贿赂,并下令整顿官常。

6 月 26 日,袁世凯公布经临时参议院修正的《国务院官制》。

① 黑格尔著,范扬等译:《法哲学原理》,商务印书馆 1961 年版,第 80 页。

7月17日公布了修正的《国务院各部官制通则》。

从本日起，至1913年10月以前，袁世凯陆续公布了各部、局和省及地方的官制，标志着民国初年文官的体制已经基本形成。这些官制是：

《国务院秘书厅官制》（1912.7）

《国务院法制局官制》（1912.7）

《内务部官制》（1912.8）

《工商部官制》（1912.8）

《农林部官制》（1912.8）

《陆军部官制》（1912.8）

《交通部官制》（1912.8）

《海军部官制》（1912.8）

《财政部官制》（1912.9）

《司法部官制》（1912.9）

《教育部官制》（1912.9）

《外交部官制》（1912.9）

综上各部官制设置情形为下：

各部设总长一人，特任。次长一人，简任。民国二年修正官制时，内务和财政两部次长设两员。

各部均置总务厅和各司。各司、局设司长、局长一人，简任。

各部编制定额尚无准确的统计。根据《政府公报》和其他有关资料只能从各部科以上官员作一个统计。至于科长以下的文员和校以下军佐人员无法统计。部员分作普通部员，包括参事、秘书、佥事，还有技术部员，包括技监、技正、技士等，另外还有特别部员，包括编纂、视察、视学、驻外财政员。

以民国二年修正的官制为准，列表如下：

各部职官数额（普通部员）

部别	参事	佥事	主事
外交部	4	32	56

（续表）

内务部	4	44	70
财政部	4	40	70
司法部	3	19	60
教育部	2	18	42
农商部	4	32	50
交通部	4	32	70
合计	27	215	418

主要资料来源：民国《政府公报》

民国二年委任以上普通部员是660人，再加海、陆两部的各200人的限额，总数接近1060人。[1]

各部技术部员为213人，特别部员37人。[2]

国务院秘书厅主事以上49人（含秘书长、秘书、佥事、主事）。[3]

以上的官职人员是指特任、简任、荐委任的人员，此外还有大量的雇员，这些雇员有多少呢？据《鲁迅在教育部》一书介绍："例如录事、学司员，以及为数众多的工勤人员，可惜已经无从可考，……总的情况一年比一年多。"只能暂付阙如。

其他的中央机关有参谋本部，员额为160人；审计院，除总办外，有5股，各股设主任1人，办事员25人，员额为150人左右。

蒙藏事务局、法制局、铨叙局、印铸局、统计局、全国水利局、币制局、国史馆、税务处、海关，以上是国务院的直辖机关。[4]

同时各部设有直辖机关，外交部直辖的有驻外领事馆、公使馆、各省交涉署；内务部设有筹备国会事务局、护军管理处；财政部设有盐务署、国税厅筹备处、采金局、中国银行、交通银行；陆军设有陆军监狱、陆军测

[1][2][3] 参见钱实甫著：《北洋政府时期的政治制度》（上册），中华书局1984年版，第88—95页。

[4] 钱实甫著：《北洋政府时期的政治制度》，中华书局1984年版，第158—200页。

量局；海军部直辖有海军总司令、总司令处、舰队司令、司令处、海军军港、海道测量局；司法部直辖机关有特种司法事务委员会；教育部的直辖有中央观象台；交通部直辖机关有铁路管理局、电政管理局、邮政总局。

总述上文，国务院直辖机关是10个局、处，各部直属机关有25个之多。以上资料是根据钱实甫的《北洋时期的政治制度》一书略作统计的。其准确人员缺乏统计资料。由此可知，民国初年中央机关的管理机构如此繁复，所需人数定不在前清的5万以下。[①]

现在，我们再看一下省和县的行政机关，为了省略起见，我们根据《政府公报》公布的划一省制和县制的命令作一个简略的图表。民国初年，全国设有22个省级行政政权，七个特别行政区（热河都统、察哈尔都统、绥远、宁夏将军、西藏办事长、阿尔泰办事长）。

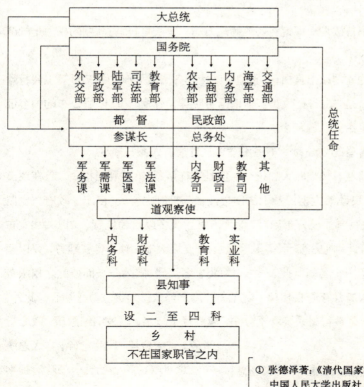

① 张德泽著：《清代国家机关考略》，中国人民大学出版社1981年版。

　　上表是根据《政府公报》第 243 号的"临时大总统令"颁布的《划一现行各省地方行政官厅组织令》、《划一现行各道地方行政官厅组织令》、《划一各县地方行政官厅组织令》、《划一现行中央直辖特别行政官厅组织令》、《现行都督府组织令》等五个文件绘制的。[①]

　　对此，必须说明以下几点：

　　所有上述的划一命令，并未经中央参议院的议决，在命令中，所有的省行政长官、道观察使、县知事三级行政主官的任命程序均未规定需经相应一级参议院的讨论和批准。

　　在财政、外交、司法三个权力的分配中，明确规定各省税征收局、海关监督、盐运使、外交交涉员、司法处长属于中央行政部门直辖的特别派出的驻省官员，这些官员的任命和权限的任命权和解释权与当地省署长官并无联系。

　　各省都督按划一规定将要成为地方的军事长官，相对前期的权力是削减了。

　　各省的省司以上官员，各省道观察使和各省道下属的县知事等主要行政长官的任命是"由省行政长官呈请国务院荐请任命"。从以后公布的内容证明，县知事由大总统任命。

　　以上各省的划一命令不适用蒙古、青海、西藏三省区。

　　袁世凯在其《临时大总统令》中是这样解释的："利国福民，首在改良政治，而改良政治之枢纽系于法律之良窳与官制之得失。自统一政府成立以来，虽中央官制业已公布施行，而地方官厅尚多以自为风气。诚以共和宣布其时，政府计划唯注重于军事、财政、外交诸大端，对于各省地方，只以回复秩序为急……各省同此，一司而南北之名互异，同为一长而彼此之权限各殊，至于道府并存府县相辖，则尤袭前清之弊政。大戾改革之初心。此外，特别官厅、警察官署系统既不分明，编制复多歧出，以致纲纪愈堕，政令愈疲，官治愈棼，民生愈碎。本大总统慨念时艰，疚心无已……政府提案

[①] 以上均见《政府公报》第 9 册，上海书店 1988 年版，第 144 — 169 页。

业已于再三。现正从长修正，不厌求详，一俟参议院议决再行公布……以民国二年三月以前为限，一律办齐，以慰国民喁喁望治之心。共和，建设来日方长，曰为改岁……"①

袁世凯忧心非他，乃忧在统一未成。诚如孔子言："吾恐季孙之忧，不在颛臾，而在萧墙之内也。"②这就是袁的治内安天下之策。人类社会自从有了国家以后，就存在两种战争，一种是国家之间的战争，一种是人与人的战争，"每一个社会中的个人开始感觉到自己的力量，他们企图将这个社会的主要利益掠夺来自己享受，这就产生了个人之间的战争状态。"③袁世凯就是这场民国初年人对人的战争的发动者。他所要建立的这支"统一"的文官队伍就是进行人与人的战争的依靠力量。

与此同时，北京政府的文官管理制度也相应出台。这就是以"大总统教令"（第十号）的形式公布了九个文官管理法案。这些法案是：

1. 《文官考试法草案》

2. 《典试委员会编制法草案》

3. 《文官任用法草案》

4. 《文官任用法实施法草案》

5. 《秘书施用法草案》

6. 《文官保障法草案》

7. 《文官惩戒法草案》

8. 《文官惩戒委员会编制法草案》

9. 《文官甄别法草案》

嗣后，袁世凯又以第十一号"教令"的形式公布了《官吏服务令》④。至此，以大总统教令形式制定的文官制度基本架构业已形成，为了简明起见，其体系以下列图式表示：

① 《政府公报》第9册，上海书店1988年版，第145页。
② （宋）朱熹注：《四书五经·论语章句集注》宋元人注，上册，中国书店1985年版，第70页。
③ ［法］孟德斯鸠著，张雁深译：《论法的精神》（上册），商务印书馆1961年版，第5页。
④ 《政府公报》第9册第187—190页，上海书店1988年版。

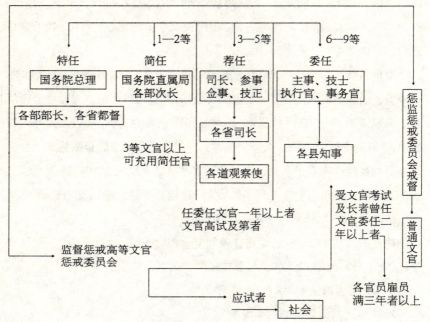

文官任用有特例需说明：

在文官任用之中比较强调年资，例如简任官之资格必须有三等荐任官的经历，充任荐任官必须有委任三等官一年以上的资格，或者是国家高等文官考试中的，充任委任官必须是文官普通考试及第者。

在文官任用法施行之中比较重视文化教育的因素，充任简任官除了年资以外，如有曾在本国或外国大学或专门学校修政治、法律、经济之学三年以上的、及第者并获得文凭者亦可。充任简任官者除上述的年资以外，如有在本国或外国专门以上各学校所修政治、法律、经济之学一年半以上并持有证明书的亦可。在充任委任官中，除上述有年资者外，如有本国或外国中学或具有相当以上之学校的毕业者亦可。

此后，袁世凯又公布了《知事任用暂行条例》和《知事试验暂行条例》①。

① 《政府公报》第20册，上海书店1988年版，第569页。

需要说明的，这两个条例，一是强调知事充任资格的学历水平；二是强调在考试中有"国际条约之大要"的考试内容，把知事的素质结构推到了国际性联系之中去。

从法理和理论上的意义分析，民国初年的北京政府以袁世凯教令的形式颁布的这一系列的民国文官制度有着反映历史时代和国际水平进步的特点，所有的简任官以下的文官各等岗位和职位都倾向社会开放，注意吸收社会范围内的优秀人才，其标志是其除规定的年资者以外的，具有本国或外国的中学以上的各类（政、法、经）持有毕业文凭的人可以直接充任简任、荐任、委任的职务。其次，在高等或普通的文官考试中，都列举了国际性条约、西方其他专业课程，这就使文官考试具有国际知识。

以上两点，基本上可以使这种文官制度造就一种国内社会人才分类和社会流动的均衡，可以保持国际间文官建设水平的均衡，这两种均衡基本上保证了文官制度的活力和社会关系的稳定，改变了逊清一代的官吏任用的无序性和私人化。

这里的分析，是抽象意义上的一种理论期待和价值评价，但并不能因此而否认民国初年文官制度在"共和"旗帜下的封建化和人治化。请看下面一个材料。

就在袁世凯以大总统的名义发布此类教令的同时，围绕着临时参议院是否承认公布和制定此项文官制度法令草案的法律地位和法律程序具有合法性问题引起了总统与议会的争论。临时参议院以彭允彝为代表的一批参议员，为了维护参议院的立法权和同意权的不可侵犯性，向袁世凯发出了《质问书》。议会的质问，本身就是一种法律行为，其辩论的性质是谁违犯《约法》的问题。任何违宪的非法行为，都要追溯其法律责任。袁世凯深知其中利害的关系，并以总统咨文的形式回答了这次议会的质问。①

　　大总统咨复参议院，据国务院呈称准参议院咨大总统，参议

院彭允彝等提出质问书一节，

已逐条解释，请照参议院法答

① 《政府公报》第9册，上海书店1988年版，第527—531页。

复等因，希查照文……

这是袁世凯咨文的题目在答复中（因袁的咨文长达3096字，恕不能照引，只能选择主要论点）逐一驳回参议院的质问，其要点如下：

第一，驳斥了大总统蔑视约法，自行公布官制的质问。袁采取两份官制的说法，有的官制须经参议院，有的不需经过参议。一月九日公布的官制不属于约法第三十三条所定，而属第三十一条所规定的大总统任免官职的权限之内，当然无蔑视之谈。

第二，驳斥了以命令制定官制是违背以法制定官制的原则。袁采取了一事不二议的说法。说明前议民政长官制业经参议院议决。这次公布的划一各省官制就是照此办理的。当然不存在以命令制官制。

第三，驳斥了"遵行命令与遵行约法，究竟怎么评断为违法与否？"袁采取以总统本位为中心的说法，他说任免各省督、民政长是总统的权力，现行各省长官，《约法》本无规定，如不依呈请任命，各省将何以遵从中央？现在蒙藏风雨紧急万分，议会不能逆意现行体制而致分裂之患起。无从谈起总统的命令混淆议院制法之说。

第四，驳斥了"大总统令于民国三月一律改齐照办，倘若三月以前议会议决废道改制，议会和政府不是互成逆反吗？"现行设道的省份是前清就有的，而不是自今日始，如不循序渐进，就会愈治愈乱。

第五，驳斥了总统以命令侵入议院立法制定官制之权限，而国务院竟然能副署，这是蔑视议会不足惜也，袁以"临时议会"相戏谑，所谓将来正式国会还可以再议决，就不论"临时议会"的责权之大小了。

如果读者有兴趣，可以参考详细的咨文。

上文已经谈及民国初年这套文官制法草案的可资称道的地方。但是，千万不要以为有了这个法案，民国可以称为"法治"了。从上述的袁大总统在《咨文》中驳斥总统越权制定民国官制的质问，验证了章太炎的一句话："理论是理论，实际是实际"。民国初年从无有一届政府或有一位大总统是循法律之名，责依法之实的。康有为在上海讲学时说出了这些军阀和政客们的"心法真传"，他说世上有两本书，有一本真书，还有一本伪书。凡是纸上写的东西大都是给人看的，凡是心里想的要怎么做才是真的。当然，他的话半是怨恨，半是谩骂，实际也未必如此。但对北洋一伙的所作所为，确实是如烛如光，分外鲜明的察照。所有的法律，他们都可以拿来，但拿来以后怎么办？却是他们的事了。

民国初年的北京政府不仅规定官吏的社会地位和角色关系，而且又用社会价值体现了官僚的无形优越和身份，这就是从中央到地方县知事的《官俸法》。

民国元年十月十七日公布了《中央行政官俸法》，明定国务院总理1500元，各部部长1000元，不算其他的规定。其余行政官的官俸分九等十二级，从600元到50元有差不等。[1]

各省地方的官俸是民政长800元，司长500元，科长、秘书200元。

观察使500元，科长、秘书各100元。

县知事300元，科长、秘书各50元。[2]

任何国家的文官俸禄与收入都必须坚持社会均衡的条件。马克思在工资理论中也曾指出工资收入的结构之中包含该国家和该民族历史与伦理的因素，我国是一个历来重视社会均衡的民族，现在让我们看一看民国社会的工人和农民的平均收入。

民国时期著名社会学家孙本文在《现代中国社会问题》一书中写到："农村农家每年收入不足50元者，各地合计，达28%；河北各县竟达62.2%。每年农家收入尚不足90元，至每年农家收入在150元者以下者，各地合计达67.1%……全国平均为261.1元。"[3]平均每月20元左右。

工人的平均工资，"男的每月不过60元，最低有7.5元。就普通的情形，男的没有过20元的，女的在19.2元以下，童工在10.5元以下。"[4]

这里所引的是民国二十五年左

[1]《政府公报》第6册，上海书店1988年版，第480—485页。
[2] 各省民政长以下的人员官俸据《东方杂志》1904—1948年，卷10第5号，中国大事记栏第1—2页，商务印书馆。
[3] 孙本文著：《现代中国社会问题（四）》，商务印书馆民国三十五年版，第67页。
[4] 孙本文著：《现代中国社会问题（四）》，商务印书馆民国三十五年版，第67页。

右的情况，如果上溯到二十年前，工人和农民的收入就更低了。工人的最高月收入只抵上县府的科员，农民每年的最高收入也只能抵上县知事月收入的2/3。

柏拉图说过，人类社会有两大罪恶，就是富和贫。为富者不仁，无所不为，受穷者受急，容易铤而走险，只要社会上贫富悬殊失当，就不会平静，这是一条铁的人口与经济规律，古今中外，概莫能外。

如果为上述官俸与社会上工、农收入有明显的差距而感到惊讶，现在有一项更令人瞠目结舌的差距，这就是大总统的官俸，兹录如下：

> 关于大总统年俸等呈文，为呈请事，大总统年俸案前由财务部的拟数目咨送到院。查法国先例，是项年俸亦无以法律规定之必要……大总统年俸定为36万元，公费定为每年150万元，交际费定为每年54万元……至副总统年俸定为12万元，交际费定为24万元。

袁世凯在此项呈文后批示：

> ……本大总统深惟民生不易，物力维艰，正欲躬行节俭，以为表率，何敢厚自崇俸，负疚神明？应减定为俸金月支三万元。姑按八成起折；公费月支4万元，交际费月支4万元。作定额。"①

在惊讶以后，还应该感到这是一种历史的进步。因为在民国元年，参议院在咨询总统府支出费用的时候，财长竟然说不知道。这是何等愚弄！到了民国二年的十月，总算公开了总统的月俸和其他费用。特权并非一概铲除，但是只要有法可明，就是超越了"黑箱"时期。

仅是大总统的年俸就足可以使一切野心家为此走上绞架而不顾。

我们为什么要反复地引证民国初年的文官制度及其相关的制度呢？因为这是引起民国社会结构形成和组合的重要来源与途径。一个由上而下的无数的政府职位和员工角色丛集的网络必然引起民国初年社会分化和社会流动的蜂拥，尤其在历来以官文化

① 《政府公报》第20册，第165页。

为重彩的社会里更具有吸引人才的魅力。非常可惜，真正构成社会冲动和欲望的是人们的社会关系和经济利益，一切善良的社会改良一旦被这种无形的手抓住了就会真相毕露。何况，这种文官制度出于袁世凯之手，谁知道他要把社会引向何处？我们可以从社会的视角，分析民国初年官吏队伍的人员构成。

二、换代不换吏　新旧合为一类

从《政府公报》的资料分析，民国初年的委任官以上并未像《文官任用法》和《文官考试法》规定的那样，而是从逊清末造的"遗民"中直接借用过来的。政治上继续以旧收新，思想上各派都是新旧互参，这就是民国初年社会上多维变化共存形势。

民国初年的中央政府定都北京，虽然激烈的民主人士曾把此喻为朱明北移，二次改朔。这说明，还没有看清历史的神秘之处，他们是代表理想主义去反对传统，后来的变化说明，民初的北京确实像阿拉伯神话中的"飞毯"，能把一切矛盾的两极性打通，能把革命的焦虑和紧张转化到悠闲的秩序之中去，把一切安排得非常自然、和谐。为了搞清民国因循前清、举逸兴亡的政治根源，我们可以先看北迁以后的政府的态度和精神，大多都是以"接受办理"的方式承接旧部的。

教育部呈分设厅司，请委任参事等职文：[①]

> 为呈请事，四月二十一日大总统令开，现在国务院业经成立，在京原有各部事务应即分别交替，由各部总长接受办理。等因奉此，本部业已于四月二十四日接受学部事务……

如果是"接受原有各部"的，按照我们在上文提及袁世凯驳斥参议院擅自公布官制的咨文中所称，民国创始，一切务在革新，那么南京政府及各部又是"接受办理"谁的？时过境迁，由南而北，"革命"易鼎，到头来落了一个"接受各原有部"的神话，标志着民国的精神已从平民主义转换到

---

① 《政府公报》第1册，第55页，第85页。

官僚贵族的阵线上来了。

财政部的接受公告更是语含眷恋，辞训宽雅。请看财政部熊总长令：①

> 本部改革之初，拟先设立筹备处，选派司员筹议办法，其旧部当差各员除金库员司及前次派管案卷各员，仍应暂留管理外，其余先行解散，俟本部组织完全再行分别去留，量才委任，此令。

说什么"拟设筹备处，以筹议办法"，南京财政部不是已经建立在前了吗？

司法部的通告说得更清楚，新旧一概不算，重新考试后再行决定，请看司法部令：②

> 溯自国体变更，中央机关本应自先改组。维时国务院尚待组织，在京原有各部不得不暂时继续办事，近四月二十一日奉大总统令，宣告国务院成立。10月各部应分别交替，由各总长接受办理，是为一定之手续。……共和宣布以来，全国统一。在北在南凡经服务之人，均属尽力民国。本总长同深敬佩，毫无歧视。兹经本总长派员接受前法部事务，无论新旧各员，未经指派者，均暂缓进署……所有应行各官，即当另行通告。定期考试，以示大公……此令。

此后，司法部民国元年五月初九日发布"司法部招考通告"……"南京司法部及北京旧法部均可报名应考。"

司法部在新旧人员的政策上体现了多么平等的精神。可怜南京司法部位等前清法部，被视作遗臣之列。③

北京军门统领呈文说得更明白，只是把前武卫左军印信换成毅军关防。④

北京是这样"接受"的，各省地方是怎样接受的呢？这里有这样一件"东督等咨呈国务院，东省司道等官衔名，请鉴核备案文"（附表）：⑤

> 为咨呈事案，照国体初更，

① 《政府公报》第1册，上海书店，1988年版，第55、85页。
② 同上书，第97页。
③ 同上书，第119页。
④ 同上书，第57页。
⑤ 同上书，第134页。

一切官制、官规尚未分别厘定，所有本省大小各官，均系暂行照旧办理以重职权。现在国务院业经成立，应将现任各官衔名开列，咨呈以备考核。除俟将来如有更调时，咨呈核备外，理合开具本省现任司道暨府、厅、州、县各官名列表备文，咨呈国务院，谨请鉴核。备案施行：名单

	署名	姓名	年龄	籍贯	补受	视事
1	民政司	秋桐豫	57	浙江会稽	宣统三年12月20日	宣统三年2月22日
2	提学司	涂凤书	37	四川云阳	宣统三年12月24日	民国元年12月18日
3	提法司	汪守珍	39	安徽婺源	宣统三年12月20日	宣统三年12月22日
4	兴东道	李梦庚	31	直隶抚宁	宣统三年11月28日	宣统三年12月25日
5	瑷珲道	姚福升	65	京内务府正黄旗	宣统二年8月21日	宣统三年12月25日
6	龙江府	周玉柄	34	四川成都	宣统三年12月21日	民国元年3月21日
7	绥化府	黄家傑	53	江西新淦	宣统元年9月	民国元年3月21日
8	呼兰府	王顺存	49	河南商城	宣统二年8月14日	宣统二年12月2日
9	海伦府	辛天成	47	四川屏山	宣统二年8月14日	宣统二年12月2日
10	黑河府	林松龄	45	吉林	宣统二年6月13日	宣统三年7月8日

注：另外还有表中14人，不再抄录。

《政府公报》还刊载了吉林度支使等缺拟委饶昌暂行兼代文[1]。饶昌原任吉林官银钱号总办，现呈报兼任吉林度支使，同文补报还有其他几名前清吏。

司法部电令广东、江西司法司长选报司法人才仍按前清法部考试章程办。[2]

为了说明民国与逊清的递受关系，我们还可以从《财政部通行京内外各衙门办理决算预算文》中所列的财政拨款部门来分析前清遗留给民国

[1]《政府公报》第1册，上海书店，1988年版，第193页。
[2]《政府公报》第1册，第349页，第579—583页。

的"遗产"有多少。①

在参谋部经费一门里下列逊清部门仍然由财政部拨款:

> 武卫军经费、满蒙汉八旗营经费、两冀八旗前锋护军营经费、内火器营经费、外火器营经费、健锐营、虎枪处经费等。

河南省地方官员的任命也是这样的,请看下面一文:

> 署理河南都督张镇芳呈请谢恒武署开封府知府文:为呈报事,窃照署理开封府知府吕耀卿现经辞职,所缺该府印务,查有谢恒武堪以拣委署理,据藩学、法三司,巡警、劝业三道呈请前来,都督复核无异,除檄饬遵照外,理合具文呈报
>
> 大总统签核施行。②

署理直隶都督张锡銮呈请坐补的守务官员李文祺、徐英也是从前清的千总提到守备职位上的。③

奉天民政司出缺,奉天都督赵尔巽咨达国务院,拟用存记道孙百解补任。④

司法部总长许世英呈大总统关于周泽春任总检察厅总检察长的一文中介绍了周泽春履历,从中我们可以看出民初的政治人才的启用与提拔无不是逊清一代的前官旧吏。请看下文:

> "查周泽春,系湖北人,留学德国柏林大学,法学博士,普鲁士国审判庭练习推检事毕业,前清法制民刑律等科主任,宪法、行政法等科兼陆军部司法官、外务部和会司司员兼德俄股股员,学部普通司司员驻德考察宪政大臣随员……⑤

再让我们看一下民国初年甘肃的官吏是怎样拣选的。《政府公报》刊载了一份《署理甘肃都督赵惟熙呈明各厅、州、县出缺,应即遴选请补文》,该文的主要内容如下:

> 为呈明各厅、州、县出缺、遴员请补事,窃查三月十五日奉大总统令电开,各省文武属

---

① 《政府公报》第1册,第349页,第579—583页。
② 《政府公报》第3册,第210、300页。
③ 同上。
④⑤ 《政府公报》第3册第757页,第6册第201页。

官照旧供职，官制概不更动。其应行之政务，应司之职掌仍当继续进行。一俟官制厘定再布，遵照此令等因奉此，所有甘肃各厅、州、县出缺自应遵照遴员，请补以专责成而重民事。……

为了不烦详述，仅把署甘肃都督赵惟熙所遴选的人员分别列举如下：

丹噶尔同知一缺有截取同知赵国珍，现年39岁，系云南蒙化直隶厅人，由举人遵例报捐，内阁中书，光绪二十九年闰五月份分发到阁，三十三年补受内阁中书，三十四年以截取同知发往甘肃补用，是年领照例省，曾任实缺人员，例不甄别以之请补丹葛同知，实堪服任。

甘肃洮州抚番同知张彦笃等所遗洮州抚番同知一缺，查有补用同知黄树菜，现年45岁，系湖南长沙人，由监生遵例报捐通判，分省试用在伊犁供差。于历年防戍出力案保免补通判以同知分省补用，光绪三十四年领照到甘甄差委，以之请补洮州抚番同知，实堪胜任。

甘肃宁远县知县刘秀柏，现经丁忧所遗宁远县知县一缺，查有即用知县单士贤，现年36岁，系江西高安县人，由进士即用知县，挈甘肃甄别委署，以之请补宁远县知县，实堪胜任。

以下只列补用人员的衔职：

补渭源县知县杨鼎新所遗一缺的是陈洪宝，现年43岁，江西泰和人，举人会会考。

崇信县知县补用张孝铨，现年46岁，河南商城人，由副榜考取教习，期满以知县遵章分发甘肃。

补西和县知县蒋康，现年55岁，江苏武进县人，由举人报捐知县。光绪二十八年饬赴新任。

补甘肃布政司库大使佘坤培，现年41岁，贵州余庆县人，由拔贡候选州判保以知县用。

甘督赵惟熙所呈七名遴员全部是逊清的举人，进士，拔贡，而且都早在辛亥以前任职于逊清末造。

民国元年八月初三，奉督赵尔巽关于遗缺补官的公文：

　　为咨达事案，查委署道府等员缺，均专案报明。兹查兴凤道俞明熙请假两月回籍遗缺，查有前直隶通永道锡龄阿堪署理，又海龙府知府吴瞻调查遗缺，查有补用直隶州知州永贞堪委署理。除分饬遵照外，相应咨达贵院，请烦查照备案施行。①

我们还可以从国务院铨叙局的一份汇编旗员改籍的材料上分析到，民国初年对改籍加姓的旗员仍然是按照逊清以前的官职等阶办理的。铨叙局是主管委任官以上的人事机关。为什么要承认前清的官员呢？个中道理是不言自明的。请看下列汇表：

　　铨叙局汇编旗员加姓表②

　　崇文：直隶知县，（以后略）

　　锡铎：河南知县，

　　隆恩：直隶知县，

　　锦昌：直隶通判，

　　祺英：直隶同知，

　　承训：直隶知县，

　　寿昌：副都统，

　　炽昌：前裁缺吏部主事，

　　额尔登额：直隶知县，

　　桂森：山东典史，

　　龄昌：河南直隶州，

　　双贵：留东补用道，

　　宝贤：河南知县。

　　　　　　前清与民国同源，可以说是互相承认。现在，再请看新疆地方官吏

①②《政府公报》第4册，上海书店，1988年版，第76、109页。

的充用。

新疆都督杨增新呈大总统委邓朝栋等署和阗直隶州知州等缺文：

> 为呈明事，据新疆布政使镇迪道兼提法使衔会详称，窃照署和阗直隶州知州唐充中，请假遗缺，亟应委员署理以专责成。本署司等查有现署吐鲁番同知，正任蒲犁通判邓朝栋堪以调署，遗吐鲁番同知缺，查有署迪化知县请补哈密直隶通判张华龄堪以调署。遗迪化知县，查有候补知县吴翰章堪以署理；除分别给委外，理合会详呈。……①

吉林省都督陈昭常呈请大总统准补绥远州汪清县各缺文并批②。

> 补绥远州汪清县知县春潵，现年45岁，蒙正黄旗人。由廪生考取优贡中式举人，以知县分发江西补用，因不服水土，请假回旗，前清光绪三十四年投效吉林，历充要差。

> 补绥远州知州张朝柱，现年36岁。广东归善县人，由优廪生考取岁贡。就职县丞，前清光绪三十四年投效吉林，历充要差。

民国初年对那些前清旧官未能补用的人员，给予优容，并准其到所在省都督处候示待补。请看：

> 铨叙局批山东补用知县承培请换新照呈。

> 据呈，于前清宣统三年八月改就县，签发山东，领有执照，请换新照等语。查民国成立，所有文官任用考试法，业经提交参议院，尚未议决，并无此类执照可以换给，所请毋庸议。惟当文官考试任用法尚未颁布以前，应由该员到省延缘由叙呈山东都督候示遵行，执照发还。③

综上所述，民国初年承用前清旧吏以治民国有两点必须说明，从新旧官吏的结构变化看，中央和省一级的民国官员新旧比例都各有一定的成分，但是省以下几乎全为前清官吏

①②《政府公报》第4册，上海书店，1988年版，第358、485页。

③《政府公报》第6册，上海书店1988年版，第619页。

把持。从地域上分析，北方因袭的成分比南方诸省成分要大一些。就在民国初年，曾有人尖锐地指出民国政体中这个官吏问题。

据临时参议院第48次会议记录的资料，王树声是当时的议员。他指出了民国把一大批前清的贪官污吏不加区别地吸收过来，究竟是为了什么？[①]是缺乏人才，是选择无奈，是前清不可违，是为根壮民国之材基……从这个简单的官吏接受还是保留的问题，渗透了历史复杂的政治和社会人事关系。

现在，我们回过头来用人物谱系的方法，考察民国初年的官职表中人员，本表没有采用5月15日官职，因为那时的唐绍仪内阁是双方妥协的产物。下表中的人物基本上是袁世凯在北方一手扶持的，代表了他的基本政治倾向。

陆徵祥，国务总理，1871年生，上海人，幼年入基督教，初入上海"广方言馆"，嗣入北京同文馆学法文。1892年曾先后任驻俄、德、奥、荷四国公使翻译，1905年11月任驻荷兰公使。1907年5月，改任保和会公使，1911年9月任驻俄公使，1912年2月，改任驻俄外交代表。同年3月，任外交总长，6月到9月任国务院总理。

王广圻，国务院秘书长，1877年生，上海人，毕业于北京同文馆，历任驻荷兰使馆随员，一等、二等书记官，驻保和会三等参赞，中俄改陆路通商参赞，留俄学务监督，外交部秘书长。

恩华，国务秘书，1879年生，1902年壬寅科举人，1903年癸卯科进士，毕业于日本政法大学，历任江南三江师范学堂提调，学部员外郎，学部总务司司长，资政院议员，弼德院参事，宪法编查馆法制局科员。

但涛，国务秘书，1881年生，湖北蒲圻人，18岁赴武昌应童子试，补县学生员，次年，补廪膳生员；后入经心书院，1903年

①《政府公报》第4册，参议院会议纪录，上海书店1988年版，第513页。

赴开封应试，事毕赴武昌。1904 年考入日本神田同文书院，1905
年，入日本中央大学，习商法，获法学士，1912 年 1 月，任南京
临时大总统府秘书，兼公报局长。

朱寿朋，国务秘书，不详。

夏诒霆，国务秘书，1828 年生。清附贡生，曾任德、法使馆
翻译，1912 年任北京政府外交部秘书。

施愚，国务院法制局长，1875 年生，四川涪陵人，1898 年戊
戌科进士，入翰林院编修。1898 年起，先后赴日、美、德等国留
学。1905 年为考察宪政大臣顾问，嗣任山东巡抚顾问，1907 年任
清政府宪政编查馆科员，后任度支部理财处总办，1911 年 5 月，任
奕劻内阁弼德院参议，后任法制院副使，1912 年任北京大总统府
秘书。

胡祁华，国务院法制局参事，1876 年生，江苏太仓人，日本
留学生，历任民政部郎中，资政院议员。

潘昌煦，国务院法制局参事，1877 年生，江苏吴县人，1898
年戊戌科进土，早年赴日本留学，回国后任清廷翰林院编修，国史
馆协修，编查处协修，武英殿协修。

朱森，国务院法制局编修，1879 年生，河北永清人，毕业于
日本东京帝国大学法学部，曾任京师地方检察官。

张元节，国务院法制局纂修，1880 年生，浙江吴兴人，毕业
于京师大学堂，历任驻日本使馆二秘，长崎领事。

饶孟任，国务院法制局纂修，1882 年生，江西南昌人，1904
年甲辰科进士，后赴英国留学，入伦敦大学，毕业后回国，历任驻
英使馆三秘，北京大总统府秘书，北京法政专门学校校长。

易宗夔，国务院法制局纂修，1874 年生，湖南湘潭人，早年
与谭嗣同创南学会，1904 年赴日本留学，1909 年冬被选入资政院
议员。

姚锡光，国务院蒙藏事务局长，1856 年生，江苏丹徒人，1883

年戊子科进士，早年先后任李鸿章、张之洞、李秉衡之幕属。1907年任陆军部左丞，1919年任边殖学堂监督，后升任陆军部右丞。

张国淦，国务院铨叙局长，1876年生，湖北蒲圻人，1902年壬寅科举人，1904年考取内阁中书，1907年在黑龙江任抚院秘书官，1910年6月，任内阁统计局副局长，后任南北议和会唐绍仪随员。

俞文鼎，国务院印铸局长，不详。

冯自由，国务院稽勋局长，1882年生于日本，广东南海人，幼年回国求学，1895年回横滨，入"兴中会"，1912年任南京临时政府机要秘书，4月改任此职，"二次革命"后被捕入狱。

颜惠庆，外交次长，1877年生，上海人，毕业于上海同文馆，1895年与胞弟颜德庆赴美。入维基尼亚州大学，1899年获文学学士学位，1906年10月，应清廷第一次欧美留学生考试，授译科进士，1909年返国，任外务部参议，1911年任袁内阁外务部左丞。

陈懋鼎，外交部参事，1871年生，清进士。历任外务部左参议，弼德院参议，俄文学堂监督，资政院议员，外交部参事。

唐在复，外交部参事，1878年生，上海人，毕业于北京同文馆，赴法入巴黎大学，归国后历任驻法、俄、荷等国参赞，陆军部驻法监督，外务部右参议。

吴尔昌，外交部参事，不详。

戴陈霖，外交部参事，1872年生，浙江海盐人，早年赴法留学，毕业后任驻法公使译员，秘书。

赵秉钧，内务总长，1859年生，河南临汝人，1879年入左宗棠楚军，1898年任捐纳直隶新乐县典史，1895年调东明县典史，1899年捐为知县，1900年任淮军前敌营务处兼统带巡捕三营，1902年任保定巡警局总办，1905年任巡警部右侍郎，1911年11月任袁内阁民政部大臣。

荣勋，满洲正白旗人，历任清政府刑部员外郎，工部郎中，内阁侍读学士，吏部左参议，1911年升任内阁学士兼礼部侍郎。

张友栋，内务部参事，不详。

孙一培，内务部参事，安徽桐城人，毕业于日本法政大学，后任民政部主事、员外郎，民国后任此职。

顾鳌，内务部参事，1879年生，四川广安人，早年赴日留学，历任清民政部郎中，资政院议员。

程克，内务部参事，河南开封人，早年毕业于河南大学，后赴日留学，加入同盟会，1912年6月任内务部此职。

王治馨，内务部内城总厅厅丞，山东莱阳人，后不详。

周学熙，财务总长，1865年生，安徽建德人，1893年癸巳科举人，袁世凯委以山东大学堂总办，1900年任直隶开平矿务局总办，1902年奉袁世凯命办银元局，1905年补授直隶通永道，1906年任长芦盐运使，1911年任袁内阁工商部左丞。

应德闳，财务次长。浙江人，清举人，曾任淮安知府，巡抚衙门总文案，署理布政使。

章宗元，财务次长，浙江吴兴人，清附贡生，1900年赴美留学，1907年回国后获清法科进士，1909年任财政学堂总办，大清银行监理官。

段祺瑞，陆军总长，1865年生，安徽合肥人，1881年投山东威海军营为哨官，1885年入北洋武备学堂，1889年赴德国军校，1896年调至天津小站练兵。1901年任武卫右军学堂总办，1904年署北洋常备军第二翼长，1910年署江北提督，驻青江浦，1911年10月，任第二军军统，署湖广总督，1912年起，任陆军总长。

蒋作宾，陆军次长，1884年生，湖北应城人，15岁考取秀才，1902年入武昌中学，1905年赴日留学，1909年，调清陆军部军衡司任科长，1912年任南京临时政府陆军次长。

金绍曾，陆军部参事，1874年生，天津人，毕业于保定陆军学校，后在清政府军咨府任职。

吴绍麟，陆军部参事，不详。

张承礼，陆军部参事，不详。

徐树铮，陆军部秘书长。1880年生，江苏萧县人，13岁中秀才，17岁补廪生，后投段祺瑞，1905年赴日留学，任段祺瑞参谋，1912年3月，任陆军部军学司长。

刘冠雄，海军总长。1858年生，福建闽侯人，1880年福建马尾船政学堂毕业，1886年赴英国留学，1894参加甲午海战，1909年6月任江防舰队司令。

汤芗铭，海军次长。1903年癸卯科举人，1885年生，毕业于福建船政学堂，后被送西欧留学，1905年入同盟会，1909年回国，任舰长。

黄钟瑛，海军总司令，1869年生，福建闽侯人，早年入福州船政学堂，毕业后任靖远军舰见习，1911年升海军临时舰队司令。

范源濂，教育总长，1876年生，湖南湘阴人，曾入时务学堂，赴日留学，1910年擢升学部参事。

董鸿祎，教育次长，浙江宁波人，1901年庚子、辛丑并科举人，任学部主事，后赴外留学，归国后任教育部秘书长。

许世英，司法总长，1873年生，安徽秋浦人，13岁中秀才，1879年丁酉科拔贡，在清刑部任事。1898年任刑部浙江司副主稿，1901年升六品主事，1905年任京师外城巡警厅佥事，1901年任赴欧美考察法律政治制度副代表。

汪有龄，司法次长，1879年生，浙江余杭人，日本法政大学毕业，任清商部杂志编辑，京师大学教习。

陈振先，农林总长，1887年生，广东新会人，原为清驻美国公使书记官，归国后授农科进士，1909年任翰林院编修，后捐纳候补道。

梁贵奎，农林次长，1879年生，广东南海人，毕业于北洋大学堂，1903年赴美留学农科，1910年回国授农科进士，为翰林院编修。

刘揆一，工商总长，1878年生，湖南湘潭人，1903年留日，1907年入同盟会，曾为十干事之一。

向瑞琨，工商次长，湖南长沙人，14岁补博士弟子员，后赴日入明治大学工商科，回国后任两江总督商务文案，1911年获商科进士，授七品京官。

朱启钤，交通总长，1872年生，贵州人，清举人，1903年任京师译学馆监督，1907年随徐世昌充东三省蒙务局督办，1909年任津浦路北段总办。

冯元鼎，交通次长，广东高要人，任津浦铁路督办，后任铁路局总文案，邮传部丞参。

黎元洪，副总统领参谋总长（略）。

陈宧，参谋部副总长，湖北安陆人，1897年丁酉科拔贡，后入湖北武备学堂，毕业后入日本士官学校，归国后任武卫前军管带，1903年入滇，任新军第19镇统制，1908年擢升陆军部员外郎，擢四品章京，驻防奉天。

章宗祥，大理院院长，1879年生，浙江吴兴人，1899年入日本留学，1905年任清宪政馆局长，后随唐绍仪参加南北谈判，总统府秘书。

徐绍桢，仓场总督，1861年生，浙江钱塘人，1894年甲午科举人，任江苏候补道员，1904年任两江兵备处总办，1911年10月，新军攻克南京后被推为江浙联军司令。

胡惟德，税务处督办，1863年生，浙江省吴兴人，上海"广方言"馆毕业，1888年戊子科举人，1904年为驻俄公使，1907年任外务部右丞。

（以上人物考辨材料主要是从《民国名人传》（贾逸君编，岳麓书社）、《民国人物大辞典》（徐友春主编，河北人民出版社）、《北洋军阀》第六册（章伯锋、李宗一主编，武汉出版社）采集而来的。）

看完上述人物的生活和经历，人们不禁发出一声发自肺腑的惊叹，他们确实是一群探穴藏山、怀铅报珠的庙堂高才！人们也会发出一声对袁世凯的惊叹，这位行伍出身，半瓶诗书的洹上蓑翁能聚集这么一群人才，可谓际会时代，超过前人！曾国藩当年有一容闳而不重选，李鸿章遇孙文上书而不幸觐，比起他们的后代传人博采东西洋人才于帐下，真是百年萧瑟，至今犹憾！

朱元晦说天下善人少而恶人多，曾国藩说毋宁把天下人看得坏，不如把天下人想得好。但是，客观地讲，云集在袁世凯的北京政府的这些从欧美和日本走来的什么"法科进士"和"商科进士"，遥想当年在山之时，出洋之际，并非为了助纣为虐或者是羊质虎皮地败坏民国、反道共和，然出山之水，必有逆来之泥沙，地处腥膻，难为洁净法身。这正是英雄必有所溺，所溺者何？无非如袁世凯所说是金钱、名利、权力和面子，这大概是古人常讲的乱世无德！当这些人一旦利用自己的智力和本能去追随袁世凯与北洋武夫，即是"倘若人没有善德，他就是最邪恶，最野蛮的动物，最富色欲和食欲的动物"①，人的本质的变化在这些微乎危乎的社会关系之中。

现在，考察得基本清楚，从中央到地方的民国官吏，不管他们来自江浙还是燕云，不管他们是留学还是科考出身，都有一条无形的与旧制度的纽带在缠绕着他们，都有一束皇权道统的光环跟随着他们，面临民国的时代，他们面临又一次选择的机会，他们为什么又选择了袁世凯呢？实际上是选择了自己所熟悉的旧制度，骨子里仍然依恋着皇权，他们离不开能够表现自己邀幸和竞进的"主子"。而袁世凯也正需要这一伙旧臣新奴，这就是民国初年的"官魂"所在！

也许有人会指责我们坚持"前清出身论"，坚持不准人们革命的"王伦"之调。②如果有这种观点，那么，我们可以查一下洪宪帝制时，京

---

① 〔美〕西摩·马丁·李普塞特著，张绍宗译：《政治人：政治的社会基础》，上海人民出版社1997年版，第5页。
② 王伦，指《水浒》中前期寨主，坚持把林冲赶出山寨，毛泽东叫他为"不准人家革命"。

城诸公有几人出走？有几人举旗？正如蔡锷所说,叫世人把他们看成什么东西！

如果还不信服,我们可以从《洪宪制令》中找出除北洋武夫以外的北京政府文官中被加爵封赏的人名来！请看1914年7月18日公布的《文官官秩令》中几个有关人物：

上卿：徐世昌。

中卿加上卿衔的：赵尔巽、梁敦彦。

中卿：杨士琦、钱能训、孙宝琦、朱启钤、周自齐、熊希龄、汪大燮。

少卿加中卿衔的：章宗祥、汤化龙。

少卿：董康、杨度、赵秉钧。

（加上大夫、中大夫、上士、中士、下士人略。）①

在《洪宪帝制令》中册封的：

一等侯：汤芗铭、陈宦。

一等男：许世英。

特封二等公：刘冠雄。

难道袁世凯称帝,民国黑暗如漆仅是一人所罪吗？历史把民国带进了深幽的迷宫中去,人们至今都不明了底中,民国的北京聚集了那么一批学贯中西,道兼古今的人物,却不能挽回民国的颓败之路,这是为什么？从近代以来,自东徂西地学西方,学成以后回归来的人也跟着一道去拜祖求佛呢？从近代以来,说我们没有人才所以落后,为什么我们有了留学西方的人才还是这样因循旧路呢？是什么力量把民国变成了瘫痪的残缺不全的病人？民国失语了,也失踪了,只是剩下了一堆故纸！

三、以旧承新 新旧共用

莱布尼茨说："现在包含着过去,而又充满了未来"②。民国初年

① 《政府公报》第35册,上海书店1988年版。
② 转引自 [德] 卡西尔：《人论》,上海译文出版社1995年版,第227页。

虽然黑暗和昏乱，连续性的政治倒退并不能掩盖社会生活和社会经济的变化。恩格斯在其晚年的通信中，曾分析到政治与经济的关系，当政治的发展方向与经济发展的方向一致时，政治是会推动经济加速和变量扩大，当政治发展的方向偏离经济发展的方向，经济的发展要受到阻碍，甚至是倒退。即使是阻碍与倒退，也不能说社会的经济和生活就停滞了，"上升的路和下降的路是同一条路"①，作为民国初年的政府行政部门也需要面对社会的空间和时间过程中的问题，然而由于这些政府部门的人员素质不再是僵化的科举制度选拔出来的，有的本身就是留学东西洋人员，在采取相应行政措施时也烙上了时代的色彩或者是外来文化的个性，这是不可避免的，也是民国初年社会变迁的最内在因素。此外，政府以外的社会是一个巨大复杂的空间，在那里是一个充满着矛盾和激情的世界，这种激情也正像恩格斯所说的那样，人们对财富的追求，卑劣的贪欲，富裕与贫穷之间的嫉恨……这正是社会发展永不消退的活力。从袁世凯的政治利益分析，在没有能够触及他统治的根本利益的前提下，对于引进西方的文化、教育、司法和工商行政措施，是能够给予宽容的。这也是民初的统治与行政之间所产生的结构性的时空天地。民国初年一些微弱的变迁就是从社会夹缝所生长出来的。但必须明确，民国初年的社会政策、经济和司法的变化是一种无序的、人治的、混乱的、盲目的，不可能实现社会转型的历史发展的整体要求，只能是社会变化中的，前进过程中的微量和多维方向的积累和渐进。

民国开始走入世界，这使我们古老民族在文化结构上增长了开放性。此时的"民国"已是现代世界中的中国（蒋梦麟语），两千年来普天率土的"居天下之中"的观念已经破除，逊清一代那种"乡愿式"的海通，那种此开彼通，前迎后拒的方式已经扫除，对西方文明的认同和接受能力已经今非昔比。这主要表现在以下几个方面：

民国初年，我国对外经济活动日趋活跃，参加了三次国际性的博览会，这是中华民族进入近代以来从坚持的"夷狄大防"传统思想到走进国际

---

① [德] 卡西尔著：《人论》，上海译文出版社 1995 年版，第 226 页。

经济关系的循环之中一次自我否定的超越。这大概就是黑格尔所说精神的裂变，先是以其特殊性的自我，然后以自我否定再进入世界精神一般性之中的规律。请看下列材料：

工商部准驻意代表申送意国都郎赛会奖案清单：①

第一门：职业教育（门类照会章列数，无者从阙）

第一、二类：各项工业学校，工艺职业学校（在这一门类中列举五所优等学校）

其中上海邮传高等实业学堂获最优等，湖北矿务学堂获金牌，安徽实业学堂获银牌。

（以下略）

第五类：各项补助工商农业之设施（其中16所学校、社团获奖，另有4项个人奖、团体奖）

获卓绝奖的：北京罗马音字研究会

北京学部学堂章程及教育统计

获最优等的：江苏通州大生纺织公司

张謇本人

通海垦牧公司

获金牌：北京译学馆，广州方音学堂，其中湖南高等学堂获铜牌。（以下略）

第七门是移运业：北京邮传部电线及铁路图

唐山铁路及材料厂

以上获最优等奖。

第13门是房屋内外

第73—74类家具、装潢、铜器、灯盏、玻璃水晶、瓷器：

湖南宁乡周理君红木椅获优等奖。

湖南长沙老公和获银牌。

（以下略）

①《政府公报》第4册，上海书店1988年版，第45—56页。

第14门：乐器

福州老天华斋，金牌

第15门：林业

第80类是树木治理：

江西袁秋舫君，荣奖，

第81类猎品：吉林出品协会，金牌

第16门农业、农学机器：

第90类农产：

巴黎豆腐公司，优等；

（以下不烦一一引述，只是概要介绍）

第100类饮食中有上海益丰公司的兴华公司红茶等11个省市茶叶获奖，绍兴酒，苏州钱义行的烧酒，上海的同庆永酒行的甜酒获奖。

第106、107类的矿产品获奖的有直隶临城（枣庄）矿务局的煤炭获最优等奖。

第109类的贵金属类中有贵州铜仁府铜仁公司获金牌。

第110类石灰水泥类有直隶唐山的启新洋灰公司获优等。

第117类的燃料之工业有汉冶萍公司的煤获最优等。

第121类药剂工业有福建建宁商会药品，四川商会的大黄，贵州罗斛厅的艾粉公司均获优等。

第122类的鸡牛、蛋加工业中有上海同茂盛鸡鸭蛋获优等。

第127类棉纺布中有上海老村大成布号获金牌，杭州通益公纺纱厂获优等。

第128类的羊毛呢中的天津贸易的地毯，北京工艺商局的地毯获优等。

第129类的大麻、小麻织布类中有江苏太仓冯又泰，湖南长沙久康布号获金、银牌，湖南长沙马大生布号获优等。

第131类的蚕丝类有苏州庞正裕，上海兴华公司，苏州夏庆纪源号获金牌。另外还有60家上海、杭州等厂家获优等或最优等。

第133类绣货、扇子类中苏州武陵女学获优等，另外还有45家单位获优等或最优等。其中湖南明德女学堂，长河湘绮楼女士，湖南攸县林琼英女士获优等。

第145类字模，146类排印，商务印书馆均获金牌或最优等。

以上是参加意大利都郎赛会的奖案。

另外，民国政府于民国元年（1912年）十月，派国务院审计处总办陈锦涛前往美国旧金山参加"万国博览会"。在开幕之际行礼炮21响，五色国旗第一次在国际场合悬挂。①民国政府又于民国二年五月二十四日（1913年），派陈琪为代表前往旧金山参加美国为纪念开凿巴拿马运河竣工而举办的"美国博览会"。②

民国初年，北京政府参加了万国农会、万国防疫会、万国红十字等国际性组织，并有派驻代表。遥想当年，1773年（乾隆五十八年）英王派马戛尔尼（George Macsrtnly）以祝寿的名义来到中国要求觐见乾隆，因为清朝政府要求英国使臣要行三跪九拜之礼一件小事，竟然谈了一个半月。在勉强采纳英国使臣单膝下跪的折中办法以后，乾隆在敕令中竟然这样说："……天朝物产丰盈，无所不有，原不藉外来货物以通货物，特因天朝所产茶叶、瓷器、丝巾，为西洋各国及尔国所需之物，是以加恩体恤……"③这是什么话！全然不懂外交。从近代以来至今，竟然要50年才主动参与国际活动，真像鲁迅所说，在旧中国哪怕你搬动一下桌子，也要流血！大有大的难处，历史悠久，包袱也重！

民国初年，工商部、农林部都派有驻外专员，司法部也有驻外人员，请看下列材料：

派驻外国修习实务员训条④

此次派赴外国修习实务，

①②《中华民国史事纪要》（1912年7—12月）第424页，（1913年1—6月份）第556页。

③ 戚其章著：《中国近代社会思潮史》，山东教育出版社，第29—35页。

④《政府公报》第14册，上海书店1988年版，第83—84页。

京外各员，在国内为知法之职官，在国外为特殊之修习，寻常留学固所不同，游历考查亦难并论，为前所未有，当思中外所俱瞻重，以司法一端分权方始历史上之关系，渐次脱离世界上之观念，渐趋一致。眼光、手腕影响全国前途，辗转相师，削趾固难适履，……是用明司法学之士，通晓外情之员，选择责任极大。各该员等对于章程所规定者必能注意研求，黾勉从事。方今邦基未固，时局艰虞，来轸方遒，去日苦短，吾国司法界，上有无穷之希望，希望当以各该员等，兹行卜之，乃者已奉任命，各员严装待发，驾行有日，本总长殷望之余，窃有私虑，爰订训条，揭櫫如左，愿各自爱，勿迁其言。

一曰敬……

一曰慎……

一曰勤……

一曰明……

司法总长：许世英

民国二年六月三日

从把西方的科技视为"奇巧淫技"，到主动派员训习外国实务，这应当说不无求进之意。

从民国初年起，一系列逊清的践踏人性的所谓"纲纪"之礼制被宣布为非法，在取缔之列。我们老大民族的形象开始有那么一点新起色。

司法部明令一律废除"跪审"。

司法部明令一律废除"死刑"公开。

司法部明令所有诉讼案件一律归检察厅和审判厅，各地行政长官不得与闻，司法与行政权开始分离。

司法部开始公布律师制度章程，结束了长官或审官独霸庭审的局面，庭辩会审的秩序开始了。

礼制命令实行，三跪九叩告废，国人的膝盖开始硬了，随后，以阉割为生计的"人妖"绝根了！

不缠足运动在妇女之中悄然涌动。

礼服之风一起，旗衫、马褂不再一合九州了！

中央教育会议召开，各类学校开始兴起。

中央工商会议召开，各类公司、厂矿准予注册。

（以上材料来源于《政府公报》第2、3、4、8、21、24册）

以今视昔，或以考订当时，民国初年的社会和政府行政确实是有所进步，有所改进，有所改良，有所风附，一言以蔽之，为了这一点点的改进，我们的民族付出了多么大的代价，以社会成本与社会效益而论，代价太昂贵了！我们的民族实际是在透支着人力和财力，一直在虚盈实亏！这是为什么？根本的社会制度和社会结构并没有变，这是民族在戴着脚镣低舞，这是带血的幽默。至此，不要以为民国初年的北京文官可以有独立人格，我行我素了，他们是前清遗民、新朝权贵，完全依附于北洋武夫和袁世凯，是一帮苟且、因循、造作、矫饰、欺诈、阴险的家伙，虽然也做了"维新功夫"，还是看着主子脸色行事。民初记者林白水、邵飘萍是被内务部杀害……为自保起见，往往加入流氓集团，为匪徒奔走，正如平时士大夫利用流氓一样。以上种种的情形，对民国初年的中国人都是身经、目睹、或耳闻的实情，无需举便。[1]更须要指出，有的文官是喝了洋墨水的，更知道如何用"洋货"处世谋利。

诚如上述，但社会毕竟不能等同于政府，民国北京政府也不可能占据整个社会，社会与政府也存着社会距离和社会空间，只要有了这个实体存在，整个民族的进步仍然是在日复一日地进步，虽然风吹雨淋，云起雾障，但社会的空间的合力作用依然在改变着社会中有限的生命和事物，所以有人说，社会和历史是一切贵族和独裁者的坟墓！这是理解民国初年社会变迁最根本的实践与历史统一的观点。

民国初年的官吏群体是一个没有直接阶级基础和经济基础的以权、利、钱相维系的名士和文人集团。考其履迹，多起于江左富右之家，科考途

---

[1] 雷海宗著：《中国文化与中国的兵》，岳麓书社1989年版，第97页。

中，苦读黄卷，披寻竹简，不知稼穑之难，不懂小人之苦，所知者无非是"天子重英豪，文章求尔曹，万般皆下品，惟有读书高。"科举既废。一部分被迫出洋学西学，学西是为什么？我想举一民国闻人蒋梦麟写的《西潮》中的一段话作为上述问题的补注：

> 像我这样一位乡下孩子，足步向未逾越邻近的村镇，他希望读书做官应是很自然的事。我幼稚的心灵里，幻想着自己一天比一天神气，功名步步高中，中了秀才再中了举人，中了举人再中进士，终于有一天当了很大很大的官，比那位县知事要大得好多好多，身穿蟒袍，腰悬玉带，红缨帽上缀着大红顶子，胸前挂着长长的明珠，显显赫赫地回到故乡，使村子里人看得目瞪口呆。
>
> （这可以代表当时一代知识分子和读书人的心态）

诚如作者自状所言，蒋梦麟在民国时代是一位命运宠儿。他成功了，他担任过国民党南京政府的教育部部长，位列国府大员。

对于蒋梦麟的一类人物，我们不可多加厚非，一个追求功名的青年正是欲求上进的人，人类无数的活动就像亚当·斯密所说的蜜蜂一样，他在追求个人名利的同时也正创造着社会共同的价值，否则，社会是拒绝承认个人价值的。现在，我们要回答的问题是民国初年的北京政府的文官群体为什么被名利诱上邪道，与袁世凯和北洋武夫一道作恶呢？鲁迅对此作了精彩的描述：

> 这样的山羊我只见过一回，确是走在一群胡羊的前面，脖子上还挂着小铃铎，作为知识阶级的徽章。……
>
> 往哪里去？
>
> 人群中也有这样的山羊，能领了群众稳妥平静地走去，直到他们应该走到的所在。袁世凯明白一点这事，可惜用得不太巧，大概因为他是不很读书的……①

① 《鲁迅杂文全集》，河南人民出版社1994年版，第197页。

这是时代的罪恶。有人说性格决定命运，机会决定命运，但是时代何尝不也决定命运？倘若他们不是有这样一个"袁世凯"领头，倘若换上一个好人，他们的命运会怎样呢？据说陆徵祥会说三国语言，同时能给两个国家的外交官作翻译。与天言者称道，与地言者称势，与人言者称玄，命运之言，是玄者又玄也！

然有其兴必有其灭，有其誉必有其毁者，同时代的陈独秀、李大钊、张申府，又作何解释？真是"缙绅之事难言"（《左传》语）。

随着时代的沉浮，宦门深似海。有的人出国隐居，有的人投奔南方，有的人做袁世凯称帝的谋士，有的人似乎看破了红尘，他们都做了鸟兽散。

诌一曲哀江南，放悲声，唱到老，然而千古恩怨唱不尽！

第七章
山重水复　不辨牛马

——民国社会中的士绅与知识分子

东涧水流西涧水，南山云起北山云。前台花发后台见，上界钟声下界闻。

这种扑朔迷离、变幻不定、飘忽若云、雨随风落的似梦非梦的境界，就是近代士绅与知识分子乱离之运的概括写照。这两组人物的命运沉浮，势力的聚散兴衰，直接贯通着近代中国的命运起伏。他们一直都在争取充当近现代社会变革的主流角色，也许是他们身上的社会负担和历史包袱超过了他们的负荷能力，也许是来自社会四面八方的压力和冲击过于猛烈，他们始终都未能如愿以偿，因此他们只是社会身上一只牛虻，不断地刺痛着统治者，他们只是社会角色中惯于来往客串的人物，一会儿是弄潮儿，一会儿是落伍者，一会儿是失势者，一会儿又是亡命人。

百日维新……

湖南维新……

清末宪政……

辛亥革命……

民初政潮……

他们走到了民国，于是社会的分化和社会的流动又把他们分别卷向了政治、经济、文化、教育的各个社会领域中去了……

他们赖以立命的科举制度消逝了……

他们赖以幸进的册封命官的前途消逝了……

他们赖以安身的皇权制度也消逝了……

于是他们拜军阀、求洋人、靠地痞……他们离开了维系身家的土地走进了城里，开始新的职业……不能进城的就被抛在农村，变成团体、乡保，为了土地，日夜还要与农民斗法……

综观近代的历史，士绅是时代剧烈变动之中分裂得最快的一个社会团体，再过五十年左右，到新中国成立之时，将要承受一次阶级关系和土地关系剧烈的蜕变和再生。从这时起，在这个社会里作为士绅群体从形式到内容都已经融化到一个伟大的新时代里去了。

这就是近代以来士绅螺旋形复进复转的命运，他们比军阀和北洋官吏的寿命长一些，又比工人和农民的命运短了那么一截。但是，这个社会群体中也不乏一些追赶潮流的优秀人才，历史地说，国、共两党的许多领袖人物都是从这个特定社会群体中滋衍出来的，也许正如鲁迅所说，他们因缘化道注定是来到这个时代还清孽债的，也许他们杀的太平军太多了，欺诈农民太狠了……谁也救不了他们。

社会转型所带来的分化轮到了知识分子，跨在世纪边缘的老一代科举人士，是无法再更新自己的文化使命了，幸运的是跨在民国初年之际的青年人，像陈独秀、李大钊、胡适等人，当他们接受了传统启蒙以后，又有幸赶上了走出国门的留学潮流，时代之赐使他们成为贯通中西古今的新人，成了新旧文化传承的不自觉的挑夫。

造化小儿，拨弄人间，使人无往而不在枷锁之中……陈寅恪，这位新旧变化之中的过来人曾经这样生动地描述："当其新旧蜕嬗之间际，常呈一纷纭综错之情态，即新道德与旧道德标准，新社会风习与旧社会风习并存杂用……此转移升降之士大夫阶级之人，有贤不肖巧拙之分别，其贤者拙者，常感受苦痛，终于消灭后已。其不肖者巧者，则多享受欢乐，往往富贵荣显，身泰名遂。其何故也？由于善于利用或不善于利用此两种以上不同之标准及习俗，以应付此环境而已。"[1]

但历史也未必如陈先生所言，观古今得失之林，也非仅此一理。《易传》有言，谦受益，满招损，盛极而衰，不亦是一说？此天道之自然。天道之数，举一反三，犹难尽言。

现在，我们考察士绅与知识分子在民国初年的俱进分化之迹。

一、士绅来源　分化　工商、政治、农村

士绅实为我国社会历史中的一大政治遗产。土地是他们的命根，辅君致尧舜是他们的理想。文化是他们的道寄，他们是近代以前中国社会均势和稳定的砝码和指示器。无论是帝祚迁移还是异族入侵，那只是江山易主，冠冕度人，不变的仍是士绅坐稳了这一个社会。所以，百姓依旧日出而作，日落而息，依然可以在夕阳老树下，听着负鼓盲翁的作场，看着那兔起鹘落的争权夺利，全是有了这一帮恒土恒产的士绅阶层的维系。蔡元培先生说，中国历来有三个社会，一个是皇权的社会，一个是官绅的社会，一个是流氓的社会。[2]三十年代有一批中国学者在分析自古及今历史的滞后原因时曾归结到社会结构之中缺乏贵族，这也是其中一说，仅予记闻而已，然追溯起来也有其春老秋早的兔迹狐踪。最早的绅缙之士是贵族，是自西周以裂土分封而起，一国之中，几多卿室，消长之势，日益分明，终以"田氏代齐"，"三家分晋"而乱亡，乃至挫于秦，史称君子之泽，五世而斩。迄至两汉以后文化兴于家门，遂有世族豪门坐大于社会。魏晋五代，崔王卢谢，其势之盛，连皇室联姻都敢抗颜而行，可知其谱牒之力有多大，"自隋唐而

① 胡守为主编：《〈柳如是别传〉与国学研究》，浙江人民出版社1995年版，第61页。
② 参见蔡元培：《中国伦理学史》，载高平叔编《蔡元培史学论集》，湖南教育出版社1987年版。

上，官有簿状，农有谱系，官之选举，必由于簿状；民之婚姻，必由于谱系……"①，后起的唐末农民战争把这帮腐化的豪右大姓一扫而光，残存的一部分遗族也相率逃蜀、吴、闽，寄人篱下，失去昔日风采，所以有人说门阀世族不三代而亡。宋元以后南方经济兴旺起来，土地和财富又造就了一批起于布衣的豪强富族，循科举之上升，官权与金钱相结，世人谓之士绅，也就是曾国藩所称的"耕读之家"。耕读传家，虽时有显荣，但传之不过二代而衰。就一家一族而言，犹如此势，但综其天下之情，此起彼落，前仆后兴，代有隆替。总括上述，不论是世卿或是门阀，还是士绅，其文化之浇漓是其共通之精神，虽质文有差，然斯文不坠，一线相系。

此中有真意，欲辩已忘言。我们所说的清末民初的士绅是什么含义呢？

从社会政治的严格意义上讲，民国初年的"士绅"阶层已经失去了应有的内容和灵魂，因为科举已废，皇权根系已散，官吏秩序已不复以前。这是政治制度层面的变化，其社会结构并没有根本的转换。正如列宁所说，一个旧的制度可以推翻，然而其社会传统是不可能跟随着走进坟墓的。民国初年社会里的"士绅"群体是逊清末造遗传下来的特殊世系，也是民国社会最初一批自然贵族，他仍然占有着权力和利益分配的优越地位。因此，在分析士绅概念时候必须联系这一特殊性。

张仲礼在其《中国士绅》一书中是这样描述的：

> 士绅的地位是通过取得功名、学品、学衔和官职而获得的，凡属上述身份者自然成为……常将经科举考试而成为士绅的这些人称为"正途"……捐纳而获得的……称为异途。②

费孝通是这样描述的：

> 他们在农业经济中是不必体力劳动的既得利益者，他们可说是不劳而获的人——这种人就是士绅。士绅就是退任的官僚或是官僚的亲亲戚戚。③

① 胡如雷著：《唐末农民战争》，中华书局1979年版，第183页。
② 张仲礼著，李荣昌译：《中国绅士》，上海社会科学院出版社1991年版，第1—5页。
③ 《民国丛书》第三卷（14）《乡土中国》上海书店1989年版，第9、48页。

吴晗是这样描述的：

官僚是士大夫在官时候的称呼，而士绅则是官僚离职、退休、居乡（居城也可以），以及未任官以前的称呼①。

胡庆均在其《论绅权》中说士绅就是地主。②

综上所说，民国初年士绅结构非常庞杂，应指那些前清遗老，有着科名或做过官的士绅，同时也应包括士绅出身的民国官员等等。还有一些农村的寄生性的地主。据张仲礼统计，太平天国后士绅总数为91万人，其中文生员为64万，武生员为27万。估计到民国初年总数达100万以上。③

从清末开始，士绅群体面临着生存危机的竞争选择。他们既要承受一个皇朝末世的震荡，又要为自身的发展寻求着多元化的机会，于是士绅群体的生存方式、生活习惯和生存机能都在随着时代发展而接受历史的选择。

在士绅中最先分化的是一部分带有"背叛"倾向的人士，他们在晚清的新政立宪、官制改革乃至辛亥革命中先后走上了政治斗争的道路，成为当时的中坚力量。以上问题，可以从《政府公报》和其他资料中得到佐证。

民国元年四月六日，参议院将全体参议员名咨送袁世凯④，其中具有士绅身份的人员有：

谷钟秀：河北定县人，清末优贡，日本留学。

吴景濂：辽宁兴城人，前奉天咨议局议员，候补内阁中书，京师大学堂毕业。

陈陶怡：江苏金山人，号道一，任联合会代表。

李载赓：河南杞县人，日本早稻田大学毕业，后授法政举人。

刘星楠：山东临清人，毕业于北京法政大学。

刘彦：湖南醴陵人，日本早稻田大学政治经济科

①《民国丛书》第三卷(14)，《乡土中国》上海书店1989年版，第119页。
② 张仲礼著，李荣昌译：《中国绅士》，上海社会科学院出版社1991年版，第133页。
③《民国丛书》第三卷(14)《乡土中国》上海书店1989年版，第9页。
④《中华民国史事纪要》(1912年1—6月份)，中华民国资料研究中心出版，第421页。

毕业。

刘懋赏：山西朔县人，山西大学堂毕业，后以壬寅科秦晋合闱乡试举孝廉即赴日本明治大学留学。

胡秉柯：湖北潜江人，早年就读经心书院和两湖书院，先后在比利时、法国留学，获法学博士学位。

常恒芳：安徽寿县人，清县生员。

平刚：贵州贵阳人，清秀才，后赴日本。

凌文渊：江苏泰州人，清庠生，毕业于两江师范，后赴日本。

潘祖诒：福建崇安人，14岁入邑庠。

李肇甫：四川巴县人，幼年入私塾，后读经史，1905年入明治大学法科，8月入同盟会。

于洪起：山东福山人，1907年授师范科举人，京师大学堂毕业，分发山东提学使司。

史泽咸：字刚峰，山东乐陵人，派日本留学，后入东京帝国大学。

欧阳振声：湖南宁远人，清附生，后入日本早稻田大学。

彭占元：河南范县人，清优廪生，后入日本法政大学，同年入同盟会。

熊成章：四川华阳人，早年入日本早稻田大学，法政科举人，后授民政部小京官。

田桐：湖北蕲春人，清补县生员，后入武昌中学，旋赴日本留学。

赵士北：广东新会人，早年入哥伦比亚大学获哲学博士学位。

汤漪：江西泰和人，1903年癸卯科举人，后赴日、美留学。

杨廷栋：江苏吴县人，清举人，后赴日本留学，《逊位诏书》主笔。

王有兰：江西兴国人，毕业于江西高等学堂，后入日本中央大学法科。

文群：江西萍乡人，12岁由父延师授课，后入日本中央大学法科。

王正廷：浙江奉化人，10岁入上海中英学堂，后入上海海关
　　　　任职，后赴美国耶鲁大学。

殷汝骊：浙江平阳人，毕业于上海复旦大学，后赴日本留学，
　　　　回国后任湖北法政学堂教习。

林森：福建闽侯人，6岁读经，后入美国教会中学，1884年
　　　在台北电报局工作，1902年入上海海关工作。

邓家彦：广西桂林人，早年就读于桂林培风书院及体用学堂，
　　　　后东渡日本留学，归国后任中学教员，1908年赴美留学。

张耀曾：云南大理人，毕业于京师大学堂，后赴日本留学。

其余不详的有席聘臣、文崇高、段清云、刘崛、凌毅等人，还有其他人
是因为一直未能在清末取得学品或学历，一直在外国留学的，故未录入。胡
适在晚年与其口述记录秘书唐德刚评价民初临时参议员时说："都是当时的
第一流人才"。

后来，临时参议院又从各省补选了一些议员。人数扩大到100多人，由
于篇幅的限制不在这里一一考证了。

走进临时参议院的这些士绅和革命党的议员联合在一起，在短短的一年
多的历程中，表现了传统士大夫的狂狷、清简、通脱和抗言，在与袁世凯与
北洋武夫的斗争中，时而机械地合作，时而质询在朝，时而否决提案，时而
罢议阁员，几乎成为京城"民主"的一道风景线。翻检一下《政府公报》附
录的参议院速记录就可以举出几个例证。请看下边资料：

　　参议院咨　大总统速饬国务院将京中各机关用款提出概算、决
算、按月交议院

　　议决文①

　　本院前经议决，咨请政府速办预算、决算交院议决，迄今已
逾两旬，尚未得复。议决预算、决算为本院重要职权，纵令不能即
办正式之预算、决算，亦应将京

中各机关每月用款随时提出概

① 《政府公报》第2册，上海书店1988年
版，第461页。

算书及简略决算书，于每月 15 日以前送院候议决，……若长此迁延，非特已用款，本院无可稽核，即将未应用之款，本院亦无从过问，财政紊乱，各机关各用其款不相接洽，所谓统一之政府，统一之国家将破裂矣……

从以上议院咨文看来，议院恪守职权，义正词严，确乎是一种权力监督机关的威严。可惜，袁世凯手握杀机，并不买账。

民国初年，震惊天下的张振武、方维被北京军法执行处杀害惊动四海。作为立法和监督机关的临时参议院闻风而动，几乎与当时的陆军总长段祺瑞在议院的议席之间处于剑拔弩张地步。据说这一天，段总长作为政府代表接受咨询，身着戎装，腰间跨着一把菊花军刀，笔挺地站在那里，使那一场议院的咨询演成了一出文戏武唱的状态。请看参议院的民国元年 8 月 23 日第 67 次会议的速记录原文①（从该日 9 时 40 分—11 时 5 分）

　　议长：刻下报告已毕，陆军总长段祺瑞，今日拟出席答辩张振武被杀之质问案，可否允其出席？

　　……

　　议长：今天出席专为答复质问张振武一案……（略），15 日大总统发一命令，由执法处立予枪毙，19 日贵院提出质问书。（略）所牵涉之人，所牵涉之事，不能和盘托出，盖由于军机上有秘密之关系也。……关于购买枪械一事……关于勾结已革军官李忠义……三是任命张振武为蒙古调查员，要求巨款……鼓吹扰世之言……军法会议已在武昌开过……关于牵涉秘密的地方，此时未便即行宣布。

当时质问会议开得非常激烈，议员与陆军总长唇枪舌剑，互不相让，持续一小时之多。把段祺瑞逼得理屈词穷，循环诡辩。仅录一个小段：

　　时功玖：本席不应说，政府对参议院应守秘密。段总长何以说到戒严令。

　　段祺瑞：固有人质问到此

① 《政府公报》第 5 册，上海书店 1988 年版，第 408—414 页。

处，所以方说。

　　李肇甫：本席就事实上简单质问，请问杀张振武之先，曾开军法会议否。

　　段总长：方才曾经报告，集合高等军官，讨论数次。

　　李肇甫：是否开军法会议。

　　段总长：军法会议亦系高等军官研究罪状。

　　李肇甫：请问开会议之时，究系何日。

　　段总长：本月十三日经开会讨论，十四日开会亦讨论，且总统亦曾经在座。

　　谷钟秀：请问开军法会议，大总统应否在座？

　　段总长：系在大总统府开议，府中房屋系毗连故，大总统故亦在座。

　　李肇甫：杀张之证据，除此湖北两电之外，尚有何项证据否？

　　段总长：所谓证据，不过即系他所犯之罪状，除此电报之外，尚有公文。

　　李肇甫：据黎副总统电，电报谓勾结军官，被勾结者为何人？

　　段总长：军官系何人已经说明。

　　李肇甫：除此两电以外，尚有何项证据。

　　段总长：证据即是所犯之事实，除此电报之外，尚有公文。①

　　辩论在议院发展到此刻，段总长只是闪烁其词，并无令人信服之回答，活脱脱的一幅武人霸道像！

　　民国初年的政治系统是基本因袭了逊清的双轨运行机制的。一条是从中央到地方的自上而下的权力行政系统，这基本上是由袁世凯、北洋武夫和各省都督构成的，另一条是沿循前清新政之中建立的省咨议局直到临时参议院构成的由下而上的所谓权力和咨询系统，这个系统是由多数的上层士绅和下层士绅构成的。所谓上层士绅是指中央和省一级的议会系统，"上层绅

① 《政府公报》第5册，上海书店1988年版，第413—414页。

士（即士绅）也许可以用省咨议局选举资格来划分，那些人必须具有中学毕业或同等学历，有功名，五品以上的军人或七品以上的文官，有不动资产或资本5千元以上，这种人不到全国人口的0.42%①"。但是在下层士绅中，（即住在县城和乡下的），是大量的存在。他们在传统的县府和地区办新政，有的地方成立商会和农会。

在民国初年的社会变动中，这些士绅以"天下兴亡"为己任，估计这些领袖的人数约有700万人，约占全国人口的2%②，但是这些人数小，活动能量大，爆发力强，是当时社会的主流，一般老百姓是不得与闻。

民初之时，北洋失道，鱼肉百姓，然袁世凯仍强于曹魏、司马，以"富贵利禄为补剂"（章太炎语）牢笼天下士绅，视同鸡肋，运掌其内，故有人称民国政权是"军绅政权"。可见民国士绅尚有说话之余地。也有人说，清失其鹿，民国肇兴，兵不血刃，百日而成，追惟其事之功，尚有士绅把持咨议局，提倡大汉光复之力，故有人说辛亥革命一半来自孙中山等革命党人十余年之奔走起事，一半来自各地士绅。绝望于满清而公开分裂，于是各地响应。由满清皇权一变为军绅政权。英国著名科学史家李约瑟在其《四海之内》（三联书店出版）一书中接着说，国民党蒋介石的政权是"军商政权"，再到毛泽东是"工农军政权"，大致勾画了近代以来社会阶级地位之升降沉浮，其说虽不中肯，也并非是无稽之谈。

袁世凯欺诈奸伪，深知绅权虽不可依，然弃之可惜。在进行第一次国会选举中，他耍弄了移权于内务部的把戏，降国会为行政权力之下的社会团体，这是一个明显的改变国会地位和权力的措施，但不知为什么在许多民国史的研究中没有给予充分的注意，请看《政府公报》的文件：

临时大总统令：参议院议决《筹备国会事务局官制》，本大总统按照约法第三十条公布之，此令。

筹备国会事务局官制

第一条：筹备国会事务局

隶于内务总长，其职务如左：

---

① 陈纪让著：《中华政权》，三联书店1991年版，第9—11页。

② 《政府公报》第4册，上海书店1988年版，第292页，第320页。

一，关于国会开会之筹备事项；

二，关于议员选举程序事项。

第二条：筹备国会事务局设委员长一人，综理局务，监督所属职员。

第三条：筹备国会事务局设委员若干人，由下列各员内选派兼充之：

一、内务部参事；

二、法制局参事；

三、蒙藏事务局参事。①

……（略）

针对这个问题，笔者先后查阅了李道揆著《美国政府和美国政治》（中国社会科学出版社）和程汉大著《英国政治制度史》（中国社会科学出版社），就英、美二国的国会历史分析，凡是国会选举和中期换届，都由总统或者国王发布命令，由法院等部门联合组成选举委员会负责具体的监督和行政事务，并未发现委托国务院下属的一个办事机构来负责，像国会这样一个权力机构竟然出自内务部下属的机构筹备，这实际上是对引进国内的西方三权分立机构的一个绝大的嘲弄！

从以上材料说明，袁世凯对国会从选举筹备开始就一直把它摆弄为一种异己"玩物"，裁者培之，倾者覆之，全是他一人所为。

更令人哭笑不得的是，那些国会大员的到京赴任，竟然是筹备国会事务局的布告来接待，把议员看成什么？

《政府公报》在民国二年（1913年）四月十一日用《通告》的形式公布了参议院和众议院的名单②，参议院是179人，众议院是503人，两院合计682人，国会年龄最长者是云南省参议员杨琼君，并请他任临时主席。如果对这682名国会议员细作考辨，除国民党籍议员外，地方士绅差不多占40%③。由于篇幅

① 《政府公报》第4册，上海书店1988年版，第202页，第320页。
② 《政府公报》第12册，上海书店1988年版，第258—265页。
③ 陈志让著：《军绅政权》，三联书店1980年版，第17页。

所限不再作逐一细考。

另外，居住省城以下社区的士绅也卷进了政治的活动。士绅议政、参政的热情和能力一直是自古的传统。所不同的是，在皇权的支配下，他们是以拾遗和补善的形式进行的，民初是在"民主"的形式下行使其应得的权力。但是这样一群充满传统儒学的社会群体，究竟会把"民主"搞成什么样子？会不会重演历史士绅的清淡、攻讦和结党的惯病呢？这个可以从民初大量的党争、政争的史料中得到明证，本文不烦细述了。大量的史料说明，从这个阶层中不会产生新时代的政治家和优秀的领袖人才，他们积习难改。有一个为鲁迅称道的外国人，名叫亚瑟·史密斯（A.H.Smith 1845—1932年），他说，中国社会类似中国的一些风景，远看很美的，很迷人，然而，走近了，总是发现许多破旧和令人生厌的地方……士绅老爷们不也是一样吗？从他们身上，我们似乎看到了近代社会需要一种19世纪俄国作家呼吁的"新人"，他们需要远离权力，远离城市，从深邃的社会底层中起来，这种"新人"目前尚仍空位，他们在哪里呢？民国初年的社会空间已经显示了需要这种人才的历史逻辑性。佛说，国王暴虐，菩萨有权，应当废黜，谁是救世的菩萨？肯定不是民国的绅爷。

对于下层士绅活动，由于《政府公报》资料所限，只能留作缺憾。这需要从地方志的史料中寻找。

现在，我们把视线离开政治，转到经济的社会领域中来。民国初年，有相当一部分士绅开始转向工商和金融资本的行业中。这可以从《政府公报》中找到大量的佐证。

中国的新式企业从官办或官督商办，走向民办的局面，应当说民国初年是比较活跃和发达的。因为自1898年《马关条约》以来，条约规定外国人和通商各国可以在通商口岸设立工厂，兴办实业。我国的士绅趁机开始要求这种权利，晚清政府不得不在这方面放松管制，通融政策，因而就有一批士绅接着办起了自己的实业。像张元济、王云五办的商务印书馆；袁树勋、杨度等地方士绅在湖南办矿业公司，张謇在南通办大生纱厂，甚至帮会的杜月笙也办实业。张謇后来在《张季子九录》里说他自己从状元到商人的转变，是从"嚼然"到"秽浊"的过程。民国初年，民办企业从清末的100多家增加到549家，投资总额从清末的6100多万元增加到120000万元①。从以上的变化，我们要看到其数字的背后是一系列人的经济活动的成果。而清末民初，民族资本的来源和积累，只有士绅这个社会群体具备这种物力和财力。因为，清末的社会是一个积贫积弱的国度，农民的生活自顾不暇，根本没有余力转移其活动。中国新式资本和企业的积累，只能从官僚和士绅这两个集团中启动，这是有异于西方资本的历史道路，英国政府为了进行积累，特许了官助的海盗和殖民活动，北欧和南欧的国家长期从事美洲美金的贩运和非洲黑奴的贩卖，中国只有从自我发展的动力之中去寻找，所以士绅集团的活动决定民国初年经济发展和财富分配的水平。为了证明士绅在民国初年的经济活动，从《政府公报》中举证。请看下面的材料：

全国工商代表冉凌云等呈国务院，拟请速行裁厘加税，并先裁崇文门税务以维商而裕国课文：

> 为税法紊乱，累商痛国，恳请设法纠正以维持商业而裕国课，拟请速行裁厘加税并先撤崇文门税务，窃维设关收税其目的不外筹款，其宗旨尤重保商……就崇文门税性质而言，究为国家税？为地方税？为通过税乎？若指国家税，何以设关者止直隶一省，又何名称为崇文门？既名为崇文门，又何以扩张到张家口、丰台等处？若指地方税，何以征得之数不拨归地方行政经费？……

所谓"崇文门税务"是前清户部下设的一个户关，设有正副监督二人，左右监督二人，由内务府大臣及尚书、侍郎兼充。为皇室筹款用的。②

我们要分析的不是上述的工商代表的要求问题，而是从这个文件后面的签名中来分析士绅和商人的活动，以证明我们提出的士绅在民国初年经济关系中的地位。

这个呈文的后面附有名单，这是《政府公报》中保留比较完整的人

---

① 陈志让著：《军绅政权》，三联书店1980年版，第11页。
② 参见张海声主编：《中国近百年经济史辞典》，兰州大学出版社1992年版；张德泽著：《清代国家机关考略》，中国人民大学出版社1981年版。

名录，是非常宝贵的，这个名单计有83人。各省工商代表名单如下：

直隶代表：冉凌云、张兴汉、李镇桐、叶云表、章渠、华学涑、于邦澂、严智怡、会景颜、杨木森、邓汝一

（严智怡，天津人，1881年生，赴日留学入东京高等工业学校，1913年任商品陈列所经理，中华书局经理，后在天津石碱制造公司。）其余不详。

汉口各联合会团体代表：胡瑞霖

（胡瑞霖：湖北江陵人，1864年生，早岁赴日本留学，回国后任劝业奖进会坐办，南洋出口协会坐办，汉口银行讲习所坐办，湖北咨议局议员。辛亥革命时，任湖北政府实业司长。）

江西实业代表：程时

（程时：江西新建人，1890年生，早岁赴日留学，毕业后赴美国，回国后任江西省立一中校长。）

南京商务总会代表：苏致厚

上海总商会代表：王震、沈镛

西安总商会代表：魏汝霖

汉口商务总会代表：宋炜臣、盛炳纪

（宋炜臣，浙江镇海人，1866年生，1888年在上海创办燮昌火柴一厂，1897年在汉口创办燮昌火柴二厂。后又创办汉口水电股份有限公司。）

九江商务总会代表：江家珩

浙江杭州商会总代表：陈虎臣

长辛店商会代表：崔喜

通崇海泰商务总会代表：蒋德纯

小吕宋商会代表：施光铭

上海代表：陆溁

四川实习会代表：王运熙

四川实业协会本部代表：万保元

云南代表：胡源、蔡荣谦

贵州代表：张维镛、陈廷仁

福建代表：林晓

京师商会代表：吕玉成

安徽代表：方时简

山东商会代表：金连墀

广东代表：江德光、丘少伯

湖南商会总代表：周国钧、宋家沛

湖南工商代表：金庆鸿

宁波商会代表：盛在珣

下关商会代表：周锦祥、黄琨

陕西代表：张渊

神户代表：马席珍

河南代表：胡骏业

奉天代表：崔兴麟、傅士鋆、蒋永来

吉林代表：饶起庠

黑龙江代表：桂林、姚明德

四川商会代表：廖治，实业协会代表：吕荃

长春商务总会代表：马秉庚

吉林工界代表：吉士敏、王佐才

山东工商代表：刘镜轩

甘肃代表：张瀛学

奉天代表：刘德

河南工商代表：刘炳章

陕西商会代表：余晴

镇江商会代表：王镛

济南商会代表：谭奎翰、贾毓骥

伯利华商会代表：孙嘉梦

广西代表：梁炎、冯世群

安徽商会代表：程维周

南昌商会代表：罗志清、龚士材

杭州商会代表：冯汝良

重庆商会代表：曾鼎勋

山西太原商会代表：李友连

山东商会代表：李涵清

直隶商会代表：郝文藻、张益臣

天津代表：郑炳奎、杨万选

上述人员是在民国北京政府召开的"全国临时工商会议"期间，提出联合请愿的集体行动的各省各工商行的代表。对于上述代表，笔者作了多方努力，查阅了有关辞典，但都未能找到，这说明我们在社会史的研究领域中，对近现代工商业人士和团体活动的专题研究尚有待努力。只是在徐鼎新著的《上海商会总史》的第六章里找到了上海参加全国工商会议代表王震、沈镛的名字，可以作为旁证。

为了说明民初社会的民族资产阶级大都是由士绅出身，也说明士绅这个封建社会演化出来的特殊社会集团，在晚清至民国的历史变化中，一部分思想比较开明，见识比较广阔的士绅能主动改变自己，开始投资民营资本活动，不自觉地成为资产阶级化士绅的历史轨迹，我们可以从上海商务公所成员情况一览表或许得到启示和思考。①

① 徐鼎新、钱小明著：《上海总商会史》，
上海社会科学院出版社1991年版，第
43—45页。

职务	姓名	籍贯	官衔	代表行业或企业	投资范围	其他身份
总董	严信厚(筱舫)	浙江慈溪	花翎二品顶戴直隶待用道	四明公所 南帮汇业	源丰润银号、通久源纱厂等	中国通商行总董，上海商务总局总董等
总董	唐杰臣(荣俊)	广东香山		广肇公所(总董)	上海内地自来水公司、英商怡和纱厂等等	怡和洋行买办，上海内地自来水公司总办事
总董	唐杰臣(荣翰)	广东高要	花翎二品顶戴江西补用道	徽帮茶栈业	永泰源茶栈	南洋筹捐彩票局总办
	陈润夫(作霖)	江西清江	花翎二品衔候选道	南帮江业、江西会馆	天顺祥票号、宝善斋、南洋官书局	
	朱葆三(佩珍)	浙江定海	三品衔候选道	五金洋货业、四明公所	慎裕五金号	平和洋行买办、中国通商银行总董
总理 副总理 兼坐办	严信厚 周晋镳(金箴)	浙江定海	花翎二品顶戴江苏试用道	四明公所	通久源轧花厂等	后进上海电报总局任职
副总理（疑未到位）	毛祖模	江苏太仓	候补道	？	？	后任商部通艺司部中
议员	施子英(则敬)	江苏吴江	候选道	丝业公所(总董)	震昌丝号	中国通商银行总董等
议员 议员	朱葆三 谢纶辉	浙江余姚	同知衔	北市钱业公所	承裕钱庄(经理)	
议员 议员 议员	陈润夫 梁钰堂 袁笙(在兴)	浙江镇海	花翎四品衔候选同知	茶业公所	永吉茶栈	
议员	苏宝森(德镛)	浙江鄞县	花翎三品衔预选知府	洋货(布)公所	成记洋货号、恒记钱庄、成丰永金号等	
议员 议员 议员	唐杰臣 王眉伯 袁子壮	？	？	汇业公所 华俄道胜银行 垦务公司	？ ？	？ 华俄道胜银行买办
议员	李云书(厚祐)	浙江镇海	四品分部郎中	？	奏锦天一垦务公司	
议员 议员	汪汉溪 张让三(美翊)	？	？	？	？	？

在民国元年十一月至十二月的全国工商会议以后，由上海总商会代表王一亭同汉口总商会代表宋炜臣等提议，推动建立了"中华全国商会联合会"，并制定了《中华全国商会联合会章程》，其章程开宗明义宣称："本会以联合国内外商人所设立商务总、分会所，协谋全国商务之发达，助中央商政之进行为宗旨"[①]，并制定九项活动事务，即编查商务、发展商业、振兴商学、维持商务、补助商政、议商税等。当然，商会联合会由于袁世凯和北洋武夫其主旨不在发展经济，对于他们的活动是阳为支持，暗中设阻，始终未能成为社会活动中的重要内容。

有多少社会事务，就有多少权利。这说明自海通以来，我国士绅阶层社会流动开始在民国初年走向自觉和协调一致的活动阶段。任何社会集团和阶层，只要当他们开始形成某种统一的意识和组织，就说明有一定的共同利益和共同价值。当这种利益和价值开始以某种组织形式去表达自己时，也就否定原先分散的、隔离的形式，这就是阶级意识的成熟，由士绅开始资产阶级化的近现代的阶级力量出现在社会舞台上，在以后"五四"运动等都发生了社会联系。这个方面不是我们在此讨论的主题。

上述所分析的是居住在都市、省会和沿海地区的士绅的分化，另外还有更大一部分居住在县城、乡下的士绅情况怎样呢？我们仍然可以从《政府公报》中找到材料加以描述。

民国初年的士绅有的开始向教育领域投资或筹款，影响比较大的有黄兴、陈三立等人筹办的明德学校、汪有龄等人筹办的民国大学，还有一些地方士绅向教育的捐资赞助。

> 教育部呈大总统，据黄兴屡陈前办湖南明德学校成绩，拟于汉口建设明德大学，恳将财政部另存前清捐纳馆银一款，拨充基本金，请鉴核饬遵文并批。[②]
>
> 黄兴、张謇、汤化龙、谭延闿、蔡锷、沈秉堃、赵凤昌、章士钊、陈三立、胡瑞霖、张国溶、

---

① 徐鼎新、钱小明著：《上海总商会史》，上海社会科学院出版社1991年版，第194页。

②《政府公报》第5册，上海书店1988年版，第701页。

李维格、陈汉第、叶景葵、王琼芳、章通骏、龙璋、龙绂瑞、朱恩绶、聂其杰、袁思亮、张缉光、廖名缙、向瑞琨、李倜、胡元倓呈称，窃与元倓等于前清癸卯创设明德学校，历办两等小学及中学师范等科、理化专科、银行专科、法政专科，开办至今已历十载，毕业人数已逾二千。民国纪元又开办高等商科、政治经济科、德法语专修科，肄业学生在九百以上。新筑讲台增200余间，西仿牛津，东步庆应，民国规模，国中似罕其匹，校风、学旨东南似微有声。历年经费虽多，集之私人，亦间得公家补助补助……兹查前清度支部核捐省馆食一项，所存余款尚存20余万两……及补助各种善举……转呈大总统府念前此明德成才之众多、后此大学需要费之浩博，准将此项馆银余款全数提给明德大学作为基金……

袁世凯批呈：

　　　据呈已悉。该校开办七年成效昭著，肇造民国人才多数出自该校。育德立功，全国攸赖。该校始创之际，经营惨淡，幸赖伟人之力，得其基础。当兹民国初成，培养应世人才尤为富强首务。据称拟于汉口兴办大学，因时建设规划宏深。查有前清度支部捐纳馆银，原系正捐外附加之资，本有拨充善举之用，与寻常官款性质区别。所请拨给经费以充汉口明德大学基金一节应即照准。仰财政部照数拨给以资办理。可也，此批。

大总统印：

赵秉均周学熙署名
中华民国元年九月十二日

以上呈文中的陈三立，即陈寅恪之父，字伯严，号散原，官拜前清吏部主事。人们把他和谭嗣同、丁慧康、吴保初称为晚清四公子。因参与其父的湖南维新运动受到革职处分。后在南昌与乃父赋闲。父子虽身在江湖之远，但仍忧民族之兴衰，往往深夜孤灯，父子相对唏嘘，不能自已。后由于其父被慈禧密旨赐死，陈三立才自此绝意庙堂，放迹南山之篱，清末民初，当局屡有委授，都决意不出。曾有诗云："凭栏一片风云气，来作神州袖手人"①。此公晚年值 1937 年 7 月 7 日事变，激愤于日本人侵华，绝食弃药，忧愤而死。陈寅恪兄弟值日倭入侵，无处埋骨，一直悬丧不发，此事一直惊骇于汉奸郑孝胥，于东北"满洲国"发信北平寻问亡友，究因何事不治丧节？陈门忠义，世代亮节，听后使人不禁涕泪横流。

从本校历史系资料室借到一本旧书《近三十年中国政治史》全书纸张都又脆又黄，打开扉页一看，盖有一枚"北平民国学院书馆"的椭圆形藏书章，经查询才知这是三十年代北方院校南迁转运而来，至此才知北京有一所"北平民国学院"。这一次查阅《政府公报》又恰巧碰上民国初年北京民国大学与民国工商部因院址的所有权发生一场诉讼案，知先辈创业之艰虞。

民国大学代表汪有龄，字子健，浙江杭县人，1879 年生，日本法政大学毕业，曾任前清政府商业杂志编辑，京师大学教席，1912 年曾任南京临时政府法制局参事，8 月任北京政府司法部次长，法律编查会副会长，1914年任参政院参政。由此看这个人，也是一个律师兼刀笔快手。民国元年十二月一日他代表北京民国大学发表了一则《汪有龄启事》。②

汪有龄启事

工商部致京师地方审判厅函，其中颇多误会之处，已由鄙人函致国务院秘书厅，为间接之纠正，兹将原函附列于后，以待公评。

敬启者，十一月二十六日，《政府公报》登有工商部致京师地方审判厅函，阅之不胜诧异。翰林院房屋由国务院于十月十二日批给民国大学，有国务总理署名可据。嗣后，本大学未见国务院片纸只字，乃工商部函内言，十一月初五日国务院有致该部公函，取消民国大学批准之案云云，不知以何为据。如国务院并无此函，应即日函致工商部，请其更正。如实有此函，应请明白批示本大学，权利所在，不能默尔而息也。专此，祗颂公绥。

十一月二十七日

再启者，此次本大学控工

① 转引自吴定宇著：《学人魂陈寅恪传》，台北：业强出版社1996年版，第6页。

② 《政府公报》第 8 册，上海书店 1988 年版，第 27 页。

商部总长侵害所有权一案，系私法上问题，乃工商总长视此为行政诉讼，不知根据何种法理，援行何种条文。即假定此案为行政诉讼，民国尚无行政裁判所，不至司法衙门起诉，试问至何处起诉？是否行政裁判所一日不设，官吏即可一日蹂躏人民之权利，人民即应一日受官吏之蹂躏权利。而莫可知如何行政诉讼，不能到司法衙门起诉，司法衙门不应受理行政诉讼，民国法律上并无明文限制。而当行政裁判所未设以前，人民对于官吏一切诉讼，除至司法衙门声诉外，更无别法。故欧美未设行政裁判所之国，人民对于官吏起诉亦无不由司法衙门受理也。工商总长于上述法理均未体会而又误用官权，以信函代辩诉状，似此不守法定程序，实非民国国务院所宜出此。国务院如徇工商总长之意，取消民国大学批准之案，请于以上各语稍为注意。再颂公绥。

民国大学代表人：汪有龄启
十一月二十八日

汪有龄不愧是讼场中人，抓住民国大学民办法人与工商部系民法之中有产权之争之要害，拒斥为行政诉讼，倒转诉讼之优势，限制条件于私权之内，避免与国家行政之冲突，确实是其识远大，有根有基。

案件到此并未结束。

民国元年十二月二日，京师地方审判厅以公函的形式复咨工商总长，请看其内容：

京师地方审判厅复工商总长函①

径复者，本月二十六日，准贵总长函开本厅，受理民国大学诉工商总长侵害所有权一案，系行政处分问题……本案为民国大学控工商部侵害所有权，本厅按据法理决定其为两法人争一不动产，确系民事诉讼……两法人为何等地位，非本厅所问，若因此两法人中有一工商部，本厅遂不受理，则遵守法律，保障权利之

① 《政府公报》第8册，上海书店1988年版，第37页。

谓何？责总长为国务员之一，亦不愿民国有此法院也，……本厅
惟有根据法律，依原告之陈述，下缺席判决以尽职务，此致。

京师审判厅

此案到此，双方立场判然，京师审判厅以民讼为准，似乎汪有龄之启事
应该解决了，然而，平地风波，一夜西风，民国大学所称的旧翰林院故址已
有国务院批示在手的根据，被国务院明文否认，请看下列文件：

国务院复工商部函 [1]

元年2字第28号

径复者：接准来函祗悉一是。查翰林院废署，前准贵部声明
须留办工商局所、工厂等用，业经函复在案。兹惟，前因院通告民
国大学，此项房屋既据工商部声明，留为办理工商局所之用，自应
仍归工商部。该大学所需校舍，由院另觅相当之屋再行指拨，相应
函复贵部，查照可也。此致。

国务院

民国元年十二月十五日

说来说去，东家说的不像汪有龄所启事中的那样。至此，原告无据，诉
讼成无稽之谈了。这其中不难看出个中情由，还需细说吗？历来官重于民。

这难道真的像四川普光寺的联语所言：

世外人法无定法，然后知非法法也。

天下事了犹未了，何妨不了了之也。

看完民国大学与工商部这一段斗法，真觉得历来都是世事如诗，诗如
史，史如禅，无怪乎有那么多人在那里诵禅说法。

地方士绅办学也有比较顺意的，请看下边一则资料：

署直隶都督张锡銮呈大总统建平县绅民杨阴棠等，捐资兴学

请奖给匾额文并批 [2]

为呈请事案，据直隶提学

使蔡儒楷详称，中华民国元年

---

[1]《政府公报》第8册，上海书店1988
年版，第39页。
[2]《政府公报》第3册，上海书店1988
年版，第590页。

六月初五日即壬子四月二十日，据建平县详据功学总董，附生刘振风，高等小学校长，附生张元华等禀，……创东街初级小学堂一处，由附生孙树榛助库平银500两，儒童崔义山捐助库平实银280两，元年改为两堂小学堂，由中学毕业贡生杨阴棠捐库平银800两……共捐库平银2555两……

袁世凯批：批，据呈已悉，应照准所请给奖，交教育部查照，此批。

中华民国元年七月二十日

类似这样公函、批呈在《政府公报》中还有许多，其实际的社会效果是否像文中所述，还有待考查。但是，至少反映在当时，有一批地方士绅热心助学，投资教育。民国初年的教育亦不全是旧式教育，有利于地方发展，应当给予肯定。

上世纪80年代以后才开始出现股票和股份公司的，其实民国初年，就有一些先进的经营者开始使用这种使资本社会化的方法了。

工商部批第701号[①]

原具呈人——上海总商会

呈悉。据称中华书局改组股份有限公司，附报章程、清折、票式遵缴册费，请予注册、照等情。检阅章程，大致尚无不可，惟第三条内称，凡为中华国民无论男女老少皆可为本公司股东，应改为皆可向本公司入股，第14条4项所称，创办花红内开条文，语意未甚明晰，应饬修改。其他各条核与公司律尚称相等，应准注册。至应交册费，照现收股银50万元核计应收224元，该商所交之247元5角照章缴回23元5角。除另咨保护外，发去注册执照一纸，仰转饬该商俱领并将领到日期报部备案可也，此批。

部批

中华民国二年六月三十日

这是中华书局改制的较早的记

① 《政府公报》第15册，上海书店1988年版，第55页。

录。

从《政府公报》看出，民初一大批士绅纷纷转向工商业投资，虽然资金、技术和规模有限，但是反映了民初社会的经济变动，反映这一类经济变动的政府文件不烦——举例。

另外还有一些株守乡下和基层的乡绅，他们居习不迁，还一再重复昔日传统礼教的温情。请看这样一则消息。

> 署直隶都督张锡銮呈灵寿县岁贡雷文斌，年逾八旬，五世同堂应请旌表文。①
>
> 为呈请事：据署正定府灵寿县详称，本县廪生高登墀、申荣第、董维春、赵还杰，廪贡傅嘉，贡增生马延宝，附生康延玠、孙福臻、赵丕均、刘元善等禀称，为恳请转详旌表以徵人瑞事，窃以养老尊贤久成盛典，喻赏行庆聿，著先朝诚以胡孝之休，国家之瑞，为耄为耋、眉寿徵祥，杖，国杖。乡丝衣赐养，著英同庆，仁寿徵也。查东关岁贡、候选训居雷文斌，年83岁，品学兼优，廉隅自饬，一门向善，共见家训之严，五世同堂益知积德之久，诗礼饰诸门第，耄年有好学之风……呈送大总统，伏乞鉴核施行。
>
> 　　　　　　　　　袁世凯批：据呈已悉，交内务部查核办理
> 　　　　　　　　　　此批。
> 　　　　　　　　　　　大总统盖印

同一国内，竟如此迥异。上海、广东等经济发展较早的地区，那些士绅正忙着呈办公司、开矿的报告，而内地的基层士绅却仍然在憧憬着上一个世纪逊清皇朝留下的乡礼之温梦，其变出多维，预示着士绅朝不同方向分化的不同结局和下场。

这个呈文到了内务部，内务部于民国元年七月三十日咨复国务院，

---

① 《政府公报》第3册，上海书店1988年版，第560页。

已经在文中委婉地拒绝了灵寿县士绅的要求，预示着在新潮流冲击下的旧士绅幽暗变幻的历史命运，也可以说是一首世纪挽歌。

内务部咨复国务院，灵寿县绅雷文斌五世同堂，呈请旌表，应俟法规公布后再行核办文：①

……今民国初建，各种章程、法令，现正提议。前清旌表各条，如年逾百岁，七世同居、一产三男等项，均当逐条提出修正法令。该绅五世同堂，事同一律，未便遽准……俟各项旌表法规公布后再行核办，除咨复直隶都督外，相应咨复贵院，希即查照可也，此咨。

中华民国元年七月三十日

内务部也是一脸的无奈，何处核准，月朗气清，逝者如川，这毕竟是民国。前清士绅的礼制若再行，也是无地去惭，像这一类士绅的命运已是夕阳残照，毫无生气了。

试问，那些乘风气之先的士绅，早已另入新途，正在改变着形象和命运，已不复是旧日京兆。然为什么在乡曲与鄙城小镇还依然是"雷文斌"一类士绅的天下呢？这主要是由于袁世凯优渥礼遇，曲意回护之故。请看袁世凯在民国保护前清士绅的一道命令：

临时大总统令②

前清之季，各处官绅，制止革命，不无过激行为，亦系职守使然。共和成立，咸与维新，自应既往不追，共相更始。旧日官绅，仍多疑畏匿迹，或竟托非其所。而不知大体之官，亦辄苛求瑕隙于其返里之时陷诸刑网，均与民国政体及共和之真意有乖。特此通告各省行政长官，自今以往，除现在犯罪者外，概不准追论反正以前罪状，肆意诛求。其迁流寓之人，亦宜各复乡间，以安生业，此令。

中华民国元年十月初八日

此一道命令，令天下士绅有返

① 《政府公报》第4册，上海书店1988年版，第73页。
② 《政府公报》第6册，上海书店1988年版，第278页。

里复业之感，也使民国顿生寒色。

民国以来的各地乡绅和士绅，其实都处在一个往返回复的方生方死、将死未死的历史涡流之中。人们说他们有三死三生之说。其可以为皇帝死，昔科考三级，风化天下，得之一可为荣耀乡里，今日科考如空穴回风，龙威不再，不可以不为纲纪死，然不死；其二可以为辛亥革命死，老士绅之先觉者戊戌亡士，既可以要"食肉寝皮"，更不待说革命党人立足天下。今者，天下更新，不可不为辱羞死，然不死；其三，民国以后，老袁深为关切，多方援手宽解，使世人又视之如昔，后老袁败亡，不可不为知己者死，然不死。史记有言，一生一死，其义可见，一兴一衰，其衰可知，士绅既无其血性旨趣，不肯为托命文化之舍身，又不能悲天悯人，与天下穷人尽解力，其道何在？其德何存？可怜孔子之说，宋明先生，亦只是能治心而不能治身，能说天下而不能移天下，循此以往，士绅之命，诚可前知。

二、知识分子新旧一途　职业分化　遗民心态

民国初年，社会变迁一个明显的标志，出现了庞大的知识分子群体，使我们这个民族的文化得以以西方文化的全面引入而新生，从而为以后几十年社会的革命和改造，培养了具有新文化知识结构的主体。据《北洋军阀统治时期中国社会之变迁》的统计，在 20 年代末，受过初等以上教育的大约有100 万人以上，受过启蒙教育的人达到1000 万人以上[①]，这时的知识分子结构中，有教师、律师、新闻等人群划分。

从知识分子的特定概念的角度，它的产生和出现一开始就是作为传统封建社会的对立物，当然，从社会人文传承的关系，它与旧的传统文化是有联系的。我们这里的知识分子概念不是指逊清一代科举教育系统培养出来的功名利禄之徒，这一套旧教育体系培养的是八股科举的人才，是以修齐治平为宗旨的贵族教育。而现在所举的知识分子是西方文化教育制度被民国教育部吸收、改造以后而培养出来的人才。什么是知识分子？这是一个时代的

---

① 张静如等撰：《北洋统治时期中国社会之变迁》，中国人民大学出版社1992 年版，第 213 页。

概念，"'知识分子'一词出现在中世纪盛期，在12世纪的城市学校里传开来，从13世纪在大学中流行。它指的是以思想和传授其思想为职业的人。把个人的思想天地同在教学中传播这种思想结合起来，这勾勒出了知识分子的特点。"①

民国初年是一个从精神到物质，从政治到思想呈现多极分化的年代。它在政治上和权力上应当说是属于袁世凯与北洋武夫的时代，在经济上应当说是属于西方来华资本家及其买办和大官僚资本的时代，在贫穷的积累上则属于农民和工人的时代，然而在精神和思想知识上则属于新生知识分子的时代。在这个精神和思想的王国里，知识分子把"古今中外"（冯契语）的思想资料都搬出来，穿上民国的外衣，进行着通古变今，或以今变古的知识和思想的翻新，这是从甲午以来备受压抑的思想和知识界长期嬗蜕、逐渐积累、能量倍增、形式多样的火山爆发式和大爆炸式的时代。至今想来，犹如当年回忆"开元之盛"似的激动和辉煌。这就为下一次行将到来的文化批判和思想运动打开了一条生路和局面。

首先，从民初社会中，各级各类的大专以上的毕业生受介绍到政府中工作，为知识分子进入民国各类机关和各级机关制定制度性措施。

主管各类高等学校毕业生的推荐和介绍事务的是铨叙局，它是民国北京政府国务院直属的掌办人事的行政机关。由主管部门进行推荐和建议，是能够收到一定效果的。当然，铨叙局送去的人员究竟在实际上被任用到什么职位上，还要有待详考，我们可以分别举出不同时期的几则例子加以说明。

> 铨叙局咨财政、内务、外交、农林、教育、司法、参谋、交通、工商部、蒙藏事务局分送各专门学校毕业生，请酌量录用文，并附单：②

> 为咨送事案。遵照国务院总理批示，分送各部局酌量录用在案，兹准前因自应援案办

① ［法］雅克·勒戈夫著，张弘译：《中世纪的知识分子》，商务印书馆1996年版，第1页。
② 《政府公报》第6册，上海书店1988年版，第226页。

理，除分送外，相应将毛乃应、张庆麟等开单咨责局、部查照办理，可也。此批。

中华民国元年九月

附单：

外交部：毛乃应、谷秉澄、江泽春、项大任等13名（后续名单不再列出）。

内务部：张庆霖、郭昭等4人。

财政部：尚毅等5人。

司法部：黄永孚、吴秉成等9人。

教育部：刘展、兰易等13人。

农林部：吴宗轼等6人。

工商部：蔡以丰等2人。

参谋部：易克杰等2人。

交通部：张肇达等6人。

蒙藏事务局：季文朴等9人。

铨叙局又于民国元年十月初二日又咨财政、内务、外交、教育、交通等部送各专门学校毕业生的量录用文。①

这个政策，贯穿了民国初年每年毕业生的分配之际。实行这种措施，无论是出于什么动机，在客观上都有助于民国初年社会分化。

民国北京政府的《文官任用法案》②中对具有中等以上学历的知识分子给予特殊优遇。除特任官和简任官两级以外，在荐任官的任用资格上规定现任北京大学校及官立中等以上，经教育部认可之诸学校教官，满一年以上的可为教育部荐任文官。在委任文官序列中规定：在本国或外国专门以上各学校，或本国法政讲习所修政治、法律、经济之学一年半以上，得有证明书，并曾办行政事务二年以上可征用为委任官。

对此，民国初年的统治者，一是

---

① 《政府公报》第6册，上海书店1988年版，第227页。

② 《政府公报》第9册，上海书店1988年版，第176页。

为维持他们与知识分子这一社会群体的均衡关系,二是为了尽可能地吸收优秀或杰出人才到其统治者的队伍中来。总而言之,都是为了维护他们的利益。

民国初年,袁世凯公布了《中央学会法》。中央学会是一个以研究学术、增进文化为目的的学术机构,但是由于各种原因,一直未能建立起来。国民党南京政府时期才建立了中央研究院。但从历史发展的观点评价,民国初年是第一次提出了法案①。这个法案是 18 条,内容非常简单。科学与社会的关系开始有了萌芽。

民国初年,还对民国以前,包括在辛亥革命时期建立了功勋的青年,因革命活动而耽误了学业,革命以后又有志于继续深造的人给予了理解和支持,其中后来归国的人员中有不少成为共产党或新民主主义革命活动的骨干,有的成为民国时期的著名学者。具体承办的是以革命党人冯自由为局长的国务院稽勋局。其大致过程,仅举三例说明。

临时稽勋局呈大总统请资送孙前总统批准遣南京服务各员出洋留学文②。

为呈请事。前奉国务院交下,南京总统服务人员及效力民国诸员承请前大总统孙批准,派遣东西洋留学名册一件。拟由本局办理,比照赏勋例,呈请办理等由。……(中略)本局奉国务院交下,理合宣叙缘由,开列名册,呈请大总统俯察该员等效力服务,求学心诚,仍予提前派遣……经交教育部存案……

后来,教育部又呈复大总统,并建议仍归教育部办理,前后派遣了三批。

第一批留学出洋的有汪精卫、吴稚晖等人,留法勤工俭学就是他们发动的。由他们的组织,掀起国内学生赴法留学的热情,在赴法中这才有了赵世炎、张申府,以至周恩来、邓小平等。

第二批出洋人员有王世杰,后来曾任国民党的外交部长。③

民国初年,出现了以律师为职

①《政府公报》第 7 册,上海书店 1988 年版,第 816 页。

②《政府公报》第 3 册,上海书店 1988 年版,第 615 页。

③《政府公报》第 15 册,上海书店 1988 年版,第 43 页。

业的社会群体，这是知识分子的一种社会分化。这种职业群体的出现，说明我国的司法制度接近了国际通行的司法中审判权、检察权、辩护权的三权分离又互为一体的制度，是法制史的一个新起点。当然，在民国初年这种社会结构及其运行中，不会有公正和正义的法律，但是从历史的观点看，毕竟是实现了零的突破，这是应该给予客观评价的。

为了说明律师在民国初年的社会地位，我们这里引用一则《政府公报》后面所发的一则文选：

广　告

北京法律事务所，北半截胡同

电话南局 875 号

日本中央大学法学士、杨光湛大律师通告：本律师向在江浙等省，从事律师职务。现移往北京办理近省各高等审判厅及京、津地方审判厅民、刑诉讼，并代理各省人民委办告大理院案件，凡有委任者，请通讯商办可也。

天津事务所在法界梨栈，

上海事务所在英大马路。

这是一则极普通告示，如果拿在现在来看，一个律师说穿了就是一个讼师，俗话说，行医怕天下的人不生病，卖花圈的怕天下人死得少，律师怕天下的官司少，正如孟子所言："矢人唯恐不伤人，函人唯恐伤人。巫匠亦然。故术不可不慎也"①。如果联系民国初年的社会背景，至少透露出，行政与司法权利与义务的划分，在几千年的政教合一、讼判合一的板块中突然出现了一个律师，这不能不说社会毕竟在迂回中前进。

民国初年，北京有了律师公会，请看北京律师公会规则的主要内容：

司法部批京师高等检察厅，据地方检察厅呈据王鑫润等呈称

组织律师公会请将会则转呈认可立案，呈附北京律师公会暂行会

则：

据呈，转呈送王鑫润等原

---

① 兰州大学中文系孟子译注小组：《孟子译注·公孙丑章句上》，中华书局 1960 年版，第 81 页。

呈及会则均悉。该律师等发起律师公会，既系遵章组织自应准予立案，所呈会则50条经本部派员详细核阅，酌加修改……即定名为北京律师公会……仰该厅长即改行地方检察厅转行知照会则一册并发，此批。①

中华民国元年十月初二日

北京律师公会暂行会则

第一章 总纲

第一条：本会遵照律师暂行章程组成，定名曰：北京律师公会。

第二条：本会会员依律师暂行章程第10条至12条、第14条之规定，在各级审判衙门及特别审判衙门均又到庭，执行法定职务。

……（以下略）

其计12章，49条。

民国初年，大理院和检察厅都分别就提起公诉需要当庭辩论，大理院通知被告人需要辩护律师等问题专门行文知照各地方检察厅和法院。②

当时，司法部负责律师资格的考核、认定和发证工作。民国初年，从1912—1915年期间发证的数量并未作准确统计。从公布的律师证书月表中分析，这些获得律师资格的人员都是学有专长、分别从国内外专门学校毕业的专业人员，现有司法部十月份编制的发给律师证书的人员名单（取前十名）：③

姓 名	资 格	给证月日
李得春	直隶法律学堂毕业	10月1日
黎光薰	京师法律学学堂毕业	同 上
杨述传	京师法律学学堂毕业	同 上

① 《政府公报》第6册，第191页。
② 《政府公报》第6册，第221、315—318页。
③ 《政府公报》第6册，第315—318页，第221页。

姓 名	资 格	给证月日
刘东汉	日本明治大学法政专业	10 月 2 日
司徒衡	京师法律学学堂毕业	10 月 2 日
李厚培	日本法政大学速成科毕业	10 月 3 日
	充吉林地方审判厅推事	
方震甲	日本明治大学法科毕业	10 月 3 日
汤化龙	日本东京法政大学法律科毕业	10 月 22 日
王道霖	奉天法政学堂毕业	10 月 15 日
陆孟飞	日本明治大学法科毕业	10 月 28 日

这一次计发49人，编号从23—71号。

但是，从12月份发的第三批律师证书的人员分析，其留学人员不仅有日本的大学，而且也有美国纽约大学的法学士颜志庆。

据统计，民国初年的新闻和出版活动也较前有较大的发展，这从另一个侧面反映了知识分子的活动。据民国元年十月六日上海《民立报》报道，京师地方检察厅一次就传讯北京15家报社，有《中央日报》、《国风报》、《民主报》、《国光报》等。

民国初年，知识分子从事写作和创作的活动已有发展，这反映了社会精神价值活动的平民化，著作权利开始分散化。从内务部的《通告》①中可以得到例证。

通 告

内务部现在"著作权律暂行援用所有表列"未经给照，各书籍应由呈报人来部缴费领照通告。

……（以下略）

这一次计注册书36种，有江苏教育总会代表沈恩孚呈请注册3种，商务印书馆呈请注册书9种。

著作权的确认，使民初知识分子有了一定的权益。

---

① 《政府公报》第7册，上海书店1988年版，第219页。

民国初年，还有各类高等院校，私立、省立等多种形式的教育事业机构，在这里聚集了一大批专门人材，形成了学院派的研究风格。由于本篇只就社会知识分子的一般活动做出分析，不在此细述。

现在，我们就民国初年的士绅和知识分子在剧烈和痛苦的社会分化和社会流态中的形态作用和价值角色作一综合论述。

孟子曰："仕。传曰：'孔子三月无君，则皇皇如也，出疆必载质。'公明仪曰：'古之人三月无君则吊。'"[①]昔者，士绅附于皇权，不论有无恒产，其保境安民的平治之心则恒如山川，而今皇室逊位，天纲换栋，身外又是一片三千年未有之大变局，西洋之风寒彻天下，大呼悲号，士绅欲何远去？一个历史命运的转换课题就是这样摆在所有清末民初的士绅面前，正如梁启超所说，是变亦变，不变亦得变。他们是传统价值与观念解组的历苦者，也是传统观念和价值的传承人，集中体现了新旧冲突和矛盾。

弃仕途入实业者有张謇、张元济、卜白眉、周叔弢、宋卿等。民国初年以后，更有一大批士绅从农村来到城市，脱离了与土地的联系，把财富转移于实业方面。他们并没有得到民国北京政府的倾力支持，采取了任其自然立场。当这些民族实业正处于原始积累特殊阶段，一些地方士绅和实业组织自寻门路联系了洋人资本的时候，当局并没有采取引导和担保的责任，反而下了一道与北京外交使团的照会，照会中对民间借贷外资采取了一刀切的政策，一概不予承认，这显然有失政府的行政职责。请看工商部的文件：

> 工商部咨外交部，请通咨各国驻京公使，声明华商所办之矿，无论用何名目押借洋款，非遵章经部批不能发生效力文：[②]
>
> 为咨商事，本部综掌矿政，现在民国矿律未颁，应以前清矿务章程作为暂行矿章。查该矿章第20款内开，矿商不得将矿中产业私行买卖交换及作为借贷抵押，必向原给照处呈明事由，经矿务委员查明批准方可遵办。违者依私自买卖矿地律治罪等

---

① 杨伯峻著：《孟子译注·滕文公章句下》，中华书局1960年版，2000年重印，第142页。

② 《政府公报》第4册，上海书店1988年版，第649页。

语。公正矿商类多遵守，其不肖者则办私借、私押，甚有未经多数股东……请贵部通咨各国驻京公使声明，华商所办之矿，无论用何名押借洋款，非遵章经部批准，不能发生效力。事关交涉，特此咨商，请烦查照施行，可也，此咨。

中华民国元年八月

鉴于民国初年，战乱初定，经济萧条，本来民族实业就不发达，工商部横来一刀，致民族实业于进退维谷之地。

但是，民族实业起于民间社会，并非工商部能一手遮天，各种类型的投资和融资形式在洋商和买办的变通以后发展起来。尤其是上海发达的股票市场，为民族实业的投资者带来了活力。

凡是能在民国初年得风气之先，自行转变和脱离土地关系的士绅都受到社会的客观的评价。我们党在建国初期，也对民族资本采取了团结和改造的政策。其实，与上述士绅结局不同的是那些始终眷恋着农村土地，贪婪地榨取超经济剥削的基层乡绅和士绅，由于他们在几十年中的所作所为，解脱不了农民对他们的仇恨，可以说输得最惨。

还有一部分士绅自民国以后始终迷恋着前清和传统之类的旧梦，整日在日益现代化的大城市里，群居终日，每言都是"圣上"之类，像鲁迅所说的要"拔着头发，离开地球"的人物。康有为及其民国孔教会的就是这一类。最典型的人物就是1917年1月—7月12日的逊帝"复辟"中的一伙人物：

陈宝琛、梁敦彦、刘廷琛、袁大化、张镇芳被封为内阁议政大臣。

弼德院副院长康有为，还有赵尔巽、陈夔龙、吕海环、铁良等。

大学士瞿鸿机、侍郎李经迈、阮忠枢。

几乎所有蛰伏在大连、青岛、上海等地前清遗老都出巢了。像沈曾植、吕海环、王照、朱祖谋、陆润庠、梁鼎芬、劳乃宣、郑孝胥等。

溥仪出关，又有一批前清遗老随护，比较有名的有罗振玉、郑孝胥，在历史上留下了骂名。

有殉清而死的王国维、梁巨川（梁漱溟之父）。王国维哀号长哭："五十年来，只欠一死"，惹得京城内外一时评说异起，众口腾辞。有的说他是为大清而死，陈寅恪却说为文化之精神而死。

还有的亦朝亦野的士绅，像梁启超，像汤化龙、汤寿潜、陈汉章这一类人物活跃于清末。对此，陈寅恪也有评价："任公先生高文博学，近世之所罕见。然论者每惜其与中国五十年腐恶政治之不能绝缘，以为先生之不幸"①。其实章太炎亦是人生一悲。鲁迅说："太炎先生虽生前也以革命家现身，后来却退居于宁静的学者……考其生平，以大勋章作扇坠，临总统府之门，大诟袁世凯的包藏祸心者，举世无第二人；七被追捕，三入牢狱，而革命之志，终不屈挠者，并世亦无第二人；这才是先哲的精神，后生的楷模。"②

民国初年士绅是一个亦新亦旧的边缘群体，必然要实现分化，这是历史的趋势。除了一部分率先资产阶级化的士绅，稍微给民国的底色上增加了亮点以外，从前清到遗老士绅，以及亦官亦绅的梁启超之类，全处在"不夷不惠之间，而是非驴非马"，几乎在政治、思想和文化上忽闪忽隐，有些当年的"斗士"，到了民国以后几乎都转俗问真，回归孔孟，成为袁世凯称帝之前的思想文化的先路和反映，像严复、康有为、梁启超、章太炎、林纾等人。

这是一个值得思考的问题。像章太炎，"中华民国"称号就是玉成于其手，而在晚年竟然成为"儒家"，岂不是应了他的先生曲园老人的批评吗？总结历史的经验，凡是任何革命，如果树标过高，期望太激，其结局不称实际的，当事者总要陷入低迷与徘徊之中。

民国初年的知识分子这时正处于集聚和积累，进行沉思和反思的时期。然而，他们反思的文化背景，除了传统以外的东西，还浸透着西方文化的背景，请注意，他们接受的西方文化，已不再是"中学为体、西学为用"的支离饾饤的过滤物了，而是全面接受的自由时期，正是这个时期中西文化的交流，这才即将引起一代新知识分子的个性喷发！

这时，使人想起了这样一句话：

　　"我对我们生活中的问题想得越多，就越相信我们应该选

① 吴其昌撰：《梁启超传》，上海古籍出版社1980年版，第148页。
② 《鲁迅杂文全集》，河南人民出版社1994年版，第878—879页。

择讽刺和怜悯来作我们的陪审员和法官，正如埃及人为他们的死者呼唤伊希斯和内芙突斯两位女神一样！

讽刺和怜悯都是很好的顾问。前者用她的微笑使生活宜人；后者用她的眼泪使生活圣洁。

我祈求的讽刺不是残忍之神，她既不嘲弄爱情，也不讥笑美丽。

是她教会我们嘲笑恶棍和傻瓜，她温柔美丽，她放声大笑。如果没有她们，我们对那些丑恶的东西就敢怒而不敢言了"①。难道民初的士绅不使我们放声大笑吗？

① [美]房龙著，柏利等译：《人类的故事》，海南国际新闻出版中心1998年版，第415页。

第八章
无春无夏　最下者争

——民国社会中的农民

　　昔者司马迁年二十仗剑远游，历览四方，足山涉河，然后叹道：山西饶材，山东多鱼，江南出楠，龙门、碣石多牛马，天下恃农而食之。

　　这是古老的农业天下之势。

　　从古以来，三德五府，九政八纲，全是以农为纲。孔子素来久仪周公，周公曾告诫成王："呜呼！君子所，其无逸，先知稼穑之艰难，乃逸，则知小人之依。"[①]可以说，不知农，无以安平天下。

　　文景税赋，三十而一，也是指农业。开元之盛，常以仓廪米脂无处措置而为荣。租庸调、青苗法，一条鞭，

摊丁入亩，历代行政之机为了一个

"农"字。

[①] 江灏、钱宗武注译：《今古文尚书全译》，贵州人民出版社 1990 年版，第 337 页。

农业、农民、农村、农田四位一体，一个生生不息的事业。

我国受地理环境之赐至今，农业发达。

东南方平畴千里，水腻山春，河流如网，湖泊如星，土质肥沃，这是府藏之区，赋税之库，关乎唐、宋以来的兴亡。

大西北地处内陆腹地，地广人稀，是历代统治者兴军驻屯之处。山连五岭，荆湖三楚，可以成"湖广熟而天下足"之事。

指点山河，数落优劣，老子说，治大国若烹小鲜，其鲜不小，农业搞不好会使山河变色。这是一道坎！

农业，是我们千年之脉。

解读民国，离不开农村与农民，因为那里是土地，土地是什么？"……土地除了它的经济价值以外，仍然具有某种军事和社会的意义"①土地力量是任何民族国家的稳定和均衡的基础，英国的羊毛、法国的葡萄、美国的种植园，都曾引发过划分时代的战争和冲突。任何国家的现代化，最终都要以土地资本和经营方式为判断标准，社会进步的划分是依据最底层土地所有制方式的进步为转移的。

土地的力量是神奇的。历代皇帝都要封禅泰山，春耕秋狩，祭土拜农，演的是一场狐埋狐搰的闹剧。土地四方之上，生养着农民和地主，也有江南的会党、华北的拳坛、西北的刀客、西南的马帮、东北的胡子，这里正是"上律天时，下袭水土。譬如天地之无不持载，无不复帱……万物并育而不相害，道并行而不相悖。"②

天无常亲，人无常怀。人世间一切诱人的权力和财富，不管用什么样的旗号和形式来到土地上，什么君宪、君主，什么民主、共和，最终都要与土地的所有关系发生联系，都要以农民的命运为转移。这是马克思教给我们的智慧。他说："他的世家史等等——对他来说这一切都使他的地产个性化，使领地名正言顺地变成他的世家，使领地人格化……中世纪

① ［美］穆尔著，拓夫等译：《民主和专制的社会起源》，华夏出版社1987年版，第4页。
② ［宋］朱熹注：《四书集注》，海南出版社1992年版，第53页。

的俗语'没有无领主的土地'被现代俗语'金钱没有主人'所代替。"[1]所有一切存在的最后的主人，就是土地。

看一下民国初年，农民的基本情况。

农村人口，据民国三年农商部报告，民国初年的农户总数为59，402，315户，以每户5人计，全国农民数为297，011，575人，约占全国人数的74%，但各省比例不均，广东是63.7%，农业人口比例为全国最低，山东的比例最高，约占88.9%。[2]

农民的收入情况，据国内北部11省调查，每家每年平均收入为217.6元，据东部调查，每家每年收入达315.5元。其中，每家每年收入不足50元者，各地合计占28.8%，河北各县竟达62%，每年收入在90元以下者，各地合计达49.4%，也就是说约占全国半数的农家。[3]

需要说明的是，孙本文先生在这个数字的统计分析中，是把地主、富农与其他农民都算在一起的。当然，我们不能苛求前人非要用阶级分析的观点。孙先生是民国后期的一位著名的社会学家。看完这个数字以后，不由地哀叹一声，农民太穷了！我想起孔夫子的一句话："君子固穷，小人穷斯滥矣。"这位夫子愚弄人心，所谓忧道不忧贫，所谓不患寡而患不均，真不知现代学人为何偏要从夫子之道中找出什么"复兴"玩意！韩愈在《送穷文》中把贫穷分作五鬼，民国时的胡适又接续前言，也把贫穷当作鬼祸来诅咒。贫穷是农民的"天命"吗？

晚清至民国初年，几乎所有的西方人都对中国农村的贫穷表示了怜悯，所有的民国政要都发誓要解农民于倒悬之中（见袁世凯在《政府公报》中的几次通电），农民的贫穷成了洋人和政要表示慈善的对象，离开了对农民的承诺就无法表示他们的"善心"。贫穷是社会的一种罪恶，它的存在就反映了这个社会的病态。因为贫穷就是弱者！是谁剥夺了他们天赋人权中可以拥有财富的权利？是民国

[1]　马克思：《1844年经济学—哲学手稿》，人民出版社2000年版，第45—46页。
[2]　孙本文著：《现代中国社会问题》第三册，商务印书馆民国三十五年版，第67页。
[3]　同上书，第38页。

的权要！因为有了贫穷，那些民国社会中的强者和权要才可以作恶，是他们制造贫穷来维持他们在政治和社会中的均衡。

现在，我们分析民国初年社会中的农民群体。

一、农林大纲　农会规章

分析民国初年的农民群体，首先要看一下民国初年北京政府的农业行政和权力统治，这是制度性的建设与运行，关系着农民的命运。

民国初年的北京政府，在袁世凯及其北洋武夫的操纵下，尽管农林部集中了一批当时社会中的优秀的农政人才，但是"徒善不足以行政，徒法不足以致治"，其根本治农的路线和方向错了，抛弃了孙中山以民生为要的思想。

袁世凯对农政一无所为，一脑子的是兵、钱、权，把农政之事"能权"交付农林部。

农政部于民国元年九月三十日在第153号《政府公报》中发表了《农林纲要》的全文。请看下面的资料：

农 林 部 训 令①

本部农林行政，条绪纷繁，必于缓急先后之间斟酌得宜，挈其纲要，方足以利设施而期实效。厘定《农林纲要》发交各厅、司为筹画进行之标准。仰即按照所列各条分别筹办，是所至望。此令。

农 政 纲 要

1. 移民东北、西北，垦辟官荒，使北部无旷土，南部无饥民。

2. 南部及中部各省，查明荒废地亩，设法利用之。

3. 部未辟之荒地急速从事测量，信古代井田制……

4. 输入大帮纯种马、牛、猪、羊在北边荒地放牧……改良土种，以滋生多数……振兴乳肉……

5. 设编译处，广译美、德、法、英、日等国的最新农学……

---

① 《政府公报》第5册，上海书店1988年版，第825—828页。

6. 设农事试验场……

7. 国中多设测候所……

8. 输入棉花佳种……

9. 改良南方缫丝……

10. 研究改良茶种……

11. 测勘全国之土质及气候雨水……

12. 研究国中虫害……输入外国益虫。

13. 研究治水……

　　提倡修治农道

14. 会工商部查勘本国磷石……

15. 改良良种……

16. 输入本国未有之植物……

17. 整顿地方农会……

18. 组织全国农会……

19. 设立农产之统计……

20. 会工商部划一度量衡……

21. 设立农、林、渔、物、畜……讲习所。

22. 普授拼音，多出白话报……

23. 设立巡行宣传……

24. 开垦殖博览会……

25. 会工商财政部，长期抵押农行以轻利贷之农民，借资周转……

26. 倡设囤积运售机关……

27. 订立渔法……

28. 官养鱼于江河湖沼

　　　　林　政　纲　要[①]

1. 无主山林，定为国有，由

[① 《政府公报》第 5 册，上海书店 1988 年版，827 页。]

本部经营。

　　2. 设立山林警察……

　　3. 奖助村民造林……

　　4. 荒山多造林……

　　5. 设立林官……

　　6. 分年轮伐法……

　　7. 国有山林收入……20 年内所有进项，均留作推广造林用。

　　8. 整顿林木运输方法……

　　9. 设立林艺试验场……

　　10. 招林业实习生……

　　上述民国初年当局的农林纲要共计 38 条。不要说逐一落实，其中百里行一，也就可以有不小的进步，实际上是怎样呢？

　　民国初年，北京政府最大的失误，是农村乡镇亭里虚空化和软弱化。从国家行政体制的设置编制上分析，袁世凯追步前清，除行省以外，实行虚道实县，县以下不设置编制①，这也是盲目仿效欧美的做法。乡下虽有乡长，不在国家编制之中，只是由县长义务性地补助一下津贴、饷银等。实际上民国北京政府自动放弃了农村的行政管理，让士绅和家族势力继续把持乡村的事务。这里需要说明的，民国初年乡村士绅的素质日趋变化，不可与前清的士绅同日而语。因为科举制度废除以后，作为一种制度的监察和制约已经消失，全凭士绅的自我约束，这种精神约束在社会物质利益的引诱下立即就会出丑，加速了农村社区的道德崩溃。

　　在国家行政机关之外，民国初年还设立了全国性农会组织。这种农会组织是从西方文明中引进的，其目的是联系农村和组织农民，辅助行政组织共同发展农业，其实不然。我们先看农会的组织与制度的设立。

　　　　农 林 部 命 令②

　　　兹订定《农会暂行规程 36

① 参见钱实甫编者，黄清根整理：《北洋政府职官年表》，华东师范大学出版社 1991 年版。
② 《政府公报》第 5 册，上海书店 1988 年版，第 723 页。

条》,《农会施行细则9条》,《农会调查规程5条》特公布之,此令。

农会暂行规程

第一条：农会以图农事之改良发达为主旨。

第二条：农会分为左之4种：全国联合农会、省农会、府县农会、市乡农会。

第三条：非依本规程之农会，不得援用前条各种农会之名称。

第四条：各种农会已设之处，不得更设同种之农会。但农会已解散，不在此限。同种农会于同时发起组织者，得由主管官署核定所拟会章，令同筹或择定其一。

第五条：各种农会均为法人。

第六条：农会会员之资格如左：1. 有农业之学识者；2. 有农业之经验者；3. 有耕地牧场、原野等地土地者；4. 经营农业者，具有以上一资格者而品行端正，年逾20岁者，均得为会员。

凡热心资助农会经费者、赞襄农会事业者得为名誉会员，会员入会后均有选举权、被选举权、议决权。

第七条：市乡农会由该市乡区域内之具有会员资格者组织之，府县农会由该府县各市县农会举代表组织之，省农会由该省各府县农会举代表组织之，全国联合农会由各省农会各举代表4人，由农林总长临时召集组织之。

……（以下略）

各级主管官署有批准农会成立之权限。会章要有名称、事业、事务所……等事项。农会置会长一人，副会长一人，并设评议员、庶务会计、书记调查员。

市府经费由会员分担，不足者由上级官署补充之。

农会主要负责农村荒歉调查，共筹救济方法，设立农产物品陈列室、设立冬期学校、补习学校讲授农学大意。

计36条。

细则部分①主要规定农会成立、解散等具体事宜，计9条。

农会调查规则

第一条：省、府、市县等农会每年须就该区域内一切事业，确实调查，按照表式填明报告。

第二条：市乡农会须于每年六月以前调查，确实照表填注，报告府县，府县农会总括该府县内之调查编成册本，于七月份以前报告省农会，省农会总括该省内之调查编成册本，于八月份以前呈报农林总长。如府县农会未设立，地方市乡农会调查，报告省农会。市乡农会未设之处，责令该市乡之公吏调查，报告府县农会。

……

调查表式有：《某县农业产物调查表》，表内有耕田亩数、平均亩产、平均价格、总产额、总价格。

《某县农家副业调查表1》附有家畜种类、价格、产地、病害等。

《某县农家副业调查表2》附有蚕丝类，类内有蚕种名称、鲜产额、生丝产额、生丝价格。

《某县农业制度调查表》附有自耕家户数、所种亩数；佃种的家户数，所种的田亩数；自种兼佃种的家户数，所种的田亩数等。

上述计4个表格，从田亩、种植、副业到家庭经济一应周至齐全。

民国的政府与农民、农村处在什么样社会关系形态之中呢？在这里，不想多有分析，只是引一段孙本文先生的话："尚有一种农会组织，这种组织原非我国所固有，大致系模仿各国成规设的。但创始以来，已有数十年的历史。就性质言，农会原系一种农民组织，其目的在于改进农业生产和农村生活，不过初期的农会系由少数官吏与士绅发动筹设，有名无实，算不上一种农民组织"②。据孙本文考证，我国的农会最早始于前清光绪二十二年（1896年），初名务农会，发起者为罗振玉，当时只是办报，直至光绪

① 《政府公报》第5册，上海书店1988年版，第727页。
② 孙本文著：《现代中国社会问题》第三卷，商务印书馆民国三十五年版，第151页。

三十四年（1908 年）农工商部奏请设立省级农会。

与此同时，《政府公报》还有一些关于批准各地农会成立的电文。不再细述。

从上述资料分析，不能认为民国初年有了农政纲要和农会组织，我国的农业就有了改观。问题在于，所有的行政组织和社会团体，一到了官吏和士绅手里就变了样。民国初年，官吏和士绅之所以垄断社会组织和社会活动权力，实际上是为了扩大自己的权力。

民国北京政府与农民的直接联系是国家财政权力关系向农村延伸，主要是对农村的征赋和税收，在这里表现的是国家与农村的权力网络中最黑暗与最混乱的环节，因为那时所有的对农民征赋都是由乡村士绅和村首们承包下来的。"包税制"造成了额外征税恶源，而县以上官吏为了优容地方士绅，也把此看作是一种"惯例"，民国因袭了这个农村权力网络的遗产。只有在农村征赋的关系上才可以看到民国的影子。请看下面一则资料。

> 署理甘肃都督赵惟熙呈大总统甘肃各厅、州、县征收前清宣统三年下地丁、正杂银两已未完解数目，汇造分数，考成清册请鉴核文。
>
> 为呈明事。窃查直省征收地丁正杂银两例，应以上、下两忙截清，分数册报。一面将实征、实解数造册送部备查。册内须将原额数目，分别起运若干，留存若干，正项已未完各若干，杂项已未完各若干，逐一划分以清眉目。其上下两忙分数定以九分，上均为四，下均为五分等固。历经遵办在案，兹据甘肃布政使彭英甲详称，甘肃省前清宣统三年征收地丁、正杂银两除西宁府属安西直隶州属及肃州之王子庄州，……余各属共应征地丁、起存正杂并秦州等处新垦地丁共银2898231两，厘内除皋兰县等处水冲地亩豁免银322两，又除河州兵燹后，新荒地及各属州无从征收银两58194两外，现垦熟地应征银231355两……
>
> （以下略）

从上述资料可以看到，这是民国初年农民与民国政权关系和经济关系。

作为现代民主共和的国家,征税和收赋是组织财源的手段之一,应当是可以安排的。但是,民国财政对农业几乎没有投入,这就近乎马克思说的"文明的掠夺"。农民与政府发生了严重的利益冲突,这是导致民国动乱的深刻的社会根源之一。根据西方制度经济学的观点,政府从地租和收益中拿走的税赋,应当以培养"纳税能力"为目的,应当使农民利益成为级差剩余物,使他们感到和预期的剩余成正比,与赋税成反比,而民国对农民的课税原则恰恰相反。

回顾上文,民国初年的农业行政,不是没有良好的设计,也有一些组织措施,但是为什么一个好的设计没有得到好的社会效果?这种制度与实践、手段与目的的分裂说明了什么?

二、灾荒与兵变　租佃关系　农民生活

民国初年,遍布全国农村的经济关系的形式是农佃关系的日益扩大和增加,自耕农日益减少,这反映了农业在一系列国内和洋人势力的冲击下无法扩大和发展自己,自耕农和地主经济日渐萎缩,同时也反映了农业的前景是悲观的。"农佃之分布状态,可以度一国农民经济之盈缩,可以测一国农民经济发展之趋势。我国之农佃分布,各地极不一致。且20年来佃农逐渐增加,自耕农反日形减少,半自耕农则无若何之变动。据金陵大学农业经济系之调查,21省平均佃农率,……较民国元年增加4%,自耕农减少4%,半自耕农则无增减。按分布区域言之,以南部区及黄河上游区佃农新增加率较高(6%),长江区次之(5%),北部平源又次之(1%),而西北区无增减。"①

这说明传统农业的田园诗一般农家自耕自乐的梦幻般的温馨被近代以来的外来商品和国内实业、连续的战争和动乱的淫风巫雨冲荡殆尽。张之洞等一伙晚清卫道士所宣扬的"大清爱民之厚"也被民国剥离落地,"……至我朝,康熙二十五年奉滋生人丁永不加赋之旨,雍正四年定丁银并入钱粮之制……于是历代苛征一朝豁除,赋出于田,田定于额"(见张之洞著《劝

---

① 原中华民国南京政府实业部编:《中国经济年鉴》,商务印书馆民国二十四年续编。

学篇》)。我们要问，民国初年农民大半沦于佃户，连田产都没有，何言豁免。无怪乎，清末遗老大骂袁世凯，"连大清都不及，何言民主"?

据史家介绍，前清历代之朝，农民若不遇到动乱，生丁几口之家赖之于田地而活，其生活尚可，现在却不然了。从土地关系上分析，我们有理由同情那些"今不如昔"的怀旧派。孔子曾描述过农家生活的图画："暮春者，春服既成，冠者五、六人，童子六、七人，浴乎沂，风乎舞雩，咏而归"[1]，这种浴咏之乐，在民国里是绝无踪影!

民国初年的农佃关系，不是资本主义雇佃关系，而是倒退到农奴或半农奴的关系，它导致农村人口不堪租费而逃离出走，地主或雇主不堪政府和军阀的压力也出走去城，佃农和地主的社会流动使农村更加空荒和贫困。

我们可以从中找到一份契约抄录给大家看一看：

> 立讨租札人××，今因无田耕种向××先生讨来民田一丘。坐××地方，计额×亩×分。面订每年八月缴纳二五，扣净租谷×担×桶，不敢施欠。如若拖欠租谷，任凭业主撤佃计边，无得异言。此系两家情愿，无口为凭，立此札讨，当据。
>
> 　　　　　　　　　　　中华民国　年　月　日
>
> 　　　　　　　　　　　立讨札人：某（押）
>
> 　　　　　　　　　　　见　　讨　某（押）
>
> 到秋收时，交送不致拖欠，立引赁田存照[2]

什么是佃家？租人大部或全部土地耕种的农民。但是，民国初年，对农民来说，其生存的社会环境是恶劣的，一是兵匪，二是灾荒。在这里就不一一叙述。仅就社会形势与农民的反抗，作一简单介绍。

进入民国以来，战争频仍，民多水灾。在1912年以后至1917年期间，发生战乱的省份是：1912年1个省份，1913年6个省份，1916年9个省份，1917年5个[3]，民国初年战乱

---

[1] [宋] 朱熹等注：《四书五经》上册，中国书店1985年版，第48页。

[2]《中国经济年鉴》中册，原中华民国实业部中国经济年鉴纂委员会编，商务印书馆民国二十四年版，第80页。

[3] 转引自池子华著：《中国近代流民》，浙江人民出版社1996年版，第48页。

涉及 21 个省。

早在民国以前，前清政府为了支付战争赔款，调整税收政策，总的原则是在旧税种上加重比例，没有税种的项目力开新名目。民国前第三年，也就是宣统元年，当时的吏部主事，在民国七年宣统复辟时任都察御史的胡思敬奏称"自甲午、庚子两次赔款，民力已岌岌不支。壬寅编练新军，分摊各省，岁盈千万，竭泽而渔，势成孤注……农民也，漕粮地丁耗羡以外，有粮捐，有亩捐，有串票捐。田亩所出之物，谷米上市有捐，豆蔬瓜果入城有捐，一身而七八捐，力不胜任，则弃田潜逃者比比也"[1]。民国以后，由于财政不敷，旧附加税并入正税，正税以外增加新附税。实际上，附超正的现象已成定局不可逆转。据调查，徐海各县除"国税"、"省税"、"县附税"、"特种税"（达12种之多）、"陋规税"之外，地方附加税有：教育亩捐、普教亩捐、义教亩捐、建设费、农村费、农业改良捐、积谷费、清丈费、户籍费、公安局费、公安队费、警捐、警备捐、警备临时费、警备队经费、补充队经费、民政费、区公所费、市乡费……达27种之多，附加税费超正税，徐海12县平均在7倍以上，其中灌云县超过20倍以上。[2]

袁世凯对此不仅不加以整顿，以肃税常，维持风纪，反而对于加捐加厘，勒索钱捐的官吏给予嘉奖：

> 大总统令。
>
> 财政部呈准广西巡按使张鸣岐电称，财政厅长孔昭炎督征验契，增加收款1730000元，实属出力异常，拟请照奖励等语……给予五等金质双鹤章，以照激劝，余如所拟办理，批令。[3]

在这种情况下，农民抗捐斗争此起彼伏，据《北洋军阀》第一册统计，民国初年从1912—1915年有报载各地斗争达27次。较大的有直隶蔚县联庄会反对屠宰税，捣毁了本镇土豪张玉堂的房子。[4]山东荣城闹捐风潮，打伤警察，捣毁

---

① 金毓黻编：《宣统政纪》第11卷，辽海书社民国二十三年（1934）。

② 引自池子华著：《中国近代流民》，浙江人民出版社1996年版，第40页。

③ 《政府公报》第13册，上海书店1988年版，第726页。

④ 章伯锋、李宗一主编：《北洋军阀》第1册，武汉出版社1990年版，第588页。

警署。①

农民的实际生活现在已经无从考证，可以根据陈寅恪先生的"文史互证法"，从现代文学史上的"乡土文学"作品中依稀可以找到民国初年农民生活的图景。

民国初年，南方的一个吉光屯里，有一上古庙里长明地燃烧着一盏吉光灯，据说这是梁武帝点着的，一直亮到民国现今。这是全村的命根子。

偏偏有一个"不知姓名"的人发誓要吹灭这个长明灯，于是全村就闹起来了，所有的男人和女人都要拼命保护这盏灯……

村里的"四爷"决定处死这个"疯子"，但是有人讲情，说他的祖上曾掌过"印把子"，当过官爷，最后"四爷"决定把他关闭在庙里的西厢房里……

这就是民国下的农村，黑暗、愚昧、迷信和士绅、地主作裁判，这就是共和吗？据说，有警察、审判厅，他们为什么不去？②

在民国初年南方某县城一个学务处里，旧馆先生老吴拿着乡下一位士绅的介绍信找到学务委员，学务委员说："现在既有这封信，我就任用你"。不几天，他从乡下学馆赶到学务委员家里领薪水，学务委员只给他三块，还有三块以后再发，可是学务委员要他写一张收到十元的收条，他犹豫了……③

这就是乡村教员在民国时的生活，一个学务委员也要敲诈他！

江南的大米今年丰收了，可是米价从十五块跌到了三块，农民害怕再跌于是就出乎人，下面是农民和米行先生一段对话：

"先生，给现洋钱，袁世凯，不行么？"白白的米换不到现洋，好像又被打了折扣。

"乡下曲辫子"夹着一枝水笔的手按在算盘上，鄙夷不屑的眼光从眼镜上投射过来……

"那么，换中国银行的吧"……

① 章伯锋、李宗一主编：《北洋军阀》第1册，武汉出版社1990年版，第599页，第588页。

② 刘绍棠、宋志明主编：《中国乡土文学大系·现代卷》，农村读物出版社1996年版，第52—58页。

③ 同上书，第70—74页，第77页。

"这是中央银行的，你们不要，可是想吃官司……"①

民国中的农民，你看是何等的贫弱！你不要钞票，还要吃官司，这是什么法律？

民国的军队要路过山东的某一个村庄，庄子里的人害怕极了，有的人提出拿出钱招待他们一顿，可是满村庄没人敢做招待。

庄子里有一个屠户，喝醉了酒，背靠在大树上，他回忆着，县太爷家里的猪我都杀过，难道这伙兵还能不给一个面子。

村子里人全都躲在家里，以昼作夜。

一伙兵来了，问这个屠户，这个屠户都说有瘟疫了，人都走了……

屠户开始卖肉给士兵，士兵只给3个钱，倒是要屠户割二百元的肉，屠户说不要钱，士兵以为这是奸诈，天下的肉有白吃的吗？吓得屠户跑了，士兵在后面追，结果发现老百姓都在家里……

于是士兵下了结论，这个村不出来接待，原来是窝藏了"屠户"似的土匪……

于是一场灾难降临了……

这就是民国初年的士兵与农民的关系。②

综述上面的引述，可以知道，民国社会中的农民生活在土匪、兵灾的环境里，即使是丰收，也要受到谷贱的侵害。

当然，现实中的农民生活不止如此。我们这里仅是从一些小说里引述的典型情节。

从整个民国社会看，农村是当时被人抛弃的角落，农民的生活方式和消闲方式依然如前清一样。如果从社会关系和空间结构来看，农民是不缺乏生活的自由和生命的自由。他们只要老老实实地顺从那些衙门老爷，只要交够了要交的赋捐地丁，只要完成了这两项，谁去管他们呢？他们是民国中无人管、无人问的"自由民"，他们可以大槐树下，河沟小流边，去谈论着城里的新事，去看那日落日出！

① 刘绍棠、宋志明主编：《中国乡土文学大系·现代卷》，1996年版，第70—74页，第77页。

② 同上书，第100—105页。

这不是法律的自由，不是社会的自由，不是政治的自由，这是穷人从富人和官人在酒醉饭饱以后偷来的"自由"。

三、三支大军　农村社会程序

民国，读不懂你！那就向脚底下看，看着那结实的黄土地，一切都从这里发生和出现的。

从神秘的阴阳五行到子曰诗云，

从玄妙的形而上学到道在五谷日用之中，

从五斗米教到太平天国，

从藩镇之乱到皇亲贵族清君侧，

都是为了这片黄土地……

从阴险狡诈的政客到八十三天的洪宪，

从横肆暴虐的军阀到苟营禄利的官僚，

从革命党人到游学海外的学子，

从村头井边的农民到高宅深墙中的地主，

全都是因为这片黄土地，这是钱与利、爱与恨、火与血、刀与剑交织共生的土地。

登高必自卑，站在黄土地上，你看峰入云端，鸢飞惊天，难道你不想欲上九天插双翅？这就是人类一切实现与超越自我的欲望和动机的最初发生之地。

致远必自迩。站在黄土地上，你望着天际弥合，地倾东南，难道你不对身外的世界感到神秘？这就是人类敢于冒险、探求发展的激情之地。

逝者如斯夫，站在黄土地上，你看着不分昼夜的江河在跳跃，难道你不对自己的生命进行思考？这就是人类永不息宁的躁动之处。

池边生春草，站在黄土地上，你看着天道不言，四时流转，难道你不对自己许诺过什么？这就是人类永远不可能超脱自身的神秘之源。哪怕你做到皇帝！

所以，卑贱者最聪明。

在农村的土地上，曾经产生过皇帝，汉高祖是第一位布衣天子，还有明太祖，儿时还放过牛。更有那一串的屠狗将军、贩卒将相……

在农村的土地上，曾经有过帮会、会党、土匪，更有那桃园结义，梁山聚义，瓦岗威风。

但是，民国的统治者们抛弃了农村……

城里的富豪们鄙夷了农村……

西方的洋人嘲笑了农村……

北洋武夫更是践踏了农村……

种风者，必得风暴，民国以来的农村走出了三支大军正在冲向民国……

第一支是流民，这是民国以来天灾和人祸的副产品，他们开始脱离体制的控制，变成了无业无土的人们，开始浪迹江湖，以体力和技能来维持生活。游荡的生活使他们有了比残留在农村的人们还要高的见识和能力，对城乡生活的反差感触最深，又在流荡中锻炼出原始的组织才能，很容易产生反抗激情。中国历史上的几次起义都是因为有了流民大军的出现，法国大革命的基本队伍也是从农村刚流离出来的贫民阶层。在《皇朝经世文编》中，咸丰同治之际就有人惊呼：士工商外，散而游幕，去而僧道，流为地棍盐徒，每省不下 20 万人。到时了民国初年，据 1001 个县的调查，农民流离至少有2000 万以上。①

这些流民的空间去向，一是趋边，其中以闯关东为较明显的趋向。这些流民多是山东、河北、河南、山西等地，山东南部的费县、莒县一个村庄竟然走空了 70%。二是广东、福建的人们选择南洋和台湾。1919 年高达 6，300，000人。三是进入上海、天津和其他省城。

在这些流民中还产生了丐帮集团，这是近代以来的一种社会文化，成为一种职业化流民。这个丐帮王国专门有头目负责管理，入帮也有"规则"。丐头一般有"杆子"，既是权力的象征也是惩罚的工具。后来发展成长杆的旱烟管，在北京，有蓝杆子、黄杆子之分，蓝杆子者，辖治普通之丐，黄

① 池子华著：《中国近代流民》，浙江人民出版社 1996 年版，第 13 页。

杆子，专门管小丐头。

再者，流民入军队，吃粮当兵。民国初年，一时兵队云集，不计其数。据《政府公报》里登的宁波周师长电报称："南北统计共有80师团之多，每师团需饷银12万两，共月需960万两，每年需11，720，000两，较满清饷额几增一倍……"①

在农村里还有护乡护村的民团等非正规军警组织。张作霖就是从加入民团一类护乡组织起家的。

第二支是会党，会党不同于流民与丐帮，他们的特点一是有组织形式，但不公开，故称秘密社会，二是有秘密的宗旨、口号、誓词，三是进行非法活动，与统治者的"正常秩序"相对抗，四是对当局进行不同程度的反抗。②民国初年主要表现为在农村里组织农民进行抗租、抗粮、抗暴的斗争，如浙江钱塘县"各田主……分派门客四出严追，致起反抗，帮匪地棍从中煽惑，聚至四千人……意在造反"③。山西浮山的洪汉军，于民国元年攻入县城，烧掉县衙门的钱粮簿。④当然也有成为不法之徒的保护组织的。

对会党作用的分析要区别对待，有消极作用，也有积极作用。有帮助农民的，也有帮助地主的；有帮助国民党人的，也有帮助袁世凯的。总之，他们政治上有盲目性，组织上有分散性，行动上有破坏性。

第三支是"土匪"，这是公开的结帮用武力与官府对着干的。比较知名的有制造"民国第一案"的山东峄县（现属山东省枣庄市）抱犊崮上的孙美瑶为首的武装集团，还有河南的白朗起义。同时，我们还可以从《政府公报》中一些剿匪的电文中得到例证。

陆军上将衔山东都督周自齐呈大总统，报明设立曹州善后局办理情形文并批：⑤

为呈明事。窃照曹州匪乱，滋扰多年，迭经剿捕歼除，得以

①《政府公报》第1册，上海书店1988年版，第231页。
②参见蔡少卿著：《中国近代会党史研究》，中华书局1987年版，第2页。
③④参见蔡少卿著：《中国近代会党史研究》，中华书局1987年版，第324页。
⑤《政府公报》第8册，上海书店1988年版，第518页。

渐臻安戢，频年兵匪蹂躏，杼柚其空，地方元气大伤，闾阎凋敝益甚，驿骚未已，后患堪虞。若不急作拔木塞源之图，终无以为长治久安之计。后来治曹之策，惟知专恃兵力，军费则岁有增加，匪势则日益猖炽，生灵坠于涂炭，士卒疲于奔驰，村舍为墟，颠连无告。岁掷百数万之金，仅为曹民生命之代价……赶速兴办善后，以清匪党而安善良，现拟于曹州设立善后局一处……分兴业、保卫两股……以曹州镇施从滨为督办，曹州府丁守铠为会办……（以下从略）

批：据呈已悉，交内务、财政两部查核办理，此批。袁世凯印。

中华民国元年十二月十三日

人员薪水：

督办一员不支薪水，会办一员不支薪水，坐办一员每月薪水100两，参议一员每月薪水80两……

周自齐治曹欲以剿抚两手，不知其结局如何？

另有河南、河北两省剿匪的呈文，在此节录如下：

河南、河北镇总兵，毅军右翼翼长郭殿邦呈大总统，报明会剿土匪，督催洛南各属守望社暨毁抄匪巢、匪粮等情形文并批：①

为呈明事，窃维治民之道，固贵教养兼施，而治匪之方，尤宜剿抚并用……于十月十九号，职镇奉督之令，会剿洛南土匪……缉大小悍匪朱金标、闫锡滨……56名伙匪，刘德娃、王世臣……253名，共计300余名，均经案讯……搜获各式快枪50余杆，来复手枪、土枪100余杆，骡马40余匹……洛南各属知名之匪不下数千人……计抄该匪杂粮160余担，小麦180余担，……

袁世凯批：据呈已悉，所称办理情形具臻周妥，堪嘉深许，仍应随时注意防缉，以靖地方。此批。大总统印。

中华民国元年十二月二十日

① 《政府公报》第8册，上海书店1988年版，第696页。

上述三支力量是走出来的人，

还有大量守望在农村的农民，那是一座沉默的火山。但是，他们限于小农生产方式，其阶级利益和阶级意识还没有被开发出来。马克思在分析法国农民时说："而各个小农彼此间只存在地域的联系，他们利益的同一性并不使他们彼此间形成共同关系，形成全国性的联系，形成政治组织，就这一点而言他们又不是一个阶级"[①]。

但是，在民国社会结构之中，只有农民注定能成为改造旧社会和建设新社会的伟大的民主力量。这个道理，早在民国初年就由章太炎先生非常冷静地分析过，不过他用的是道德价值评价的方法。

他把民国社会的职业分作十六等，其道德第次亦十六等。

> 一曰农人，二曰工人，三曰褌贩，四曰坐贾，五曰学究，六曰艺士，七曰通人，八曰行伍，九曰胥徒，十曰幕客，十一曰职商，十二曰京朝官，十三曰方面官，十四曰军官，十五曰除差官，十六曰雇译人[②]。

> 坐贾者，以畜为宝，以期为得，久亦无自立，不可恃。学究者，贫无所赖，坚守所习，不通他书，不周世事。艺士者，医、画之类，此其以术自赡，无异于工贾，阿谀贵人，多为食客。通人者，朴学之士多贫，理学之士多诈，文学之士多淫。行伍者，大抵近世军人，与盗贼相似，而盗亦非最无道德者也。胥徒者，这些人以诈不以力，似条狼执鞭。幕客者，其才望在胥徒之上，其受赇法，高下在心，有法不可治。职商者，是乃大盗而不操戈矛者也。京朝官者，或出学究，都以金钱娱老，如职商同行，又其下劣者。方面官者，投命异族，贰心旧君。军官者，其杀人都以军法从事，为坏法纪之府，盗贼之魁。除差官者，士之无行，于斯极矣。

他在逐一分析之后，对农民下了这样一个判断。

> 农人于道德最为高。其人劳身苦形，终岁勤动，田园场圃

① 《马克思恩格斯选集》第一卷，人民出版社 1995 年版，第 677 页。
② 章太炎著，朱维铮、姜义华等编注：《章太炎选集》，上海人民出版社 1981 年版，第 303 页。

之所入，足以自养，故不必为盗贼，亦不知天下有营求诈幻事也。平民之遇官长，虽甚谨畏，适有贪残之吏，头会箕敛，诛求无度，则亦起而为变。及其就死，亦甘之如饴矣。①

读完了这段，应该表示对章太炎先生分析的敬服。他历经风云，饱览沧桑，从张园剪除发辫，到《民报》大论战，以至民国以后，大诟袁世凯，真是一路风流，为世无匹。晚年虽入儒学坐馆，但尚能在乱世之中，以赤子之心，爱民之怀，把农民看作社会上最为干净的人，实际上开了以农民为主体，开始新的革命思想之前路先锋，其大节不亏！

先生的前瞻性预言，几十年后又为后人继承，但那是以马克思阶级和阶级斗争的理论去武装农民，一场新民主主义的革命开始了。

近闻一二文客，侈言什么近代以来如果没有革命……真是横诬历史，在一个没有正义的民国里，是一帮什么人在主宰一切，改良又有什么作用。革命并不是要求经济上一律平等，正如罗尔斯所说："虽然财富和收入的分配无法做到平等，但它必须合乎每个人的利益，同时，权力地位和领导性职务也必须是所有人都能进入的。人们通过坚持地位开放而运用第二个原则，同时又在这一条件的约束下，来安排社会经济的不平衡，以便使每个人都获益"②。

民国是这样"正义"，不要说农民参与政治，阿Q只因为喊了一声"革命了"，就被官府砍了头——难道他们只有被拒斥被夺命义务？民国初年，农村的崩溃根本在于土地私有化演变为一场普遍的土地集中，造成人口与土地关系严重失调，简直是人吃人，流民如潮，哀鸿遍野，为鬼非鬼，为人非人，剥树食皮，掘草食根，父子不相亲，一女只易斗粟，一儿仅值几文，哀哉，民国的农民！

一场社会的混乱从农村开始了，在此之中，农民付出了代价，统治者也付出了代价，两者相加，社会变革的成本确实是非常昂贵，但是，社会生活的历史，并非像作文之历史，可以假一前提，演绎生发，前后相顾，倒

① 章太炎著，朱维铮、姜义华等编注：《章太炎选集》，上海人民出版社，1981年版，第304页。
② ［美］约翰·罗尔斯著，何怀宏等译：《正义论》，中国社会科学出版社1988年版，第57页。

叙回环，法度井然，而是一旦社会出现政治危机和统治危机，接着就是一场无序的混乱，人类就是从混乱中走来。德国的威廉·威美尔曼说："各民族的历史像外部自然界一样，经历着它自身的狂风暴雨。民族的风暴犹如地震海啸戏弄着城市和人类的生命，人们惯于以憎恶与恐惧的心情只把它视为一场流血的灾祸。但在史学家眼里情况就迥然不同了。科学以及通过科学而扩展的特有的心胸使他超脱时代的恐怖；像天文学家观察星象运行那样，史学家以冷静的眼光审慎综合地观察着世界事态的进展和人类生活的动向。他甚至在毁灭中重又认识到再生，甚至在看来只由粗暴的自然力控制的地方，也看到了精神的作用。对史学家来说，对别国的征服和各民族的革命，战争和战役的轰响，只是那称为人类历史的世界伟大诗篇中的交响曲。反抗的人们必然会谋求他们崇高的目的，美好的东西也必然会从邪恶势力的统治中、从激烈的动乱中诞生。"①

　　近有一二通人，不究近世天人之变，大诋什么自现代以来是"受乌托邦之害"，这是贵族的语言。一个被饥饿和贫穷拖到人的原始生存状态的农民，难道连一点精神的追求都不能有？不用说我们，西方的"自由、平等、博爱"又何尝不是乌托邦？哪一个欧美国家敢自吹是十全十美的自由国度？人们对美好生活的向往和追求，在一切现实之中，都具有"乌托邦"的性质，然而这恰恰是这个社会的活力和激情，在这一点上，请看《人论》中一段话："乌托邦的伟大使命就在于，它为可能性开拓地盘以反对对当前现实事态的消极默认。正是符号思维克服了人的自然惰性，并赋予人以一种新的能力，一种善于不断更新人类世界的能力。"②辛亥革命以后，我们的民族正需要一场历史性社会大变革，因为民国的实践说明，徒然引进西方的任何号称先进的制度，都不能在原有的社会结构中落地生根，只能是一块招牌。这场变革是把我们民族从自然的、分散的、任性的农业社会状态带到一个理性的、组织的、管理的工业化时代。而创造这时代，需要一个社会的主体阶级

① ［德］威廉·威美尔曼著，北京编译社译：《伟大的德国农民战争》，商务印书馆1982年版，第7页。
② ［德］恩斯特·卡西尔著，甘阳译：《人论》，上海译文出版社1984年版。

的成长和成熟,这个主体性力量要超越任何派别与集团,要能代表社会的普遍利益与愿望。环顾宇内,只有农民,这个最底层的社会阶级才能担任这个任务。但是,农民现时所拥有的思想和组织水平,又远远不能满足时代的需要,为了满足时代的需要,又需要一个伟大的社会理想和坚强的先进政党去组织和教育他们,这就是接踵而来的新民主主义的革命,难道这不是事实和历史的逻辑? 至于这场变革有矫枉过正之处,也正是我们需要改革的历史因素,在此不作多论。

本书至此,基本描述了民国初年的社会结构中各个社会群体和阶层的地位、角色、作用,这都是在与民国北京政府的社会关系的运动中叙述的。至于工人和帝国主义在华势力的问题,由于本书所选的历史时段的限制和《政府公报》资料的限制,没有或基本没有涉及,只能留在以后的研究中加以补充。

其实,民国的统治者并不是安宁的。面对这种黑暗的社会,孙中山说连前清都不如,作为“社会良知”的有正义感的知识分子早就口诛笔伐了。著名的鲁迅,我们且不说,另外一些如郭沫若、闻一多等也是临风而立、拍案而起。闻一多的《死水》以传统的“与尔偕亡”的牺牲精神向所谓“民国”发出了死亡的诅咒:

> 这是一沟绝望的死水,
>
> 清风吹不起半点漪涟。
>
> 不如多扔些破铜烂铁,
>
> 爽性泼你的剩菜残羹。
>
> ……
>
> 这是一沟绝望的死水,
>
> 这里断不是美的所在。
>
> 不如让给丑恶来开垦,
>
> 看他造出个什么世界! ①

① 沈振煜等编选:《中国现代文学作品选》第二册,武汉工业大学出版社1990 年版,第168 页。

这是诗人的绝望与仇恨在迸发!

郭沫若在《凤凰涅槃》中表达了对祖国新生的企望。这是对民国的轰击！

　　　　除夕将近的空中

　　　　飞来飞去的一对凤凰

　　　　唱着哀哀的歌声飞去

　　　　衔着枝枝的香木飞来

　　　　飞来在丹穴山上。

　　　　……

　　　　死了的光明更生了……

　　　　春潮涨了……

　　　　我们更生了

　　　　我们更生了

　　　　一切的一，更生了

　　　　一的一切，更生了

　　　　……

　　　　火便是你，火便是我

　　　　……

　　　　欢唱！欢唱！欢唱！①

真正的欢唱要等待在三十多年以后。

从历史上看民国，会有更多的感叹！

这是一个英雄的时代。清帝逊位，民军四兴，有胆识者，勇敢者，有势力者，便可以拉起一伙人马称营、称团，再大者可以由团升师，一切自己都可以炒作，自称师长者有，自称都督的也有。都是为了一个"民国"。"民国"安在！在他们的宣言里，在他们的安民告示中，也在他们的行动里。谁要有那么一点实力都可以有所作为，议会可以弹劾都督，都督可以冲击议会，一省之中也有过两个大都督，像江南就有

① 沈振煜等编选：《中国现代文学作品选》第1册，武汉工业大学出版社1990年版，第196页。

江北和江南两个,甘肃省兰州与黄州各有一个都督,山东省济南和烟台各有一个都督。民国的英雄,很少是有主义、有理想的人物。孙中山等人虽有主义,民国以后自辞庙堂,远处江湖,像章太炎所讥笑的那样,"今者革命党于此十六种职业,将何所隶耶?"①民国以后的革命党人确实是无所下体的浮萍,一会儿借权于西南军阀,一会儿倚重于段、张联盟,最终是着着失败。

这是一个草莽的时代。一切以集团和个人利益为转移,可以守雌待雄,也可以习非为是,一切变得虚幻缥缈、瞬息万变。袁世凯今天可以任唐绍仪为和谈代表,明天可以罢黜,转而不承认和谈所订的一切协议。惹得伍廷芳以国际谈判惯例说法:代表可以换,协议布昭于世不可变。这对袁世凯又有什么约束?北京政府的简任以上的官员任命既可以交议会,也可以不交议会决定;统一全国省、市、县的官制,这样的带有宪法性的决议,袁世凯可以自行公布,议会彭允彝等十六名议员发出质询,袁世凯回答得头头是道,还有什么法?段祺瑞可以全副武装进议院回答质询,哪里像一个文官总理,分明是警示议会:不许发问,我有军队可以把你们打入地狱。至于袁世凯以后,更是一蟹不如一蟹。

这是一个人治的时代。翻开公报,可以看到凡是政府和军队委任官以上的职务,都要实行长官担保荐举的个人报告制,类似《汉书》的九品分等,又像是九品中正的保举。只弄得民国上下官职不出左右,弹冠者都是邀宠之人,官魂遍野,权以贿成,政出私请,所谓的考试,只是对普通人而言,完全是一个封闭的恩幸之群。

这是一个清谈的时代。梁启超说,魏晋人谈玄,前清人谈经,民国人什么都谈。满清皇室谈复辟,总以为是被袁世凯出卖了他们,袁不忠不义,时刻寻找着机会报复;袁世凯谈共和以逼满清,后谈孔孟,以正天下,为称帝作先声。北洋军阀谈义,开口就是袁大总统,什么民国。文官谈利,谈京花南妓,谈借款。全是一伙纵情如奔驹,执德如朽索,趋利则如坠石的不伦不类的家伙。惟有实业家与农民还谈点实际,可又有什么用?清谈之后

---

① 章太炎著、朱维铮、姜义华等编注:《章大炎选集》,上海人民出版社1981年版,第312页。

剩下的只有实利，晚清贪权，袁世凯贪名，北洋武夫贪功，政府文官贪财，要说实在，没有比民国更实在，连一点乌托邦的影子也荡然无存。可见，那时我们的民族是一个什么形象。罗素这个比较善良的英国人，在其《中国问题》中说中国人贪婪、自私、冷僻、偏执，这像中国人吗？

这样的民国，姑不说孙中山、章太炎不满意，就是连袁世凯、满清皇室、前清遗老，他们也不满意，几乎所有的人都在不遗余力骂这个民国。

袁世凯饬令军人不许干政。

袁世凯下令整顿官常。

袁世凯申令政党勿怀挟阴私。

袁世凯通令尊崇伦常。

袁世凯通饬严禁秘密结社。

袁世凯饬令各省整顿财政。

袁世凯饬令整顿学风。

袁世凯令诚军人不得入党。

最后袁世凯五次下令祀孔尊教，并举行祀天地典礼。

孔子和天地能救袁世凯吗？袁世凯眼前无路想回头，一直走到太和殿去了！

民国就这样被人们抛弃了！

这真是"乐未毕也，哀又继之，哀乐之来，吾不能御，其去，弗能止，悲夫"①。民国聚之为生，散则为死，民国死矣！这正是：

> 俺曾见金陵玉殿莺啼晓，秦淮水榭花开早，谁知道容易冰消。
> 眼看他起朱楼，眼看他宴宾客，眼看他楼塌了。这青苔碧瓦堆，俺曾睡风流觉，将五十年兴亡看饱。那乌衣巷不姓王，莫愁湖鬼夜哭……

这是毛泽东和国学大师汤用彤共同喜爱吟诵的一曲《哀江南》，能看出兴亡的不可承受之重。

---

① 曹础基著：《庄子浅注》，中华书局1982 年版，第 346 页。

第九章
余　论

——民国初年社会结构评价

以上分析的是民国初年社会结构中各个相互关联的社会单元——社会群体，"它们的构成成分也是社会结构。我们可以称这些相互关联的结构为'宏观结构'"，[①]它不同于由个体的社会交往过程而形成的社会微观结构。这种宏观结构的分析主要着眼于代表着较为广泛和较为复杂的社会关系的社会力量，对于其余群体和次单元的分析只好存而不论。任何一种理论的方法都无法包容社会生活的多维性和层次性，相对这一点，歌德在谈话录中称理论是灰色的，而生活之树常青，相信对此是可理解的。

民国初年社会结构的形成并非是统治者的主观意志所决定的，也并非是任何政党和派别精心设计的。它的出现和形成以至于引起社会分化，

① [美] 彼德·布劳著，孙非等译：《社会生活中的交换与权力》，华夏出版社 1988 年版，第 27 页。

都是在自然和历史一系列无意识的、客观力量的对比下形成的，也是在社会历史传统的遗传性的张力影响下，和无数个社会力量相互对立又相互联系的平行的合力推动下逐渐地演化出来的，自从它在民国出现，就开始了它自身的自我异化和社会异化的历史过程，这并不是人的意志所决定的。正像马克思在分析人的劳动在社会过程的异化一样，社会结构就是人的无机的身体，但它并不等于人，人还必须依靠它。①

判断社会结构的有效性和合理性，并不纯粹是一个理论问题，而首先是一个历史经验中的实践与价值统一的问题。我们借用马克思的生产力与生产关系的再生产的持续性发展的范畴，我们以社会结构是否具备再生产的持续性为标准来分析民国初年的社会结构，归根到底就是分析其有效性和合理性，简言之，看它是否有存在和发展的生命力。请看下面的分析。

一

首先，我们对民国初年的社会结构作一个实证性分析，然后再进入理论分析。

对民国初年社会病态的诊断，可参看下列数字：

袁世凯年俸36万元，公费年用150万元，交际费54万元。

副总统年俸定为12万元，交际费24万元，国务总理年俸定为2.4万元。②

请再看下列数字：

民国十九年，工商部调查表明：

男工最高的月工资是50元，

女工最高月工资的不过24元。

农民的年收入最高在319元。③

西方经济学不是厌弃19世纪"形而上"的经济理论而提倡实证经济学吗？上述数字就是最实证的！

读者会从上列数字看出什么？

---

① 参见马克思著，刘丕坤译：《1884年经济学—哲学手稿》，人民出版社1979年版，第48—49页。
② 均引自《政府公报》第2册，上海书店1988年版，第51页。
③ 《民国世说》，上海书店出版社1997年版，第1、24页。

简而言之，上述数字说明民国社会产出两大病态，一是社会剩余，一是社会缺乏。

对于妻妾成群的袁世凯一类的民国贵人是过剩。

对于居住在城乡的工人和农民是不足。

这是社会分配的两极，其实并不可怕，因为有税收制度加以调节。最可怕的是中国人内在精神系统和人格系统中的社会过剩和社会缺乏，这正是民国社会结构最内在、最深刻的、最具有决定性的两极，也是民国社会相伴始终的痼疾，是导致民族衰败最可怕的根源。

作为社会过剩的人格表现，最明显的是两个社会病态，一是赌博，二是嫖妓。这几乎是民国社会上流社会的通病。

赌博，按其定义是以钱物作注比输赢，其版权应归孔老二，他在《春秋》中记载了投壶之礼，而是比马、夸富，刺激了人们的贪欲。自宋代以后明牌招赌，几乎是明、清以来富裕人家的娱乐形式。为什么在百废待兴、百业待举的民国赌风大盛于北京呢？我们先看一看材料：

民初，北京最大的赌家是总统府秘书长梁士诒家、王克敏家（财政总长）、朱桂辛家，民国几乎是无官不赌、不赌不成交，不赌不能入朝……

你以为这是普通的社会问题吗？仅仅是精力和生活精力过剩吗？

胡汉民也赌，我们可以开出一系列人名。

这实际上是权力关系的紧张和权力与反抗之间的异化在人格上的反映形式。民国初年的政治仍然是袁世凯的独裁，凡是袁的属下几乎都是"奴才"，毫无独立性和自主权。这就决定了这些人在官场中精神的残缺，这种病态精神反映在私人生活中就是发泄为一种逐强好胜的偏执，沉醉在赌风之中的满足可以作为一种补剂来体验一下"主人"的快感和占有欲的满足，这种认同感成为官场以外所有官僚联系和沟通的脐带和黏合剂，于是一日一赌，三日一大赌，五日一群赌……几成风气，云蒸霞蔚，不可阻挡。袁世凯几次下令戒赌，其左右都不可治，何以治天下？从另一个方面也反映了这些官僚对官宦如海的风险命运黑箱的不可预测性的恐惧，任何名誉、职权和高位，在一个专制的社会里，都要伴随着高额的风险成本和资本消耗，而在支出与收入之间，有时可以是悖出正入，有时是悖入悖出，"君看风波里，飘摇一叶舟"，这正是他们命运的写照，处在这种紧张的权力关系中，他们需要输入大量的信息，什么察言观色、语气高低、动作大小、投足举步、嗜好兴趣……这些都需要属下的人们，哪怕你是什么副总统、秘书长，也要随处留心，时刻留意。也许赌博可以带来一阵轻松，一种飘然世外的桃源仙境之感。

这就是赌博的社会含义与政治含义。最可怕的是，赌博泛化为一切都有一种赌博的心理，政治赌博、决策赌博、人际关系的赌博，败坏了民国的一切，也腐蚀了社会。

民国初年的另一个上流社会的病态是纳妾与嫖妓，以至于有人说民国是"奶奶救国"、"夫人政治"、"花枝通天"，一派妮子态！

需要说明的是，性爱是一个复杂的道德和价值问题，不能简单地否定性爱，同时也不能把性爱问题绝对化，否则就形成乱道。东西方具有截然不同的性质与区别。英国作家罗素曾经把爱情当作他一生的三大追求之一，对知识和对正义的追求，对爱情的追求使他享受到天国般的幸福，对知识和正义的追求使他从天国回到了大地，他一生反战，爱好和平，同情苏联和中国，其内在的激情由此可见。但是，中国传统的嫖妓和纳妾表现了作为一种私人关系的垄断和占有，比较典型地表现这种区别的是《金瓶梅》和《查太莱夫人的情人》，曾经有人对此作了东西方的比较，东方传统是强横的占有，西方是个性解放、追求人生权利。传统的封建王朝，是对女性的摧残，同时这些占有反过来沉溺了统治者的个性。西晋狂士陆机写过一篇《吊魏武帝文》："……其所以顾命冢嗣，贻谋四子，经国之略既远，隆家之训亦弘。人云：吾在军中持法是也，至于小忿怒，大过失，不当效也，善乎达之谠言矣。同乎尽者无余，而得乎亡者无存。……然而婉娈房闼之内，绸缪家人之务，则人乎密与。又曰：'吾好婕妤妓人，皆著铜爵台，于堂台上施八尺床穗帐……余香可分与诸夫人……'既而竟分焉，亡者可以勿求，存者可以勿违，求与违不可两伤乎"[①]。

魏武帝至死不忘好婕妤妓人，殊

① 高步选注：《魏晋文章举要》，中华书局1987年版，第104页。

不知身后的女人尽为魏文帝所享。民国初年从袁世凯到所属诸公，几乎全是帷薄不修的家伙。袁世凯在清末曾为庆亲王花了十几万两白银购一名妓，闹得京城风声一阵。民国以后，有人把南京、苏州一带的南国金娃搞到北京，一时八大胡同和十大春楼是一阵吴侬软语，似水带枝。据说，内务部几乎要搬到花楼上挂牌办公①，淫风四溢，我们的分析不在于数落这些官僚隐私，而在于说明，为了支撑这种"含金量"较高的生活，这些官僚必然要无休止地去攫罗钱财、窃取权力，包养官妓。这充分暴露了民国北京官僚的虚弱的本质。他们对于女色的追求，一是出于专制下扭曲的人性，只有在这些青楼里他们才能尽性所为，这是丑恶的发泄。二是对于专制的恐惧，不过这种恐惧是以占有的形式表现出来，黑格尔曾经分析过拿破仑的内心世界，他说这些官场中人整日处在危机四伏之下，不仅要与上级斗，而且要与下级斗，好像整个世界都不安宁，只有在女性的占有上才能得到一份安宁的体验。②民国初年的官僚当然不是指像鲁迅那样的教育部里的一位科长，而是指那些握有权力的人物。

他们生活在两个世界，第一个世界是在公众面前的行政环境里的阳光世界，他们彬彬君子，有礼有仪，第二个世界是在他们纵欲的世界。他们一面在"自由"地享乐，同时也承受着内心世界的良心发现的痛苦，不能说他们没有一点"血性"，但是大潮之下，个人何为？

以上我们从病态的实证分析，进入这些官僚的人生和心理的分析。这些丑恶的东西并不是从天上掉下来，而是他们的经济地位决定的。所有的民国官僚不是有私田，就是入股办公司，利用权力追求社会利益。袁世凯、徐世昌、段祺瑞的霸占良田不说，仅举冯国璋在北洋时代与天津人合办渔业公司一例。请看下列资料：

> 禁卫军军统、直隶都督冯国璋呈大总统，开具民富渔业公司章程，请提倡补助文。③
>
> 为呈请事。国璋前在京时，

① 见《北京官僚罪恶史》，载章伯锋、荣孟源主编：《近代稗海》第三辑，四川人民出版社1983年版，第449页。
② [德]黑格尔著，王造时译：《历史哲学》，商务印书馆1963年版，第71页。
③ 《政府公报》第6册，上海书店1988年版，第633页。

曾邀请沈云沛、吴景濂等拟集招股百万，组织民富渔业公司，经营黄河、渤海等及远洋渔业，藉以开拓渔城之版图，养成海军之预务……在各国无不蒙国家提携、奖励……庇赐提倡、逾格补助……

除此以外，民国初年京汉铁路局、津浦铁路局还承前清陋规，每年从收入中提取二成给北洋。这是外国人传为笑柄的中国近代经济中的"回扣、提成"之肇始。

正是这些财政体制以外的收入养肥了袁世凯和北洋武夫、官吏，使他们在生活方式上享受着超前的"共产主义"式的消费和生活。无怪乎"二次革命"炮声一响，民国北京城里文武官员纷纷出走天津，惹得袁大总统在《政府公报》中发出申令，命令各部恪守官常，不得擅离职守，因为他们心中有"鬼"，很清楚自己造的孽。

作为缺乏人格表现，民国上流社会的问题，一是政治冷漠，二是结帮，导致整个社会的疏离和阻隔。

民国初年，所有的老百姓都表现出令人恐怖的冷漠，质言之，他们在精神上相信什么？蒋梦麟先生在《西潮》中是这样写的："除了崇拜祖先之外，大家要信什么就信什么，上佛寺、拜神仙、供关公、祭土地，悉听尊便。没有宗教限制，也没有宗教迫害。你信你的神，我拜我的佛，各不相涉。并且还把各式各样的神拼在一起让大家来拜。这就是通常所称的'道教'。如果基督徒肯让与中国的神祇并供在中国的庙宇里，我相信村里人一定会像崇拜其他神佛一样虔诚崇拜基督"①。像鲁迅说的，信得多了，也就什么都不信了。这就是国人对政治和社会冷漠的病根。

有人说，老百姓信孔老二，其实只有那些上流人物和读书之家才信他，孔子属于官文化，并没有泛化到平民中去。但是，在生活风俗文化中浸透了一些儒家的谦和精神，这是家族和乡绅训导的结果，并不代表百姓精神的主流。

在生活中，老百姓的信念是什么？近代以来，平实地讲，还是更多

---

① 蒋梦麟著：《西潮》，辽宁教育出版社1997年版，第11页。

地相信实惠、实利，也就是"二亩田地一头牛，老婆孩子热炕头"，这是他们真正的信仰。由此，表现了惊人的冷漠和自私，《药》里华老栓起早是为了蘸一下人血，好让这带血的馒头给孩子治痨病，这是鲁迅编造吗？因为在社会下层的群体中，更多的是充满对死亡的恐惧和对灾难的避讳。在民族文化源头，并没有经历过西方民族那种基督教义的磨炼，开始追问生与死的形而上学的心路历程，只是注重现世的平安与幸福，鲁迅说，历史还没有出现过敢于抚哭叛徒的异端，从来没有个人的自大和狂妄，只有种族的自大，时间在这个官能的世界里弥合了这一缺陷，那就是一切都等待着自生自灭，所谓异族入侵的融合，那实际上是时间与空间的统一过程中自我消化，并非是汉族人去像西方传教士那样的主动融合外界，也许正是我们近百年来一直处于被动的内在心理病态。翻开《中华民国军政官职人员大辞典》，你会发现20世纪30—40年代在东北和华北统治人民的并非全是日本人，日本人的数量并不占优势，为什么能侵占东北45年？为什么能侵占热河、察哈尔乃至15年之久呢？为什么能入侵华东地区长达8年呢？鲁迅说，不管什么军头来，老百姓只是说："又来了"，于是就跑，就逃亡，等到听说不杀中国人又都回来了。我这里是就文化意义上和多数人的实在分析而说，并不是说我们没有民族英雄。

对于上述百姓和群众的心理分析，应当说是统治者长期愚弄人民的恶果。这就从民族文化的角度上说明，中华民族的复兴必须要进行新文化的建设。这个待以后再论。

另外，在下层社会中，还有一个自愿结帮的心态。在鲁迅的朋友日本人内山完造写的一本《活中国的姿态》里介绍了以下的故事："于是磨刀人就问'你是什么地方人？'，王先生说：'我是宁波人'，这样一说，'你是宁波人？'话渐渐地支那起来了，你是宁波人，我亦是宁波人。同乡人自然是不能不互相帮忙的，……好！好！好！说完，两把剪子，一把刀，便以三百钱讲妥磨成了。"①

① ［日］内山完造著，尤炳圻译：《活中国的姿态》，敦煌文艺出版社1995年版，第5—6页。

这实际上反映了下层社会群众内心的孤独和虚弱。近百年来，几乎都处在一个战乱连年不断的状态，官绅的欺压、士兵的抢掠、土匪的骚扰、灾害的侵袭，确实把在社会底层生活的群众搞得惊魂不定，进退两难。民国以后，西方的商品与技术一起涌来，加速了社会的分化流动，下层群众的生活更加困难，因为社会经济发展缓慢，不可能提供更多的就业机会和岗位，从正常生活里分离出来的流民增加了，使得社会更加不稳定。

在这种情况下，政府当局又不能提供福利和安全，在穷苦中挣扎的群众只有投亲靠友、认同老乡。据有关资料显示，东北的村庄多半是从山东移民过去的，全是按照原来居住的村子的样子搞起来的，因而形成了一个封闭加速循环的延续。然而，越是封闭，越要靠"帮"，这个"帮"可能是地缘、血缘或者是业缘，不管是打工、做事还是搞什么互助活动。

正是上述"帮"的心理，使人们越发互相感到差别和距离，沟通只是表面的。这是下层社会群体的自卫和保护。

下层社会这种心理是由于受上层社会的剥削和压迫等惩罚性的经验引起的。"如果遭受严厉的剥夺，对它进行报复的愿望可能会变成某种目的本身，在追求这种目的时，人们忽略了其他考虑……以自己的方式无目的攻击任何事物……在人们的思考中，复仇有时确实变成一种崇高的目的。"①

综上所述，民国初年的上下层社会群体以及社会关系都处在一个利益对立的地位上，平心而论，都处在一种不正常的状态之下，社会是一个不健全的残缺社会。在这种环境下的社会结构培养出一种什么样的社会性格呢？

社会性格是"大多数人共同拥有的性格结构的核心，这与同一文化中各不相同的个人性格截然不同。社会性格的概念不是指某一文化中大多数人的性格特征的简单总和。"②这就指出每一个社会都需要社会性格煅塑和以具备调节人际关系的能力，维护社会结构的生产和再生产。

民国初年上述病态的社会心理和人格，只能形成一种病态的社会

① ［美］彼德·布劳著，孙非等译：《社会生活中的交换与权力》，华夏出版社1988年版，第364页。
② ［美］埃里希·弗洛母著，孙恺详译：《健全的社会》，贵州人民出版社1994年版，第62页。

性格,我们这里主要是指占统治地位的上层社会的群体和人们所代表的社会性格。基本特点如下:

进攻性和保护性的统一。陈志让先生在他的《军绅政权》里介绍,民国的敌我关系的宣布都不是经过法律的手续和程序,而是袁大总统的北洋武夫,他们认为谁是敌人,就开始进攻谁。对于集团以外的人,他们不是排斥,就是暗害。而对集团和圈子里的人,则是尽力保护和重用。这种狭隘的宗派观念,使得社会是上行下效,每个业缘和血缘里,都至少要有异己和需要疏离的人,也有需要依靠和亲近的人,社会里可以说敌人和朋友就像菜谱一样经常更换,只是以集团的利益为转移。流风所及,社会处于明争暗斗之怪圈,偌大中国无法养成统一的思想和共同的价值。

公众的恶行与集团的美德的统一。民国社会又真假难辨、美丑不分。造成这个情势的原因是道德实践和评价的标准不一。凡是集团、圈子里的人,不问青红皂白,不问手段是否正当,只是为了这个帮伙的利益,那就可以得到报偿,至少是给予理解。以官与匪而论,鲁迅说,"官"有官眼中的"官",也有民众眼里的"官";"匪"有官眼里的匪,也有民众眼里的"匪"。以"匪"而论,那些对贪官污吏进行复仇的人们,在百姓的眼里是英雄,在"官"的眼里是"匪"。对于"官",在官的眼里是"上级",是"老爷",而在百姓的眼里都是"相鼠无皮"的大尾巴。在公众眼里本来应算作恶行的事,在集团里却看作是美德。刺杀宋教仁,在社会上没有人不骂的,但在袁世凯眼里是什么呢? 不用明说。

欺诈性与诚实性的统一。民国社会里,说没有老实人,委实是对社会评价的一种不负责任,说有老实人,那要怎样看? 在官的场力中,可以说,下级对上级尽量表现忠诚,因为他们在评价官的述职报告中,也是开口讲"道德",闭口讲"仁义",表面上看民国的官德不是了然全无的,但官与民来说,为了维护自身和上级的利益,有时可以说伪,有时也可以说真,真伪难辨。由此而下,那些手中无权的群众,对官有时也可以说真,有时也说假,说假是为了保护自己。但是,在私人圈子里,他们有时也承认是假,不假也是没办法。像民国这种社会,很难找到一个统一的评价标准与判伪标准。就是在袁世凯的府内，也有小帮，袁克定为让其父早握大宝，也使自己水涨船高地变为"大阿哥"，不也是拉着薛大可造假舆论吗？薛大可被章太炎称为"小妖"。

自私性与利他性的统一。民国社会里的人格是分裂的。其分裂的特征就是一方面有"士为知己者死"的侠义肝胆，这是对他自己的人来说，一方面为保护自己或小集团可以表现出极端的自私性。袁世凯在称帝前夕，可以一次批给杨度20万，因为杨度的一篇《君宪救国论》树起称帝的大旗，而对于各地发来的要求救济的电报，只是交财政部议处。对于以孙中山为首的革命党人连一个"直隶都督"都不能轻易任命，而对冯国璋，既派任直隶都督，又叫他担任北京总统府禁卫军军统，京、津二地全盘放开。由此而论，社会风气也是如此，在这里不烦赘述。

从以上的社会精神的病态和畸形的社会性格可以进一步看到民国更深层次的失调和极端化，把传统文化和思想的内在矛盾演示得一清二楚。

民匡社会性格的病态是人性中欲望与需求之间无限矛盾冲突的悲剧。人欲永远没有底止，完全依靠孔子的"礼法"去促进人的善性的发展是根本不可能实现的。需要一个什么样力量去制约人的这种丑恶呢？单靠修身是不行的，单靠法律也不是万能的。民国没有法律吗？人性的狡猾在于他会利用各种名目和关系去进行"软犯罪"，这是民国最大的病疾。

民国社会性格的病态是理性中存在局限性的一种悲剧。多少年来人们以为只要伸张理性、启蒙理性、宣传理性、利用理性就可以了。袁世凯在民国初年一连104封的通电和教令不都是以理性的名义去号召的吗？如果单看袁世凯的电文和信牍，没有人会说他是"败坏中国"的奸雄，恰恰就是他，以理性为名施展暴力，所以有人说理性到极处就是暴力。但是，我们又不能没有理性，怎么去使用这个"新工具"（笛卡尔语）呢？

民国社会性格的病态是感性的悲剧。人们长期以来在政治行为和社会行为中较多地发挥了联想、热情和本能，总是以激情与冲动去趋炎附势，追赶潮头。说"西方的议会"好，于是各省建立议会，说"袁世凯是华盛顿"，于是上下唱赞歌，如果有人说一个"不"字或不同意见，大家仿佛受到刺激。理性过分，感性也有余。

民国社会性格是一个无事的悲剧。所有发生的事，都事出有因，都有名有实，所有发生的事都可以化解，都可以调解。偌大的中国，没有一个对民族负责的集团和阶级，他们都在那里为自己忙，真正的事没人办，人们不乐意去办，老百姓没有资格办，就像鲁迅先生所说，大家都在无事忙，而且很忙，忙得啥？只有天晓得。

上述这种社会性格的病态和不健全的精神以及它的悲剧，全都是发生在民国初年的这种社会结构里，显然它是不合理，不符合时代发展方向的，足以摧毁一个民族的体力和精神。潘光旦先生在讲到人的优生原理时，讲到了人的遗传和自然竞争。所谓自然竞争就是灾难和战争也足以使人类恢复朝气。像生活在民国初年的这种社会结构里的人们，正像陈寅恪所说是在一个不死不活、非牛非马之间生存着，既然传统的遗传不足以振兴这个民族，大自然残酷的法则，是注定要把整个民族投入到冲突与斗争中去，才足以使这个民族组织起来、统一起来。没有这些苦难，一个民族怎么能生于忧患呢？像俄国的阿·托尔斯泰在《艰难的历程》中所说，我们的民族注定是要在清水里煮一次，在咸水里煮一次，再在碱水里煮一次……

二

在上述中，我们主要是从社会群体与社会结构的联系分析了社会精神、社会性格的病态以及对社会结构的功能影响。现在，我们分析社会结构的不平等性以及必然引起的社会冲突。

民国初年的社会结构具有内在和外在的不平等性。主要表现在以下几点：

社会地位差别的异质性。从理论和法律的意义上讲，民国的各种分化出来的社会群体都像国民一样地处于平等的地位，但是由于袁世凯利用各种矛盾和斗争，最后把大总统的权力逐渐地演化成像皇权一样凌驾于整个社会之上。因此，所有的各个社会单位都是他的下属和被支配的对象。但是，这种不平等不是平面和对称的，而是异质的。满清皇室和蒙藏王公是一种对立的合作关系，并且享有特权。北洋武夫虽然享有特权，与前者是共存关系，但比较而言，更多的是服从。

具明显对抗的是处于农村的农民阶层，他们完全处于只有义务而没有权利的地位，是被人们抛弃和遗忘的对象。正是这种不幸成了他们唯一的"自由"空间。然而这种"自由"是自生的，是灰色的，也是没有保障的。

上述地位的差别构成了以袁大总统为核心的不等的社会距离。这种社会距离就是社会的集体之间的不平等。

社会利益差别的多元性。袁大总统一人独运国权，其功能应是调适和协调各种社会利益的关系，以维护公共利益的一元性。恰恰就是他违背了民国的宗旨，要把个人利益转化为社会利益，导致整个社会规范和社会道德的混乱，形成了社会利益的多元性，导致十六年的军阀混战局面。梁启超应该说是比较温和的亦官亦绅的人物，他在《致大总统书》中把一个欲想追随袁世凯但又不得不分手的两难的心境刻画得细微深入，读后使人感到梁先生柔中有刚，欲擒故纵，字里行间确实有一种"看错了人"的深悲，藏棒喝于温词之中，以警后者。一股春秋文笔之神闪烁照人。"……缅怀平生知遇之感，重以方来世变之忧，公义私情，两难缄默……传不云乎：'与国人交，止于信'，信立于上，民自孚之；一度背信，而他日更欲有以自结于民，其难犹登天也。盟誓数回，口血未干，一旦而所行尽反于其所言，后此将何以号令天下？……"①自袁失信以后，满清皇室复辟，蒙藏王公分裂日趋加紧，北洋武夫离心，政府官吏谋私，士绅自保，知识分子愤世就不可以一言而尽之了。农民的利益更是随社会而一落千丈。

社会不互惠原则的自发性。马克思说人的本质存在于社会关系的总和之中。处在民国这种社会结构之中所产出的人格只能是处在人自为利、互不相养的紧张之中。顾炎武说："有亡国，有亡天下，亡国与亡天下奚辨？曰：易姓改号谓之亡国。仁义充塞，而至于率兽食人，人将相食，谓之亡天下。"②军阀抢地盘，士绅揽事务，知识分子道路以目，民国究是谁之天下？民国社会之中名教不存，纲纪不兴，其中新道德也是有名无实，借以欺人，根源在于互不相惠，无法维系人心。

① 黄珅、刘永翔编：《中华古文观止》，学林出版社 1995 年版，第 1367 页。
② [清] 顾炎武著，[清] 黄汝成集释，秦克诚点校：《日知录集释》，岳麓书社 1994 年版，第 470—471 页。

民国初年在社会结构中存在着上述的不平等,在社会交换中也进一步促使社会结构出现严重失衡,也就是思想危机、政治危机、统治危机三者并时出现。国之将亡,必有凶兆。

民国社会结构的危机表现在没有一个共同认可的共同价值。自古以来,没有比思想杂俎相加更乱的了。本来就有儒、释、道,现在再加上西洋的民主一类东西,那真是七宝楼台,好不风光,革命党人自认民主为嚆矢,可是被袁世凯赶出国会。农民知民主为何物? 他们说他们很"自由",只要交够了苛捐杂税,没人管他们。士绅只是清谈民主,骨子里还埋着老祖宗。知识分子也以清谈为务,何必实行? 袁世凯、北洋武夫、满清皇室……就更不多谈了。没有一个统一认可的思想,社会结构怎么可以在社会交换中进行沟通、对话。一场思想危机应时而来了。

民国初年的社会结构没有实行一体化。所谓一体化,就是这个结构具有一种凝聚力,有着强大的社会支援。老实说,袁世凯根本不是一个现代的政治家,他至多可以称上权术家、阴谋家。查阅《政府公报》,袁大总统从1912—1914年先后发表了60个大总统的命令,没有一个社会改革的教令,没有一个弃旧图新的训令,老实说,他的改革水平还赶不上光绪和康梁。他只知道黄老之术,一切照旧。作为一个民国,既不能化逊清皇室为国民之地位,又不能让蒙藏王公自我更新,怎么能够一体化呢? 与孙、黄革命党人不能化干戈为玉帛,也不能修德怀柔,怎么能够一体化? 与社会士绅与知识分子,既不沟通,也不公开,怎么能够一体化? 惟有北洋武夫与政府官吏,尚能政令划一,可惜政令不出京门,且又满腹狐疑,有嫉功妒能之心,怎么能够一体化? 与农民更不用说了。民国不能上下同心、内外一体,这个社会结构只能是暂时的拼凑,一遇风险,大难临头,飞鸟投林。结果是北有满洲,奉天有日本,蒙藏有英、俄,狼烟四起,国内谁来安定? 这是袁世凯的政治危机。

民国初年的社会结构没有合法性。所谓合法性,就是国民承认的权威。从这一点上分析,逊清皇室,能承认是"国民"? 蒙藏王公能承认是国民,他们的特权待遇怎么解释? 北洋武夫只有一个恩主,此人是袁大总统,民国是什么? 士绅与知识分子是想做"国民"而没人给予"国民待遇"。农民,他们与民国是什么关系？民国的社会结构，说来说去，谁都不去自认那块"民国"的招牌。

袁世凯看到了这三种危机。对思想危机他想用孔子来解决，对政治危机和合法性危机（统治危机）他想走回头路，自封皇帝。这大概是他解决危机的办法。

面对着上述的危机，再让我们回味一下林语堂的而且在前已经引用过的"这种变动太大，太雄伟，没有人敢承担这个责任"的话。为什么他要说"变动太大，太雄伟"呢？大在哪里？雄伟在哪里？我们可以从上述的分析里得出相应的结论：

近世的中国和中华民族的复兴是一个需要全面变动的伟大革命和改革的宏伟工程。这个工程的项目是经济、思想、文化、政治，从而改变社会，改变民族的形象。这个项目的主管人，肯定不是袁世凯之流的人所担当的。他只不过是历史的丑角，在继续向"这个绝望的死水"里，扔一些破铜烂铁，倒一下剩饭烂菜，让这潭死水更腥、更臭，以便让人们下决心挖掉这个死水沟，恰像老舍写的《龙须沟》一样，让这个臭了五十年的水沟一朝成为人们的幸福沟，让千万个"程疯子"（剧中主角）高呼着：新社会好！

如果说民国初年的社会结构的分析能给后人以启示，就是演示着从闻一多的"臭水坑"到老舍的"龙须沟"前后变化的历史真理。

但是，它留给后人很多思考的地方。

社会的变动与国家变动的关系……

政治的变动与行政变动的关系……

个人与社会互动的关系……

正是这个历史问题的启示，才有了……

"五四"新文化，

"七一"中国共产党的成立。

这一切并非偶然，全可以从上述对民国初年社会结构评述中找到历史的根据。

但是，我们要永远记住民国的教训。

"灭六国者，六国也，非秦也。族秦者，秦也，非天下也……秦人不暇自哀，而后人哀之；后人哀之而不鉴之，亦使后人而复哀后人也"①。

我们是否可以接着说，灭民国者，民国也，非他人也；族袁世凯者，袁世凯也，非他人也……

愿今天的人们，也牢记这个故实旧典！

1998 年 5 月

---

① 黄珅、刘永翔编：《中华古文观止》，学林出版社 1995 年版，第 630 页。

后 记

　　趁博士论文出版之际，表示自己对导师、父母、家庭、师友的感激，也是另一种记忆和回顾。

　　首先要感谢导师谭双泉先生。是先生领我走上民国《政府公报》研究的道路。三年如切如磨，不知道路径在哪里，多亏先生悉心指引，才写出眼前这部不成熟的稿子。先生希望我沿着这个研究路线走下去，可我视为畏途，没有深入下去，深感愧疚。

　　其次感谢父母。父母是普通人，可我无论在哪里，在什么时间，无论面对顺境或逆境，自然会想到他们。他们给了我对人正直、对真理敬畏的品格，还赋予了我坚忍和乐天的天性。岁月沧桑，我才懂得他们为了培养儿女所忍受的无数的无奈和困境，理解他们吃尽了生活的酸甜苦辣，却始终甘之如饴的自我满足。

　　还要感谢家庭和兄弟、师友，是他们给了我前行的支柱和力量。

　　我还要特别感谢本书的责任编辑杨美艳同志，她严格和周到细致的编辑工作使得本书增色不少，她为本书邀请到高水平的校对，增加了本书的准确性。同时，对我的博士后导师邹东涛和师弟欧阳日辉表示感谢，他们做了推荐和联系工作。没有上述同志的辛勤工作，本书的出版是不可能的。

2008 年 12 月于济南历山下